本书受韩山师范学院2017年省市共建中国语言文学重点学科经费资助

孔令彬 ◎ 主编

The Proceedings of
Qiu Fengjia and Modern Chinese Culture
Symposium

丘逢甲与中国近代文化
学术研讨会论文集

中国社会科学出版社

图书在版编目（CIP）数据

丘逢甲与中国近代文化学术研讨会论文集/孔令彬主编. —北京：中国社会科学出版社，2019.3
ISBN 978-7-5203-4000-7

Ⅰ.①丘… Ⅱ.①孔… Ⅲ.①丘逢甲(1864-1912)—人物研究—文集②丘逢甲(1864-1912)—文学研究—文集　Ⅳ.①K825.6-53②I206.5-53

中国版本图书馆CIP数据核字(2019)第022359号

出版人	赵剑英
责任编辑	宋燕鹏
责任校对	李　剑
责任印制	李寡寡

出　版	中国社会科学出版社
社　址	北京鼓楼西大街甲158号
邮　编	100720
网　址	http://www.csspw.cn
发行部	010-84083685
门市部	010-84029450
经　销	新华书店及其他书店

印刷装订	环球东方（北京）印务有限公司
版　次	2019年3月第1版
印　次	2019年3月第1次印刷

开　本	710×1000　1/16
印　张	17.5
插　页	2
字　数	305千字
定　价	80.00元

凡购买中国社会科学出版社图书，如有质量问题请与本社营销中心联系调换
电话：010-84083683
版权所有　侵权必究

目　　录

代序:近代著名爱国诗人、教育家、抗日保台志士——丘逢甲 …… 孔令彬（ 1 ）

丘逢甲与维新人士的诗学交谊及中国诗学之现代转型 ………… 邓菀莛（ 9 ）

吴芳吉对丘逢甲的怀念 ……………………………………… 管　华（ 35 ）

论丘逢甲英雄情结与其诗文创作之关系
　　——社会心理学角度的探究 ………………………… 郭丽平（ 38 ）

丘逢甲诗美学特质浅析 ……………………………………… 胡东光（ 46 ）

于右任和丘逢甲的交谊(史海钩沉) ………………… 黄志平　徐博东（ 58 ）

丘逢甲生平事迹小考 ………………………………………… 孔令彬（ 61 ）

丘逢甲佚诗辑存 ……………………………………………… 孔令彬（ 70 ）

丘逢甲佚文辑存 ……………………………………………… 孔令彬（ 89 ）

丘逢甲对潮汕文化教育的贡献 …………………… 李鸿生　丘文东（115）

民国报刊视域下丘逢甲形象的多重建构 ………… 欧俊勇　舒习龙（123）

丘逢甲《穷经致用赋》及其致用爱国之思想 ……………… 欧天发（139）

论丘逢甲诗中的英雄意象
　　——重温丘逢甲收复台湾、统一祖国的理想 …… 任聪颖　马亚中（147）

丘逢甲南洋诗歌"南道院"考 …………………………… 宋燕鹏（156）

从八景与八咏诗看丘逢甲早年眼中的台湾景象 ………… 陶原珂（166）

论丘逢甲新派诗人与新学先驱双重身份成就的生命
　　新境界 ……………………………………… 王晓晓　姚则强（173）

丘逢甲潮汕诗歌地图之潮阳 ……………………………… 翁佳茵（181）

浅论丘逢甲抒情诗歌的盛唐之音 ……………………………… 吴锦润（192）
郑撰《民国丘仓海先生逢甲年谱》(1902—1903)校补
　　——以《岭东日报》为中心 …………………………… 吴榕青（204）
丘逢甲、梁启超《台湾竹枝词》比较论 ………… 杨文钰　段晓华（215）
如今不作登坛梦，渔鼓声中号散仙
　　——试论丘逢甲惠州诗 ………………………………… 杨子怡（226）
丘逢甲岭东时期诗与教的互动探究 ……………………… 姚则强（239）
诗学记忆：近代台湾诗学的梦蝶园书写 ………… 殷学国　侯　艳（246）
丘逢甲之巴蜀观
　　——清末台湾士民的大陆理念之一瞥 ………… 张　勇（子开）（255）
丘逢甲潮州金山玻璃厅联考析 …………………………… 曾楚楠（269）
后记 ……………………………………………………………………（274）

代序:近代著名爱国诗人、教育家、抗日保台志士——丘逢甲

孔令彬

丘逢甲(1864—1912),台湾苗栗人,字仙根,又字吉甫,号蛰仙,又号蛰庵、仲阏、南武山人,别署仓海君。近代著名爱国诗人、教育家、抗日保台志士。2016年适逢丘逢甲归籍海阳一百二十周年,笔者特撰此文以作纪念。

一 东宁才子,保台志士

1864年12月26日,丘逢甲出生在台湾省苗栗县的一个小山村——铜锣湾,父亲丘龙章是一位私塾先生。丘逢甲排行第二,哥哥名先甲,因本年又适逢甲子,科场失意的父亲于是给他取名为"逢甲",寄希望于将来他能够"科甲及第",光宗耀祖。

丘逢甲自幼天资聪颖,读书过目不忘,在父亲的亲自教授下,六七岁即能吟诗、属对。八岁时随其父离开铜锣湾到彰化东势角附近的三角庄读书,其间结识了地方望族吕氏的汝玉、汝修、汝诚三兄弟。吕家丰富的藏书既使丘逢甲开阔了眼界,更与三兄弟结下了深厚的友谊。十四岁那年,其父在丘逢甲的一再要求下,虚报年龄,带领儿子参加了本年在台南举行的院试考试。考试中,丘逢甲一赋、一诗、一词不到一小时即交了卷子,让当时的考官十分惊讶。凑巧的是本科主考官福建巡抚丁日昌也亲临考场视察,在得知这名叫"丘逢甲"的考生诗、词、策论都不错时,有心试试,遂出一对并一篇《全台利弊论》来测试。丘逢甲不仅应对敏捷,策论更是文不加点,洋洋洒洒两千言,让丁日昌大为赞叹。考试结束,丁日昌当即宣布是科院试第一名为丘逢甲,并赠"东宁才子"印一方,以资鼓励。"东宁"者台湾之别称,"东宁才子"也即"台湾才子"之谓也。十四岁的丘逢甲,不仅成为台湾历史上

年纪最小的秀才,并且名扬全台。

接下来,由于祖母、母亲相继病逝,丘逢甲守孝五年。1883年丁忧期满,娶生员廖赓芳女儿为妻。1885年,丘逢甲第一次横渡海峡到省城福州参加举人考试,初试不第。本年,清政府改建台湾为行省,刘铭传为第一任巡抚,唐景崧为兵备道兼学政。也就在本年前后,丘逢甲创作了著名的《台湾竹枝词》一百首,并成为唐景崧的座上宾。1888年,丘逢甲第二次渡海到福州考试,中第二十八名举人;1889年,联捷中己丑科进士,选工部主事。但丘逢甲无意在京为官,很快即辞职返回台湾,先后任台中、台南、嘉义等地书院主讲。1890年,在亲戚朋友门人弟子的帮助下,丘逢甲买下台中一处大院,改名为柏庄,奉养双亲。除了教书育人,丘逢甲还参与了唐景崧在台北的各种诗社活动,并参加了《台湾通史》的采访撰写工作,较多接触了社会的下层,增加了对台湾历史的了解。

近代以来,海洋开始成为列国争霸的主要舞台,台湾因其独特的地理位置,一再引起列强的觊觎。1883年的中法战争曾在此打响,而日本早在甲午之前也曾登岛侵略,所以台湾人较早就有一种危机意识。丘逢甲在教学读书之余,对于台湾的政治形势也尤多关注。1894年甲午海战初起,"仓海已窃窃忧之。太息曰:'天下自此多事矣。日人野心勃勃,久垂涎此地,彼讵能恝然置之乎?'于是,日集乡民而训练之,以备战守。复以大义相鼓励,涕泣而语之曰:'吾台孤悬海外,去朝廷远,不啻瓯脱。朝廷之爱吾台,曷若吾台民之自爱!官兵又不尽足恃,脱一旦变生不测,朝廷遑复能顾吾台?惟吾台人自为战、家自为守耳。否则祸至无日,祖宗庐墓之地,掷诸无何有之乡,吾侪其何以为家耶?'"①甲午海战失败,清廷不顾台湾人民的反对,割让台湾给日本,并且不准官兵抵抗。其间,丘逢甲代表台湾士绅数次刺血上书,反对割台。后见无可挽回,遂倡议台湾自立为民主之国,率台民领衔电奏十六字:"台湾士民,义不臣倭。愿为岛国,永戴圣清。"并亲草宪法,以蓝地黄虎为国旗,"永清"为年号,拥戴唐景崧为总统,丘逢甲自为副总统兼义军大统领。

然而,没有来自大陆的支持,这场抗日保台的民间壮举注定是要失败的。按照当时的分工,唐景崧负责守台北,丘逢甲负责守台中,刘永福负责守台南。日人首先从台湾北部登陆,唐景崧指挥不当,仓皇撤回大陆,军队很快

---

① 江琼:《丘仓海传》,载许衍董编纂《广东文征续编》(第3册),广东文征编印委员会,1987年,第111页。

溃败，丧失了在台北所有的武器、物资等。丘逢甲闻听消息后大惊，亲率义军到大甲溪一带阻击日寇，经过数十天的激烈战斗，大甲溪防线失守，新竹失守，义军溃退山区。失败后的丘逢甲因日寇追击只能暂时躲避深山，后经部将劝说，觅得船只与家人部将匆忙内渡，几天后在泉州登岸。离台之前，丘逢甲悲愤地写下了著名的《离台诗》六首，其一云："宰相有权能割地，孤臣无力可回天。扁舟去作鸱夷子，回首河山意黯然。"而在台南抗日的刘永福则在坚持数月后才内渡，给予敌人更大的打击。

二　归籍海阳，锐意新学

因抗日失败而被迫内渡的丘逢甲在泉州大病一场，十多天后，三弟树甲、四弟瑞甲及家人部将等也另途抵达泉州。病愈后，丘逢甲率众人经汕头抵达潮州，并在潮州见到了多年未见的进士同年、时任金山书院山长的温仲和。盘桓数日后，谢绝了温仲和的挽留，丘逢甲继续率部由韩江逆流而上，经梅州改陆路，于九月中旬最终抵达镇平县印山村——这里是丘逢甲的曾祖父当年带领族人出发去台湾的地方。祖居已然崩坏，借屋居住亦非长策，在与家人族人商议之后，丘逢甲在当时俗名为"探地村"的地方兴建了一座独立宅院——培远堂，以安顿家小、族人和部下。

内渡之初，丘逢甲的心境是颇为愁苦和矛盾的，他因此改村名为"淡定村"，将自己的居处取名为"心太平草庐"。而此时关于他的流言更是漫天飞，一说他内渡是"卷款潜逃"，一说他抗日是"违旨作乱"，一说他是"进士造反"。他写给湖广总督张之洞请奖抗日护台死难烈士的信也如石沉大海，毫无回音。1896年夏，丘逢甲决定澄清谣言，寻求朝廷给予其入籍镇平的答复。于是他先是梅州，再是潮州，后经海路过香港到广州，一路拜会各类官方人士，寻求理解和支持。在广州期间，丘逢甲先后拜会了广东巡抚许振祎、翰林院编修刘葆桢、菊坡书院山长梁诗五等，并得到了他们的同情和信赖。许振祎不仅十分欣赏丘逢甲的诗歌才华，更尊重丘逢甲毁家抗日的义举，遂联名请旨朝廷予以表彰和重用，但朝廷批复的谕旨却仅是"归籍海阳"。于是，这年冬天，从广州回来不久他就遵照旨意携妻小来到潮州，在西门鱼市巷赁下一座宅院安顿了下来。

初到潮州，与之交往最多的当属同年温仲和。除了慰藉老朋友的落寞孤寂之心，二人在教育方面其实也有着许多的共同话语，那就是对旧学乃至科举之学的不满。在这方面，丘逢甲在台湾教书育人时即已有比较清晰的认识，也有更为丰富的知识和经验。在痛定之后，他愈加感到兴办教育、启发民智、培育英才的重要性。在温仲和的引荐下，潮州知府李士彬正式聘请丘逢甲出任当时惠潮嘉道最高学府韩山书院的掌教。1897年初春上任，丘逢甲即撰《韩山书院新栽小松》四首，表达了其化育青年英才的期望。这一年，丘逢甲未再出远门，诗歌创作也仅五十余首，他把心血都用在了书院的管理和教学上。然而，由于丘逢甲在教学内容上增加了新学部分，书院的守旧派纠结社会上的顽固势力，攻击丘逢甲为"离经叛道""异端邪说"，使得他在书院的工作寸步难行。本年底，丘逢甲即愤而辞去了书院掌教一职。

1898年，对于丘逢甲来说更是失望和希望交织纠结的一年。辞去韩山书院掌教固然郁闷，但丘逢甲却多了一些了解潮州民风民俗的机会，这一年他写了很多吟咏潮州的诗歌，《说潮》二十首即其中的代表。而这一年夏天，戊戌变法开始如火如荼地在遥远的京师正式展开，丘逢甲亦撰写《经武十书》，准备随时报效国家。然而就在八月中秋的前几日，平地一声惊雷，以慈禧太后为首的顽固党悍然发动政变，囚禁了光绪帝，逮捕杀害了"戊戌六君子"，变法领袖康有为、梁启超外逃，黄遵宪等被罢黜回家，一场轰轰烈烈的变革戛然而止。在潮州阅报获得此消息的丘逢甲遭到的打击可想而知，在他这一时期的诗作中，即有多达数十首关于"戊戌政变"的诗。本年秋天，丘逢甲的另一位老友王晓沧也因公干来到潮州，慰藉了意志消沉中的诗人，二人共同吟唱了一部《金城唱和集》。大约本年末，丘逢甲又重新振作起来，接受了潮阳东山书院的聘请，出任书院山长。然而东山书院只是他和温仲和等潮汕有识之士以教育振兴中华的一个过渡。

1899年底至1900年初，丘逢甲与众人筹办的潮州同文学堂在按部就班地进行中，同时兴办的还有汕头岭东同文学堂。1900年初，丘逢甲受政府派遣到东南亚华侨中公干，顺便为自己的办学事业募集资金。丘逢甲的东南亚之行大获成功，载誉而归，然而六月中回到潮州的他，却再也见不到因鼠疫而死去的两个儿子，三弟树甲不久也病逝。受此打击，丘逢甲将家暂时迁回了镇平，并在淡定村休养将息。本年底，丘逢甲即接受朋友的劝请，毅然接手困局中的汕头岭东同文学堂，并出任总理，开启了近代潮梅地区新式教育的先河。1901年至1903年的三年间，丘逢甲较少创作诗文，他将绝大部分精力都投入学校的教学管理中，同时他还兼任澄海景韩书院山长。经过丘逢甲与同仁何士果、温廷敬等人的共同努力，汕头岭东同文学堂规模逐渐扩大，许多追求进步的青年纷纷申请入学。学校不仅在岭东地区产生广泛影响，而且还培养不少学生到日本留学。这里成了广东省办学最有成效的新式民办学校之一。然而，危机也在酝酿中。1903年底由聘请师资而发生"土客学生"之争，丘逢甲因被小人暗算愤而辞去总理职务。此事虽以温仲和接任而告平息，实际上却严重损害了学校以后的发展。

三 政教兼顾,顺应时代

1904年春，再次回到家乡的丘逢甲认准了兴办新式教育这个伟大事业，先在蕉岭县城桂岭书院创办专门培养小学师资的镇平初级师范传习所。1904年秋冬，经与族人商议集资，又在蕉岭东山（县城城东）、员山（文福白湖村）创办创兆学堂各一所（"创兆"为在文福定居的丘氏二世祖名）。此后，在黄遵宪等嘉应州开明人士的支持下，他又通过自办、鼓励别人办、派出得力弟子到各地活动等形式，先后在嘉应州以及江西寻乌、福建上杭、武平等地，劝办学校上百所。以至于当时嘉应州（今梅州）的新式学校数量成为全国密度最高的地区之一。

1905年，清廷政府正式下诏废止科举。鉴于丘逢甲在粤东潮、嘉地区兴办新学的实绩，本年春，两广总督岑春煊聘请丘逢甲出任两广学务公所议绅和惠潮嘉道视学员。夏天，复又聘请丘逢甲出任广州府中学堂监督。1906年秋，丘逢甲被公举为广东教育总会会长，至此，丘逢甲已成为广东省乃至全国有声望的教育家，而他活动的中心也逐渐转移到广州这个更大的舞台。

众所周知，广东是近代中国民主革命的策源地，而广州又是这个策源地的中心。初到广州的丘逢甲主要从事教育方面的活动，工作之余，除了与文人墨客以诗会友之外，因其当年抗日保台的义举，许多地方绅士乃至官方人士都乐于和他交往。因此，丘逢甲也就逐渐旋转到政治舞台的中心，成为广东地方上的知名人士。1909年10月，丘逢甲被公举为广东咨议局副议长这一重要位置。他积极参与地方上的各种事务，如上任后即雷厉风行地首倡禁赌。"于地方积病，尤日思所以构陷而廓清之，如禁赌一案，其最著者也。"[①] 在思想上，丘逢甲也与当初的保皇派康有为、梁启超逐渐拉开距离，而倾向于同盟会的革命主张。1906年，他与朋友谈到国家的未来时说："至保皇之说，

---

① 江山渊：《丘仓海传》。

非不稳健，但时机已过，人心已去清室，康有为等无能为矣！"①

青年是国家未来的栋梁。丘逢甲一直十分重视引导和推荐优秀青年学生加入同盟会，鼓励他们投身革命，并以"男儿要展回天策，都在千盘百转中"等革命诗句，勉励他们为振兴中华而奋斗。邹鲁、陈炯明、朱执信、姚雨平等都深受其思想的影响。在形势险恶时，丘逢甲还以自己在广东的声望和特殊地位，多方掩护和拯救革命学生。1911年黄花岗起义失败后，一批革命党人于深夜相继退入小北丘家祠，数十人攀墙而入。翌晨，两广总督张鸣岐闭城搜捕革命党人，唯丘家祠是丘逢甲寓所，门首高悬钦赐"工部主事"木牌，清兵不敢冒犯。邹鲁、陈炯明因有证据也牵涉其中，丘逢甲及时通知他们脱险。姚雨平被捕入狱，丘逢甲亲自参与营救。

1911年，武昌辛亥起义成功，在这场席卷全国的革命风暴中，饱经忧患的丘逢甲振奋不已。"内渡十七年，无若今日之快心者。"② 然而，当时的粤省当局还妄图挣扎。作为咨议局副议长的丘逢甲当机立断，于11月8日在咨议局主持召开有张鸣岐以及满汉八旗及绅商参加的各界人民代表大会，9日即正式宣布广东省正式脱离清廷而共和独立，为广东省的和平光复大业做出了重要贡献。广东军政府成立后，丘逢甲被推荐为广东省军政府第一任教育部部长，并与王宠惠、邓宪甫三人同被推选为粤省代表，于11月下旬赴南京参加筹建中央临时政府会议。1912年1月中，丘逢甲因病返回镇平县淡定村，2月25日病逝。遗嘱："葬须南向，吾不忘台湾也！"

四　诗界革命，仓海英雄

在中国近代诗歌史上丘逢甲占有重要的一席之地。尽管他自己说："弟本不愿作诗人，然今则竟不能不姑作诗人。"③ 后人皆把他与梅州客家诗人黄遵宪并称，世称"丘黄"。如柳亚子谓："时流竟说黄公度，英气终输仓海君。战血台澎心未死，寒笳残角海东云。"

丘逢甲内渡之前的诗歌今仅存《柏庄诗钞》及一些零散作品，内渡后诗歌主要保存在其去世前一年整理的《岭云海日楼诗钞》中，总计约两千首。丘逢甲诗歌的主要内容或抒发渴望收复台湾、实现祖国统一的豪情壮志，或

---

① 丘琮：《怙怀录》。
② 丘复：《丘仓海先生墓志铭》。
③ 丘逢甲：《复菽园》。

针砭时弊、探究社会病根，或呼吁革新自救、励精图治，等等。在形式上颇为放恣，不为格律所拘，语言圆熟流畅，好以外来词汇、方言俗语、新名词、新概念、新知识入诗，反映出社会变迁与语言变革的本质关系。其诗表现出独具一格的创新意识。梁启超评价曰："若以诗人之诗论，则邱沧海（逢甲）其亦天下健者矣。尝记其《己亥秋感八首》之一云：'遗偈争传黄蘖禅，荒唐说饼更青田。戴鳌岂应迁都兆？逐鹿休讹厄运年。心痛上阳真画地，眼惊太白果经天。只忧谶纬非虚语，落日西风意惘然。'盖以民间流行最俗最不经之语入诗，而能雅驯温厚乃尔，得不谓诗界革命一巨子耶？"①

丘逢甲诗集中给人印象最深刻者仍是他关于台湾题材的诗歌，无论是念台、梦台，还是送别故友去台湾，他对故乡的思念以及魂牵梦萦，成为他诗歌永恒的主题。试举如下。

《春愁》
春愁难遣强看山，往事惊心泪欲潸。
四百万人同一哭，去年今日割台湾。

《元夕无月》
三年此夕月无光，明月多应在故乡，
欲向海天寻月去，五更飞梦渡鲲洋。

《送颂臣之台湾》
涕泪看离樽，河山息战尘。故乡成异域，归客作行人。
鲲海三更梦，鸥天万里春。分明来路近，未信遽迷津。

亲友如相问，吾庐榜念台。全输非定局，已溺有燃灰。
弃地原非策，呼天傥见哀。十年如未死，卷土定重来。

丘逢甲的诗歌始终葆有一种炽烈的爱国主义热情，雄奇豪放，充满英气。邱菽园说："仙根诗各体皆佳，才气亦大。全集自以七律为上驷，挽强命中，号飞将军。"潘飞声《在山泉诗话》说："菽园论诗，以余与仲阏同称谓丘剑胆、潘琴心，其实仲阏长篇如长枪大剑武库森严，七律一种，开满劲弓，吹裂铁笛，真成义军旧将之诗。余每读，靡不心折。"钱仲联《梦苕庵诗话》云："其他七律组诗，层见迭出，沉雄悲壮，皆杜陵《秋兴》《诸将》之遗。"这里再举三首。

---

① 梁启超：《饮冰室诗话》。

《夏夜与季平肖氏台听涛追话旧事》
　　大海惊涛似昔时，高台同听不胜悲。
　　五年乡泪愁中制，半夜军声梦里驰。
　　铁弩何时开越国？素车终古走灵胥。
　　如闻鹿耳鲲身畔，毅魄三更哭义旗。

《秋怀·再叠前韵》
　　年年乡梦阻归鞍，恨不随风化羽翰。
　　卷土重来心未已，移山自信事非难。
　　雨余玟瑁潮初落，月下珊瑚岛渐宽。
　　地老天荒留此誓，义旗东指云海寒。

《梦中》
　　绣旗犹飐落花风，不信楼台是梦中。
　　十二栏干摇海绿，八千子弟化春红。
　　奔驰日月无停轨，组织山河未就功。
　　车下懒龙呼不起，钧天奏罢太匆匆。

　　总之，丘逢甲不仅是近代诗界革命的又一巨子，是诗歌界的"天下健者"，更是人世间真正的沧海英雄！

（原载《潮州日报》2016年11月17日）

丘逢甲与维新人士的诗学交谊及中国诗学之现代转型

邓菀莛

丘逢甲（1864—1912），字仙根，号蛰庵、仲阏，别署海东遗民、仓海君等。存诗2000余首，辑为《岭云海日楼诗钞》。钱仲联《近百年诗坛点将录》比之为"天罡星玉麒麟卢俊义"，谓其诗"魄力雄厚，情思沉挚，人境亦当缩手"①。"人境"，即黄遵宪（1848—1905），字公度，号人境庐主人，曾支持维新变法，存诗1000余首，辑为《人境庐诗草》。丘逢甲、黄遵宪，于中国近代诗界革命中，为梁启超分别誉"诗界三杰"之一、"诗界革命一巨子"。中国诗学转型，是正变交替、古今变换、中西融合的过程，其进程是：诗学变革开始、诗（词）学现代化推进、新诗诞生及词学学科初步构建。这一过程历经三阶段，由主张维新改良的黄遵宪、丘逢甲、康有为、梁启超导夫先路，并由其诗学谱系加以推进、衍化，至康有为再传弟子胡适而实现新诗的真正到来。具体来说，丘逢甲、黄遵宪、康有为、梁启超、丘炜菱等人均曾倡导维新改良，均于诗界革命中产生重要作用，并存在重要、错综的诗学交谊。以丘逢甲诗学为中心，考察其诗学谱系中黄遵宪、康有为、梁启超、丘炜菱等人的诗学关系，对诗界革命发生时期的诗学谱系进行溯源，可探究中国诗学现代转型的发生期，于古今、新旧及传统与现代、本土与异域问题上展现的独有特性。

一 丘逢甲诗学之师门授受与经世情怀

丘逢甲诗学，基于时代影响与师门授受，体现中国传统诗学言志传统，

---

① 钱仲联：《近百年诗坛点将录》，载钱仲联《清诗纪事》，江苏古籍出版社1989年版，第13330页。

表现深厚的经世济民情怀。此中涵养与取向,为此后丘逢甲参与诗界革命,倡导诗歌之内容与形式的新变,起到重要作用。

(一) 丘龙章

丘逢甲与其生父丘龙章于诗学谱系上既有亲缘关系又存在学缘关系。丘逢甲《题崧甫弟遗像》有"以父为之师,读书同一堂"句,并注曰"予与弟皆未更他师"①,可以证之。丘龙章,字诰臣,号潜斋,台湾贡生,毕生从教,为乡村塾师,有《觉世真经诗》。1867年至1876年,丘逢甲随丘龙章课读。至1869年,六岁的丘逢甲已能属对吟诗。丘龙章虽没有直接给丘逢甲以维新思想的影响,然丘家世代爱国,丘龙章又常以郑成功等爱国先贤事迹勉励丘逢甲,予丘逢甲经世爱国思想影响。1876年,十三岁的丘逢甲写下《西江月·穷经致用》:

> 兴起八叉手健,吟成七步才雄。
> 更兼经史满怀中,只觉大才适用。
> 欲布知时甘雨,愿乘破浪长风。
> 他年位若至三公,定有甘棠雅颂。

于此诗作中,可见少年丘逢甲之心气与志向,也可见丘龙章的教导为丘逢甲打下深厚的诗学根底。1877年,丘逢甲参加台湾府童子试,时任福建巡抚丁日昌为主考官,命丘逢甲作竹枝词百首,丘逢甲出色完成,由此被丁日昌誉为"东宁才子"。

(二) 丁日昌

丁日昌(1823—1882),丘逢甲老师。丘逢甲《寄怀林生葵阳》(1899年)一诗自注有"丁雨生师《葵阳竹枝》有'各抱春心问月公'"②句,可以证之。丁日昌字雨生,号持静,广东丰顺人,曾入曾国藩幕府,为洋务运动主将,思想主变,认为"天下大变之势,方如烈火燎原",主张自力更生制造兵器,认为"若不一面购置,一面制造,始终受人把持,终无自强之日"③。1867年,丁日昌有《上曾侯变法自强条陈》,主张变革科举制度。丁

---

① 丘逢甲:《岭云海日楼诗钞》,上海古籍出版社1982年版,第242页。
② 同上书,第100页。
③ 丁日昌:《百兰山馆政书》卷七铅印本,香港[出版者不详],1940年,第20—21页。

日昌有《百兰山馆诗集》,多表达爱国忧民、忠正仁义及建功立业思想。如所作《巡视恒春》:

> 东瀛已是天将尽,况值东瀛最尽头。
> 海水自来还自去,罡风时发复时收。
> 卧薪尝胆知谁共,衔石移山且自谋。
> 饱听怒涛三百里,何人赤手掣蛟虬。

其诗"独写襟怀,浩浩落落","兼有太白、东坡之长而又不为所局"①,"胸中积郁,一发之诗、古文、词,自谓不减大苏"②。除典雅深沉风格外,亦多清新活泼作品,并创作不少竹枝词、新乐府。除俗物村语外,《水晶镜》《蓬洲扇》《急箫罐》《玻璃灯》一类诗作以新事新物,浅易明快,富有新意。考察丘逢甲诗作言志与风格倾向,与丁日昌诗作有相通之处。基于时势考虑与经世之需,丁日昌尤其注重人才,认为凡事皆以得人才为第一要务,因此器重丘逢甲,"告病致仕,犹贻书仙根,令就学潮州。仙根未往,而中丞遽薨"③。就此,丘逢甲痛感师恩,"每念师门,泪未尝不涔涔坠也"④,并曾希望将恩师诗文裒辑印行,可知丘逢甲对丁日昌之感怀。

(三) 唐景崧

唐景崧(1841—1903),丘逢甲老师。丘逢甲《〈请缨日记〉序》文末落款"门下士台湾丘逢甲谨撰",可以证之。唐景崧字维卿,广西灌阳人,曾任台湾布政使、台湾巡抚。唐景崧曾任广西体用学堂中文总教习,支持康有为在桂林成立圣学会,又资助康有为创办《广仁报》,用力于维新变法。

唐景崧十分赏识丘逢甲,认为"海上二百年生此奇士,腹中十万卷佐我未能"⑤,希望丘逢甲于官场有所作为。1889年,丘逢甲考中进士,授工部主事,到任不到一月即请假返台,此后再没赴任。丘逢甲返回台湾,唐景崧赋道:

---

① 温廷敬:《潮州诗萃》,汕头大学出版社2001年版,第925页。
② 李鸿章:《李鸿章致丁日昌函稿》,《丰顺文史》第2辑,政协丰顺县文史委员会,1989年,第73页。
③ 参见丘铸昌《丘逢甲交往录》,华中师范大学出版社2004年版,第145页。
④ 同上。
⑤ 参见丘铸昌《丘逢甲生平大事年表》,《华中师院学报》1984年第4期。

> 一年不见丘才子，今日相逢喜欲狂。
> 沧海鱼龙神变化，秀才文字忆商量。
> 听涛亭上灯如昨，觅句堂前酒再香。
> 从此诗人须破例，勋名待出水曹郎。①

唐景崧曾支持丘逢甲在台湾办衡文、罗山、崇文等书院。《马关条约》签订后，丘逢甲三次上书朝廷，主张废约抗战，唐景崧均为其代奏。② 此后，唐景崧又曾与丘逢甲联合抗日保台，可知二人之志同道合。

唐景崧雅好文学，有《请缨日记》《寄闲吟馆诗存》等存世，其诗各体兼攻，雄浑豪迈，任台澎道时，常办"文酒之会"（诗钟会）。《台湾通史》载：

> 灌阳唐景崧以翰林分巡台湾道，方奖掖风雅，岁试文生，拔其尤者，读书海东书院，厚给膏火，延进士施士洁主讲。于是，逢甲与新竹郑鹏云、安平汪春源、叶郑兰肄业其中，未几联捷成进士，授工部主事，为崇文书院山长。及景崧升布政使，邀其至，时以文酒相酬酢，台湾诗学为之一兴。③

文酒相酬酢，吟诗属对，盛极一时，而丘逢甲常为座上客，获得良好的诗学交流平台。诗钟会上，唐景崧赢得"钟中将帅"雅称，丘逢甲与施士洁则被台湾诗界群推为"二公"④，极大促进了丘逢甲诗名诗作的传播。1893年，唐景崧又将诗钟会诗作汇编成《诗畸》刊行，收入丘逢甲七律51首、联句215对，数量仅次于唐景崧本人，对丘逢甲诗学的流传，也起了积极作用。此外，1887年，唐景崧推荐丘逢甲就读海东书院，其间，丘逢甲得以结识陈省三、许南英、施士浩、汪春源等诗友。

丘逢甲对唐景崧颇是敬重，二人诗学交谊也较频密。以1892年为例，丘逢甲赋赠唐景崧的就有《乞归已逾三载感赋》《送维卿师入都，用陆放翁送曾学士赴行韵》《唐韦之观察以〈净翠园诗〉见示……将南还也》等。《乞归已逾三载感赋》中丘逢甲有"惆怅牙琴操里音，此生终恐误山林"句，自注曰"维卿师有'山林终恐误英雄'句，盖相勖语也"。1893年，丘逢甲为唐景崧

---

① 参见丘铸昌《丘逢甲生平大事年表》，《华中师院学报》1984年第4期。
② 丘铸昌：《丘逢甲交往录》，华中师范大学出版社2004年版，第91页。
③ 连横：《台湾通史》，生活·读书·新知三联书店2011年版，第765页。
④ 唐景崧：《〈诗畸〉序》，唐景崧《诗畸》，刻本，（台北）台湾布政使署，1893年，第1页。

《请缨日记》作序,称"我维卿方伯夫子,三垣奎宿,早耀文光,八桂名流,夙饶奇抱",可见其中推崇。1903年3月2日,唐景崧病逝于广州,丘逢甲挽云:

在中国是大冒险家,任成败论英雄,公自千秋冠新史;
念平生有真知己感,觉死生成契阔,我从三月哭春风。

二 丘逢甲与维新人士之诗学交谊

考察丘逢甲生平,与温仲和、黄遵宪、丘炜菱、康有为、徐勤、陈庭凤、林文庆、容闳、潘飞声、陈涛、况仕任等喜言新学、主张变法之士多有往来,诗学交谊亦频繁、交错。其中,以丘逢甲与黄遵宪、梁启超、丘炜菱、康有为之间的诗学交谊为重要,深刻影响着诗界革命的发生与推进,并大大促进了丘逢甲诗学于海内外的广泛传播,使其诗学产生深刻影响。

(一) 丘逢甲与黄遵宪、梁启超

诗界革命中,梁启超、康有为、黄遵宪、丘逢甲、唐才常、蒋智由、潘飞声、马君武等人积极参与并成为诗界革命的重要实践者。而丘逢甲能参与其中及其诗学得到传播,与黄遵宪、梁启超二人有着重要关系。

1. 丘逢甲与黄遵宪

丘逢甲与黄遵宪的交往,始于温仲和。温仲和(1849—1904),字慕柳,广东嘉应人,进士出身并曾任翰林院检讨,有《读春秋公羊札记》《求在我斋经说》等。1889年,丘逢甲、温仲和于北京会试相识。温仲和是黄遵宪的同乡、同学,喜言新学,丘逢甲引为知交,与之同办岭东同文学堂并交往20多年,"惟予知君为狷者;惟君知予为狂士。狂狷趣殊,道实相济。开学界于岭东,愧高名之并峙"[①]。丘逢甲以狂者自命,而以狷者视温仲和,认为彼此间狂狷趣殊,道实相济。经温仲和推荐,1889年,丘逢甲、黄遵宪建交并成莫逆之交。1890年,黄遵宪任职英国伦敦,作《岁暮怀人诗》:

赤崁城高海色黄,乍销兵气变文光。

---

① 丘逢甲:《温慕柳先生像赞》,丘晨波编《丘逢甲文集》,花城出版社1994年版,第331页。

他年番社编文苑，初祖开山天破荒。

诗作怀念丘逢甲并予高度评价，谓为台湾文学的"开山祖"。1894年，黄遵宪返国，此后大力支持维新变法。1895年，丘逢甲领导义军抗日事败内渡。三年后，维新变法失败，黄遵宪被革职放归。此年丘逢甲作《寄怀黄公度》，其一曰：

茫茫远道九秋思，渺渺凉波万顷陂。
八月灵槎虚汉使，三闾奇服怨湘妃。
醉倾沧海麻姑酒，劫入商山桔叟棋。
铁汉楼高闲怅望，岭云南护党人碑。

这一年，丘逢甲《与兰史》说道："岭东诗人，鄙见当以黄公度首屈，胡晓岑名曦次之。"① 次年，丘逢甲前往"人境庐"造访黄遵宪，曾赠以"陆沉欲借舟权住，天问翻无壁受呵"楹联。黄遵宪1868年在《杂感》中提出"我手写我口，古岂能拘牵？即今流俗语，我若登简编。五千年后人，惊为古斓斑"。1897年，黄遵宪《酬曾重伯编修》又云："费君一月官书力，读我连篇新派诗。"正式提出"新派诗"的概念并进行实践创作，其诗"独辟境界，卓然自立于二十世纪诗界中"②。丘逢甲此后为《人境庐诗草》跋语，有"海内之能于诗中开新世界者，公外，偻指可尽"③ 评价，并曰：

茫茫诗海，手辟新洲，此诗世界之哥伦布也；变旧诗国为新诗国，惨淡经营，不酬其志不已，是为诗人中嘉富洱；合众旧诗国为一大新诗国，纵横捭阖，卒告成功，是为诗人中俾思麦。

1905年，黄遵宪病逝，丘逢甲挽联：

论文章经济，均足千秋，从今凭吊孤城，落日登楼，岂第骑箕哀铁汉！
合公义私情，来伸一恸。剩我眷怀祖国，春风酾酒，更同钩党哭

---

① 丘逢甲：《与兰史》，丘晨波编《丘逢甲文集》，花城出版社1994年版，第273页。
② 梁启超：《饮冰室诗话》，梁启超《饮冰室合集·文集：四十五》（上），中华书局1989年版，第20页。
③ 丘逢甲：《黄公度〈人境庐诗草〉跋》，丘晨波编《丘逢甲文集》，花城出版社1994年版，第316页。

林宗!

如上可见,丘逢甲服膺于黄遵宪,并高度肯定黄遵宪诗学。丘、黄诗学往来十几年,唱和频密,和诗40多首。黄遵宪提出的"我手写我口"主张,对丘逢甲产生影响,丘逢甲诗作"以民间流行最俗最不经见之语入诗,而能雅驯温厚乃尔"①。

2. 丘逢甲与梁启超

据现有文献分析,丘逢甲、梁启超二人,可能一直未曾谋面,也可能一直未曾书信往来,但基于黄遵宪的关系,梁启超、丘逢甲二人文字神交并诗学共鸣,梁启超于丘逢甲诗学传播、诗学地位确立上,起了极重要作用。

诗学沾溉之外,黄遵宪积极推扬丘逢甲诗学。其中重要一例,即为向梁启超推介丘逢甲。梁启超(1873—1929),字卓如,号任公、饮冰室主人,与康有为一起发动"公车上书"、领导强学会、创办《强学报》《清议报》《新民丛报》《新小说》等,又与黄遵宪共办《时务报》,有《饮冰室合集》。存诗词500余首,并有《饮冰室诗话》行世。梁启超师于康有为并深受影响,无论在政治、外交、文学等方面都有着许多共通之处。

诗界革命开始于1896年,以夏曾佑、谭嗣同、梁启超等人尝试"新学诗"开始,至1899年12月25日,梁启超于《夏威夷游记》正式提出。梁启超主张:"欲为诗界之哥仑布、玛赛郎,不可不备三长:第一要新意境,第二要新语句,而又须以古人之风格入之,然后成其为诗。"② 将新意境、新语句、古人之风格三者看作诗界革命的衡量标准,一方面通过《清议报》《新民丛报》《新小说》等大量刊发新诗作,另一方面以《饮冰室诗话》为依据从理论上大力做阐述。

1902年11月11日,黄遵宪《与梁启超书》言及丘逢甲并说"此君诗真天下健者"。维新变法后的六七年内,黄遵宪和梁启超有十万言以上通信,梁启超受黄遵宪的思想影响很大,"黄公度的思想见解,大半都和先生相同"③。故此,随后梁启超于《饮冰室诗话》第三十九则道曰:"吾尝推公度、穗卿、观云为近世诗家三杰,此言其理想之深邃闳远也。若以诗人之诗论,则邱沧

---

① 梁启超:《饮冰室诗话》,梁启超《饮冰室合集·文集:四十五》(上),中华书局1989年版,第24页。
② 梁启超:《夏威夷游记》,梁启超《饮冰室合集·专集:二十二》,中华书局1989年版,第189页。
③ 梁国冠:《台湾诗人丘逢甲评传》,牛仰山《1919—1949中国近代文学论文集(诗文卷)》,中国社会科学出版社1988年版,第485页。

海其亦天下健者矣。"① 将黄遵宪言丘逢甲"此君诗真天下健者"的评价加以肯定并推扬,又说丘逢甲为"诗界革命一巨子"②,可见其对丘逢甲肯定之高。

除理论推扬外,梁启超还积极宣传丘逢甲诗作。《清议报》(1898—1901)"诗界潮音集"栏目刊出 100 期,发表 100 多位作者的 800 多首诗作;《新民丛报》(1902—1906)刊行 96 期,其"诗界潮音集"专栏发表 500 多首诗作;《新小说》(1902—1905)刊出 16 期,其"杂歌谣"栏刊 14 辑,发表通俗体诗 100 多首。而三种刊物一开始即刊载丘逢甲的诗作,可见梁启超对丘逢甲诗作的推崇,也可见黄遵宪于丘逢甲诗学传播的间接影响。

(二) 丘逢甲与丘炜萲、康有为

与梁启超为康有为入门弟子不一样,丘炜萲为康有为私淑弟子。康有为虽自陈"吾开堂讲学说经外,多谈政治,不及诗"③。但半个世纪以来,康有为与弟子广泛、持续地诗学往来,梁启超、丘炜萲诗学均受康有为诗学影响。而相较梁启超与丘逢甲的不曾谋面,丘炜萲、康有为均曾与丘逢甲诗酒相会并诗作唱和,于丘逢甲诗学发展与传播亦起重要作用。

1. 丘逢甲与丘炜萲

丘炜萲(1873—1941),又作邱炜萲,号菽园、星洲寓公等,"邱菽园"和"丘菽园"分别为不同学者所采用,福建海澄人,先后主政《天南新报》《振南日报》《星洲日报》,曾任南洋保皇分会会长。存诗 1400 多首,有《菽园赘谈》《五百石洞天挥麈》等,为"南侨诗宗"。

1897 年,丘逢甲主动修书丘炜萲,不久,丘炜萲复信,并请丘逢甲为《菽园赘谈》作序,二人建交并书信往来。1898 年 6 月 8 日,丘炜萲于《天南新报》刊文介绍丘逢甲事略,并自此连刊丘逢甲诗文及相关事略。1900 年 3 月,丘逢甲往新加坡,与丘炜萲、康有为、容闳、林文庆等人会面,并互赠诗文。

丘逢甲、丘炜萲曾共同主张维新变法。丘逢甲致丘炜萲书信中曾说:

---

① 梁启超:《饮冰室诗话》,梁启超《饮冰室合集·文集:四十五》(上),中华书局 1989 年版,第 24 页。
② 同上。
③ 康有为:《〈审安斋诗集〉序》,康有为《康有为全集》(第十一集),姜义华、张荣华编校,中国人民大学出版社 2007 年版,第 164 页。

"《时务》《知新》《湘学》之徒,起而继《强学》之后,《国闻》一报又从而张《时务》《知新》《湘报》之风,明定宗旨,开通湮塞,其功当不在孟子拒杨墨、韩子辟佛老之下,吾中国四百兆民亦何幸而有此哉!"① 丘逢甲1899年秋冬在《复菽园》信中以为,丘炜萲"言迁都、练军、改律、设捕诸节,极是伟论",强调"不变法则此等事今日皆属托之空言"②。二人彼此引为知交,自建交始便诗学往来。丘逢甲致丘炜萲的第一封修书附《寄家菽园孝廉炜萲新架坡》三首,有曰:

> 韩苏笔力不到处,石破天惊自著书。
> 未悔居夷从凤鸟,真看横海掣鲸鱼。
> 河山烟点齐州外,文字雷屯草昧初。
> 闻说鸡林争购集,百蛮齐拜孝廉车。

诗作盛赞丘炜萲文章议论惊人、诗名盛传,并肯定其于新加坡文学所做贡献。其后《五百石洞天挥麈·序》中,丘逢甲评价丘炜萲诗作"以谈诗为主义,然标举襟灵之外,留心风化,尤为天下有心人所同许",肯定其于民族前途、国家命运及民智启发的积极作用。而丘炜萲复丘逢甲的第一封信,回赠《寄酬丘仙根四首》有曰:"谁是称知己,逢君欲赠刀。朔风关外劲,慷慨赋同袍。"又说:"神交原有道,珍重尺书谈。"至1900年10月1日,丘炜萲作《诗中八贤歌》,推尊康有为、黄遵宪、林鹤云、唐景崧、潘飞声、丘逢甲、王恩翔、梁启超为"诗中八贤",并曰:

> 吾家仙根工悲歌,铁骑突出挥金戈,
> 短衣日暮南山阿,郁勃谁当醉尉呵。

二人建交三年多时间,丘逢甲有关丘炜萲的诗10多题近30首,又曾寄《蛰庵诗存》500首给丘炜萲。而1899年这一年,是丘逢甲诗歌创作高峰时期,一年得诗250多首。1898年至1900年两年余时间,在丘炜萲安排下,《天南新报》发表丘逢甲诗歌300多首,大大促进了丘逢甲诗作于新加坡的传播与影响的扩大。此后,二人绝交,丘逢甲诗作消失于《天南新报》,可见丘逢甲、丘炜萲二人建交,对丘逢甲诗作于新加坡的传播意义与作用。

---

① 丘逢甲:《丘逢甲集》,岳麓书社2001年版,第770页。
② 丘逢甲:《复菽园》,丘晨波编《丘逢甲文集》,花城出版社1994年版,第268页。

2. 丘逢甲与康有为

康有为（1858—1927），原名祖诒，字广厦，号长素，广东南海人。进士出身，曾任工部主事。1890 年设万木草堂讲学，1895 年发动"公车上书"，1898 年发动维新变法。曾创办强学会及《中外纪闻》《强学报》。著有《新学伪经考》《孔子改制考》《大同书》等，存诗 2000 余首，辑为《万木草堂诗集》，是"近代一大诗家"①。

1899 年 10 月，时任保皇会会长的康有为返香港，谋划武装勤王并致信丘逢甲，邀请其赴港商议勤王事宜。信末曰："仆顷还港，相去咫尺，甚望执事命驾来游，伸瞻丰采，获聆高论。王室如毁，想能哀从。瞻望韩山，不胜侧企。敬问起居，不尽鹤立之诚。"② 此前，丘逢甲已心仪维新，并谓："康工部忠肝热血，力主维新，恭值皇上励精图治，遂邀特达之士知学堂之议，虽政府主于上，而由工部赞之者为多。"③ 又 1899 年《〈菽园赘谈〉序》，丘逢甲言说上至主权、朝官，下至礼仪、学校等十一赘，与康有为颇多暗合。维新变法失败，丘逢甲曾作《闻言者屡有改科举之议，迭颐山见赠韵，简温慕柳同年金山书院》，有"一网惊心朔党人"句，《感事》诗又有"未能成革政，相扼有尸臣。庙算归权戚，宫符付椓人。空教天下士，痛哭念维新"之叹。为此，收到康有为邀请不久，丘逢甲即赴香港，与康有为、唐才常等维新人士会面，其间，合摄持刀并立小照。

一年后的 3 月，丘逢甲前往新加坡，再次与康有为见面，并与容闳、林文庆、丘炜菱等人见面。此年 6 月，康有为致维新人士书信多提及丘逢甲，如与澳门保皇总会负责人徐勤 6 月 2 日信中说："仙既归统，可尽人才办西事，亦可自成一军也（余事问仙略知）。"6 月 5 日信中又说："西力膨胀，既拟移全力注之。万一羽异未出，可先动不？可与仙盈计之。闻仙须返家廿日，则六月乃出，计羽异此时亦可出矣。""西事"指广西起兵。可见，新加坡之行后，丘逢甲已成为维新变法的重要力量。

新加坡之行，康有为有《容纯甫观察、邱仙根总统、王晓沧广文来访星坡，与林文庆议员并集南华楼，林君赠我西文诗，即席答之，并索邱、王二子和作》《庚子正月二日避地星坡，菽园为东道主。二月二十六迁出他宅，于架上乃读菽园所著赘谈，全录余公车上书，而加跋语，过承存叹，沧桑易感，

---

① 王森然：《近代二十家评传》，书目文献出版社 1987 年版，第 117 页。
② 康有为：《万木草堂遗稿·外编下》，蒋贵麟编，成文出版社 1978 年版，第 600 页。
③ 丘逢甲：《丘逢甲集》，岳麓书社 2001 年版，第 774 页。

亡人多伤,得三绝句,示菽园并邱仙根》等诗作,可见与丘逢甲之间诗学往来。

3. 丘、黄争雄与康、丘劝慰

1901年,康有为作《闻邱仙根工部归里,与黄公度京卿各争诗雄。文人结习,别开蛮触,以诗问讯,且调之》:

> 五岭峥嵘矗两峰,诗坛腾薛日争雄。
> 如斯蛮触原风雅,只恐山河在割中。
> 亡国原为好诗料,保身最好托词章。
> 只愁种灭文同灭,佳集虽传亦不长。
> 回首故乡歌大风,飞扬猛士为谁雄?
> 陆沉应作反招隐,可惜阎浮国土空。

丘炜萲《挥麈拾遗》就此诗作背景记曰:"仲阏豪气未除,高卧百尺楼上,目公度为第二流。公度不服,互有辩论,大生嫌隙。康更生水部时居海外,闻而嗤之,寄以诗云。"丘炜萲肯定黄遵宪、丘逢甲二人为"龙象之才","黄君落落大方,芒寒色正;邱君嘎嘎独造,骨老气苍。善月旦者,仍未敢轻为杆轻"。就二人争雄,丘炜萲评曰:

> 通时务者如黄、邱二君,既不能得尺寸柄,内而竭尽启沃,外而取佐折冲,徒为废置散材,吟啸词章以自怡悦,又孰使之耶?乃二君者,平日后乐先忧,自待何许,讵料操戈于室,蹈古来文士相轻陋习,毋亦客气未平之过耶!得康君一言,当各返观自笑。

丘逢甲、黄遵宪二人争雄之事,于此不多赘言。然以康有为、丘炜萲诗学关系做进一步考察,丘炜萲为康有为私淑弟子,二人诗学往来频密。以上康有为劝慰丘逢甲三诗,虽拟寄予丘逢甲而未成①,然就此诗看,康有为曾尝试以诗学规劝丘逢甲则为事实。而丘炜萲此中所言"通时务者如黄、邱二君,既不能得尺寸柄,内而竭尽启沃,外而取佐折冲,徒为废置散材,吟啸词章以自怡悦,又孰使之耶",与康有为"亡国原为好诗料,保身最好托词章。只愁种灭文同灭,佳集虽传亦不长"语,意旨是相同的。这里康有为、丘炜萲

---

① 康有为在原诗页眉上批注:"仙根其人,心胸甚窄,眦睚必报。现其人尚生,此诗似不必使其见"。参见上海市文物保管委员会文献研究部编《万木草堂诗集——康有为遗稿》,上海人民出版社1996年版,第128页。

一致强调的，也是二人诗学一向主张的诗文应当有济于世、有济于时的思想。同年，丘炜菱又作《寄丘仙根黄公度》：

> 平分潮水笔情酣，苏子韩公隐共龛。
> 等是宗风传岭表，独有雄直压江南。
> 樵风终古东西楼，国志于今左右骖。
> 我学唐贤图立客，惊天奇语素君谈。

诗作将丘逢甲、黄遵宪比作苏东坡、韩愈，认为二人诗作平分秋色，同是开一代风气。在康有为劝慰基础上，丘炜菱显然有调和丘逢甲、黄遵宪二人关系之意。考察丘逢甲生平、思想及诗学，与康有为、丘炜菱有着相当的暗合。"仓海归粤后，先后与易实甫、陈伯严、陈宝琛、康南海、黄公度诸诗人游，造诣益深，诗格益高，而受南海、公度之影响尤大。"①

三　丘逢甲与中国诗学现代转型

中国诗学的古今演变，从题材分配看，风、雅、颂的排列，是内容决定形式，从体裁构建看，赋、比、兴的组合，是形式决定内容。而无论题材或体裁，其变革无相对固定的创新形式。其值得关注的涉及三大问题：内容的新变、形式的转换、学科的确立。而黄遵宪、丘逢甲、康有为、梁启超、丘炜菱等人诗学"于形式上导入"，在尊体、传旧基础上，于新意境的表现及新语句、新形式进行尝试，既促成内容新变，推动形式变革，又为胡适及此后诗学的继续发展提供前提，奠定基础。

丘逢甲诗论散见于其诗作、序跋、书信，除诗作《论诗次铁庐韵》《题沧海遗民台阳诗话》《说剑堂集题词，为独立山人作》《题裴伯谦大令睫闇诗抄》、序跋《人境庐诗草跋》《家筼岩太守晋昕九十九峰草堂诗集序》外，《论山歌》《题张仙根（芝田）历代宫闱杂事诗》《题兰史独立图》等诗作亦涉及。丘逢甲诗歌的新变探索，除个人主动选择外，诗界革命亦为重要影响因素——同时代黄遵宪、康有为、梁启超、丘炜菱等均重视歌诗新变。丘逢甲诗学所表现的思想与用意，所运用的形式与变化，与黄遵宪、康有为、梁启超、丘炜菱、马君武等人，有着不少相似与暗合，表现出相

---

① 丁文江、越丰田：《梁启超年谱长编》，上海人民出版社2009年版，第184页。

应的诗学沾溉。

（一）内容的新变

1. 对维新改良的倡导

康有为、梁启超、黄遵宪、丘逢甲等人推崇维新改良，认为中国的变革当以改良行之，而非以革命达成，此中思想亦体现于诗界革命。黄遵宪、丘逢甲、康有为、梁启超及邱炜萲、麦孟华、潘之博、韩文举、梁朝杰等康门弟子，无一不高举诗以言志、歌诗救国理想。此中思想，一则承继《诗经》以来歌诗言志的传统，一则基于时代救国要求及诗学相互沾溉。如1900年，丘逢甲作《元旦试笔》：

> 大九州当大一统，书生原有觉民权。
> 待将宣圣麟书笔，遍布王春海外天。
> 除旧居然又布新，溶溶四海一家春。
> 皇威万里行儒教，八表同风拜圣人。

同年，丘逢甲又作《与平山、近藤二君及同志诸子饮香江酒楼，兼寄大隈伯相、犬养春官日本东京》：

> 谁挟强亚策，同洲大有人。
> 愿吁兄弟国，同抑虎狼秦。
> 慷慨高山泪，纵横大海尘。
> 支那少年在，旦晚要维新。

"大隈伯相"，大隈重信，曾任日本内阁首相；"犬养春官"，犬养毅，曾任日本文相。丘逢甲自注此诗曰："日本有高山正之，其人维新先进也。"对日本明治维新和维新志士给予高度评价。

2. 对自由、民主的宣导

近代社会，对自由、民主、进化的倡导，成为风尚与主流。康有为相当部分著述即尝试借儒学思想、佛教义理与西学知识推演变法维新，并以托古改制的方法，将孔子打扮成鼓吹资产阶级博爱、自由、平等思想的化身。康有为所宣扬的三权分立、大同思想、民权观念、公羊三世说，代表了当时社会进步的要求。在此基础上，康门弟子做了进一步发展。如梁启超认为孔子思想实质是进化主义，强调民众之进化"莫要于思想自由、言论自由、出版自由。三大自由，皆备于我焉"①。又提出："精神上之学问者何？民权自由是也。"②

同样地，丘逢甲也积极主张中西化合，认为"学有中西汇乃通"③，讲求"以中学为体，西学为用；中学为纲，西学为目"④。虽后来支持革命，丘逢甲政治理想迥异维新人士，然途径不一，结果却仍在于民主自由的最终达成。1901年，丘逢甲作《有客自美洲归，作仗剑东归图。为题卷端》，其一曰：

> 西半球归东半球，偃然有国卧亚洲。
> 逢人莫说华盛顿，历禁方悬民自由。

又《送刘铭伯之美洲》曰：

> 不敲开国自由钟，不为寻洲踵阁龙。
> 唤起黄人思祖国，海天长啸落机峰。

又，1902年，《论诗次铁庐韵》组诗有曰：

> 北派南宗各自夸，可能流响脱淫哇？
> 诗中果有真王在，四海何妨共一家！
> 芭蕉雪里供摹写，绝妙能诗王右丞。
> 米雨欧风作吟料，岂同隆古事无征！

诗作明确强调诗界开新境的要求，并倡导以"米雨欧风"入诗。除此之外，与康有为、梁启超、麦孟华等人积极兴女学主张一般，丘逢甲也重视妇女教育。如1902年作《纪兴宁妇女改妆事，与刘生松龄》其一：

> 山川奇伟数齐昌，不独男儿解自强。
> 要使金闺兴女学，银钗先改峒蛮妆。

诗作提出，无论男女，当需自强。而在兴女学之前，当先改掉女性传统

---

① 梁启超：《自由书·叙言》，梁启超《饮冰室合集·专集：二》，中华书局1989年版，第1页。
② 梁启超：《戊戌政变记》，梁启超《饮冰室合集·专集》，中华书局1989年版，第7页。
③ 丘逢甲：《寄答陈梦石明经崧，即题其〈东溪吟草〉》，丘晨波编《丘逢甲文集》，花城出版社1994年版，第146页。
④ 丘逢甲：《创设岭东同文学堂序》，丘晨波编《丘逢甲文集》，花城出版社1994年版，第304页。

妆容。《题陈撷芬女士女学报》一诗进一步提出：

> 唤起同胞一半人，女雄先出唱维新。
> 要修阴教强黄种，休把平权笑白民。
> 拾翠尽除闲著作，炜彤兼复古精社。
> 大江东望文明水，遥祝飞行比电轮。

陈撷芬，湖南衡山人，《苏报》创办人陈范之女，先后创办《女学报》《女苏报》等刊物，宣传资产阶级民主思想。1902 年，丘逢甲通过潘飞声认识陈撷芬。诗作中，丘逢甲肯定《女学报》唤起女性、倡导维新改良的积极作用。"要修阴教强黄种，休把平权笑白民"句提出：要加强妇女的培育，使中华民族强大，而不应笑话白种人主张的男女平等思想。

从丘逢甲的经历与创作入手，分析其支持维新运动时期的诗学特色。此时期，黄遵宪、康有为、康门弟子等维新人士诗言志与开新意境诗学，为丘逢甲所接受。即使丘逢甲此后投身革命，这一时期诗学，对其此后诗作创造仍起重要作用，并进一步推动着诗界革命发展。

（二）形式变革的尝试

诗界革命所提倡主张，虽更多着眼内容而非形式，千百年来，也只有到了 20 世纪之初胡适的出现，方才从内容到形式全面迎来诗歌的重大变革，但无论是诗界革命之主张，抑或胡适等人之白话诗革命，均非凭空而生，而与中国千年诗学息息相关。在胡适之前，丘逢甲、黄遵宪、康有为、梁启超、丘炜菱、马君武等即已就诗歌形式变革进行尝试。此中，以丘逢甲为考衡，就尝对诗歌形式问题，做过积极思考及一定程度的新变努力。

1. 对诗歌形式新变的自觉认识

就丘逢甲诗学看，主张"诗无今古真为贵"①。与丘炜菱书信中，即尝言："尊论谓诗贵清、贵曲，弟再参一语，曰贵真。自三百篇以至本朝诗，其可传者，无论家数大小，皆有真气者也。诗之真者，诗中有人在焉。弟诗不

---

① 丘逢甲：《寄答陈梦石明经崧，即题其〈东溪吟草〉》，丘晨波编《丘逢甲文集》，花城出版社 1994 年版，第 146 页。

可谓工,但不肯作假诗耳。"① 就此,丘逢甲对诗歌新变有明确的要求,认为"诗有定法亦无定法,有定体亦无定体,视学为转移而已"②。《题张仙根(芝田)历代宫闱杂事诗》其四云:

> 体兼正变古风诗,胡地胡天更见之。
> 从此再开诗世界,五洲万国著宫词。

诗中提出开创诗歌新局面的主张。又,《海中观日出歌,由汕头抵香港作》曰:

> 世逢运会将大同,天教此地文明度。
> 我是渡海寻诗人,行吟欲偏南天春。
> 完全主权不曾失,诗世界里先维新。
> 五色日华笔端生,墨沈淋漓四海水。

诗作于1898年。当时,香港已为殖民地。康有为1879年作《初游香港睹欧亚各洲俗》一诗,赞美香港科技文明、城市繁华,同时感叹香港沦落。而丘逢甲此诗却提出:中国未完全丧失对香港主权的拥有,仍可恢复失土,并期待通过诗歌革命,换来社会维新。次年,丘逢甲又作《题兰史独立图》,进一步主张:

> 举国睡中呼不起,先生高处画能传。
> 黄人尚昧合群理,诗界差存自主权。
> 胸中千秋哀古月,眼穷九点哭齐烟。
> 与君同此苍茫况,隔海相望更悯然。

诗作指出:国人愚昧无知,不懂合群团结,只有诗中还存留着自主权利。梁启超读后大为称赞,谓其意境新辟——1899年至1900年,正是梁启超于《清议报》大力推动"以诗界革命之神魂,为斯道别辟新土"③时,丘逢甲诗学与诗界革命正相呼应。以1900年梁启超作《奉酬星洲寓公见怀一首,次原韵》为例:

---

① 丘逢甲:《复菽园》,丘晨波编《丘逢甲文集》,花城出版社1994年版,第267页。
② 丘逢甲:《家筠岩太守晋昕〈九十九峰草堂诗集〉序》,丘晨波编《丘逢甲文集》,花城出版社1994年版,第306页。
③ 梁启超:《夏威夷游记》,梁启超《饮冰室合集·专集:二十二》,中华书局1989年版,第189页。

莽莽欧风卷亚雨，棱棱侠魂裹儒魂。
田横迹遁心逾壮，温雪神交道已存。
诗界有权行棒喝，中原无地著琴尊。
横流沧海非难渡，欲向文殊叩法门。

同年，丘逢甲有《饮新加坡觞咏楼，次菽园韵》：

力收墨雨卷欧风，何止平生顾曲工。
谁遣拿破仑再出？从来岛上有英雄！

比较起来，二诗有异曲同工之效，即均强调诗歌中表现欧美文明，并推崇丘炜萲诗作。也是这一年，丘逢甲钦佩黄遵宪"新世界诗"，认为其手辟新洲，为诗人中之加富洱、俾斯麦、哥伦布。① 至1902年，丘逢甲更于《论诗次铁庐韵》组诗进一步鼓动诗界革命，曰：

元音从古本天生，何事时流务竞争？
诗世界中几雄国？惜无人起与连衡。
迩来诗界唱革命，谁果独尊吾未逢。
流尽玄黄笔头血，茫茫词海战群龙。
新筑诗中大舞台，侏儒几辈剧堪哀。
即今开幕推神手，要选人间绝代才。

此时期，诗界革命广泛开展。梁启超不但于《新民丛报》开辟"诗界潮音集"、于《新小说》设立"杂歌谣"专栏，大量刊发新体诗作，更于1903年至1909年，于《新民丛报》第四号至第九十五号刊发《饮冰室诗话》凡一百七十四则。在梁启超的推动下，不仅有蒋智由、马君武、黄宗仰、高旭等人发表新诗，亦带动《浙江潮》《江苏》《觉民》等刊物开辟诗词专栏。当然，当时社会，更多接受的是梁启超"革其精神"的诗学，关于形式变革的思考，是一个渐次认识与发展的过程。1909年，南社成立，时马君武留学德国，作《寄南社同人》：

唐宋元明都不管，自成模范铸诗才。

---

① 丘逢甲：《黄公度〈人境庐诗草〉跋》，丘晨波编《丘逢甲文集》，花城出版社1994年版，第316页。

> 须从旧锦翻新样，勿以今魂托古胎。
> 辛苦挥戈挽落日，殷勤蓄电造惊雷。
> 远闻南社多才俊，满饮葡萄祝酒杯。

诗篇表示：不管唐宋元明，要自铸诗才，要翻新样脱旧胎。马君武认为，无论何体裁形式，当可利用来铸写新诗。马君武曾为康门弟子，此诗与梁启超诗界革命提出以古风格寓新境界思想对勘，所提倡从旧形式翻新花样以满足境界表达的需要，已触及形式变革问题，较诸丘逢甲、康有为、梁启超等人，显然进步得多——马君武对前人强调变化内容以表达新境界而对诗界革命保留旧风格的诗学主张做了扬弃，明确从理论上提出开拓诗歌新境界，进行脱胎换骨的形式革命要求。而在丘逢甲、康有为、梁启超那里，更多提倡出"新境界"，或"以旧风格含新境界"，即使到了同样作为康门弟子的狄葆贤那里，虽没有了所谓唐宋之争，也增多赏析时人之作，然在理论上仍停留于旧风格，甚而有"爱古即属爱国"的说法，但到了马君武那里，理论上已触及诗歌本身的体制问题。正因为如此，有论者以为"马君武在诗歌革新精神和力度方面，比渐趋保守的梁启超走得更远"①。这是应当加以留意的。

2. 对诗歌形式新变的主动尝试

在近代，黄遵宪最早以歌诗表达"休唱攘夷论，东西共一家"（《大狱四首》）、"光华复旦歌维新"（《西乡星歌》）思想。黄遵宪于1879年所刊行的《日本杂事诗》，更"变诗人之例，为史氏之书"。②梁启超就此曾指出，黄遵宪作诗"愤天下之不可救"，无奈下"自逃于诗以忘天下"③。丘逢甲青年时尝作竹枝词百首④，咏台湾风土、人情、历史，内渡后居"山歌之乡"的粤东地区，与黄遵宪密切往来并受其影响，1896年，丘逢甲作《论山歌》：

> 粤调歌成字字珠，曼声长引不模糊。
> 诗坛多少油腔笔，有此淫思古意无？

丘逢甲提出：广东民歌曲调优美动人，所包含真意也为文人诗作所没有。

---

① 胡全章：《旧锦新样：清末民初马君武诗歌》，《南昌大学学报》2015年第3期。
② 洪士伟：《〈日本杂事诗〉洪士伟序》，黄遵宪《〈日本杂事诗〉广注》，钟叔辑注校点，湖南人民出版社1981年版，第29页。
③ 梁启超：《〈人境庐诗草〉跋》，黄遵宪《人境庐诗草》，钱仲联笺注，中国青年出版社2000年版，第824页。
④ 温朝霞：《丘逢甲台湾竹枝词的艺术价值探析》，《黑龙江社会科学》2010年第1期。

丘逢甲对民谣高度关注并尝试新变。以 1901 年《游姜畲，题山人壁》为例：

> 春山草浅畜宜羊，山半开畲合种姜。
> 比较生涯姜更好，儿童都唱月光光。
> 春风吹暖好年光，正月蟾蜍已落塘。
> 更乞天公三日雨，山田高下有新秧。

诗下自注"'畜羊种姜，利息难当'，俗谚也""'月光光，好种姜'，童谣语"。以民谚俗语入诗，平易通俗，朗朗上口。又以黄遵宪《八月十五日夜太平洋舟中望月作歌》与丘逢甲《七洲洋看月放歌》为例，黄遵宪诗道：

> 举头只见故乡月，月不同时地各别。
> 即今吾家隔海遥相望，彼乍东升此西没。

丘逢甲诗曰：

> 地球绕日日一周，日光出地月所收。
> 此时月光照不到，尚有大地西半球。

二诗之间的诗学借鉴，较为明显。而就形式看，与此后胡适等人所提倡与创作的新体白话诗，已非常相似。

然而这是有所凭借的。除对千年来中国歌行体、乐府诗等通俗诗作的借鉴外，黄遵宪、康有为、梁启超及其他康门弟子如狄葆贤、卢子骏、马君武等人均有相关创作。如黄遵宪有《出军歌》《军中歌》《幼儿园上学歌》《旅军歌》等，康有为有《爱国歌》《爱国短歌行》《文成舞辞》《干城学校歌》等，梁启超有《爱国歌四章》《黄帝歌四章》《结业式四章》《从军乐十二章》等，陈荣衮有《妇孺三字经》《妇孺四字书》《妇孺五字书》……这类诗作的产生，与黄遵宪、康有为、梁启超等人的一贯主张有关，也与康有为对弟子的教导相关联。康有为将蒙学教育视为功德无量之事业，早在 1891 年，即作《论幼学》等文，提倡兴办幼学、女学并重视韵语，重编蒙学书籍、儿童乐曲。30 年来，由康门弟子主办或负责的幼学学校，就有万木草堂小学、女子学堂等十数所。康有为身体力行创作通俗诗作，如《干城学校歌》：

> 我奋我武，我警我心，誓言学兵，执剑森森。我买戎衣，不惜兼金，我持铁枪，步伐岑岑。山立扬休，蹈厉不侵。
> 酷日侵我，操于兵场，汗透重衣，不敢怠遑。校长有令，夜走大荒，

曰言远赴，急理戎装。岂不爱我工，岂不畏劳伤。我决卫国，贫苦皆忘。

自1899年始，在康有为倡导下，美国的保皇会先后创办22所军事学校，康有为将其命名为干城学校。康有为亲自为干城学校谱写《干城学校歌》，令学生歌唱。此外，康有为还具体指导弟子编撰童蒙书籍与创作童谣式诗歌。如陈荣衮有《妇孺三字经》"早起身，下床去。先洒水，后扫地"，《妇孺四字书》"同台食饮，手肘莫横。若系饮汤，让人起羹"等，采用的虽然是整齐的句式，但通俗流畅，一气贯注，而非讲求对仗的工整、文字的雅丽华美。又如同为康门弟子的卢子骏，亦有《甲子北游纪事》"樵童牧竖率意歌讴"，白话诗倾向明显。如《返江门》："一宿无妨借小舟，归帆过渡易为谋。羚羊峡口新潮急，送我江门到渡头。"诗篇语言本身已通俗易懂，但诗后又有注语交代创作背景。再有如梁启超《黄帝歌四章》：

赫赫我祖名轩辕，降自昆仑山。北逐獯鬻南苗蛮，驰驱戎马间。扫攘异族定主权，以贻我子孙。嗟我子孙无忘无忘乃祖之光荣。

此诗是亚雅音乐会成立，梁启超应会员之命撰。该会第一次演奏，即首唱之。① 是诗发表在1902年10月15日的《新小说》，当时即受到很大欢迎。将之与马君武1906年创作的《华族祖国歌》部分内容做一分析：

华族祖国今何方？西极昆仑尽卫藏。层峦万叠金沙黄，水草无际多牛羊。黄河之源际天长，祖国无乃西界印度洋，非欤非欤，华族祖国不以西为疆。

此时，马君武尚未与维新改良派决裂，尚为《新民丛报》撰笔，梁启超的《黄帝歌四章》，马君武不可能没有读过，其《华族祖国歌》很大程度上从中进行了借鉴。若进一步以马君武1906年创作的《中国公学校歌》与康有为的《干城学校歌》相较，其同样存在诗学借鉴关系。

（三）从诗界革命到新诗诞生

形式的变革，最终目的是内容表达的需要。而内容表达的受限，也决定着形式必须变化。新体白话诗所要求的，即在于如何更好表达现代性问题。胡适尝强调："文学革命需要有先后的程序，先要做到文字、体裁的大解放，

---

① 梁启超：《论幼学》，梁启超《饮冰室合集·文集：一》，中华书局1989年版，第55页。

方才可以用来做新思想、新精神的运输品。""若想有新内容和新精神，不能不先打破那些束缚精神的枷锁镣铐。"胡适《五十年来中国之文学》一文，亦认为此过程中"黄遵宪和康有为两个人的成绩最大"①。黄遵宪、康有为、梁启超及诗界革命诸多人士所做的，是精神的解放，接下来，才迎来形式的进一步解放。而黄遵宪、丘逢甲、康有为、梁启超、丘炜萲等人的诗学，一方面，彼此沾溉影响；另一方面，关联诗界革命、南社诗坛，与诗界革命共同"下启"胡适的新体白话诗。由此，以丘逢甲为中心，对从黄遵宪、丘逢甲、康有为、梁启超等人的"诗界革命"，到马君武、柳亚子、高旭等人的"新雅颂"，再到胡适为代表的"白话诗"进行分析，中国旧体诗向新体白话诗的发展过渡，脉络或清晰可寻，轨迹于明白可探。

1. 南社与诗界革命

南社柳亚子的诗学，提倡"文学革命所革在理想，不在形式，形式宜旧，理想宜新，两言尽之矣"②。所继承与发展的，是诗界革命的基本主张。尤其是 1903 年，柳亚子读得《新民丛报》，尽焚自己诗稿，自此以《新民丛报》所刊诗作为创作导向。因此，关于梁启超诗学，柳亚子是借鉴并传承的。而关于丘逢甲诗学，柳亚子亦是肯定的，其《论诗六绝句》道：

　　时流竞说黄公度，英气终输仓海君。
　　战血台澎心未死，寒笳残角海东云。③

包括对南社骨干、曾为康门弟子的马君武诗学，柳亚子也予以充分肯定。1906 年，柳亚子《怀人诗》中有曰："海内文章新雅颂，樽前意气旧英雄。摆伦亡国悲希腊，亭长何年唱大风？"1909 年又赠曰：

　　海内《新文学》，流传值万钱。
　　如何马君武，能念柳人权。
　　抗手无时辈，推论异时贤。
　　欧花兼美雨，哀怨杂鲜妍。

1911 年，柳亚子提出南社当为"布衣之诗"的主张，与丘逢甲、康有

---

① 胡适：《五十年来中国之文学》，胡适《胡适文存（二集）》，黄山书社 1993 年版，第 203 页。
② 参见柳亚子《寄杨杏佛书》，转引自胡适《胡适留学日记》（三），商务印书馆 1947 年版，第 1163 页。
③ 柳亚子：《柳亚子诗选》，徐文烈笺，刘斯翰注，广东人民出版社 1985 年版，第 122 页。

为、梁启超诗学均有传承关系，其曰："余与同人倡南社，思振唐音以斥伧楚，而尤重布衣之诗。以为不事王侯，高尚其志，非肉食者所敢望。海内贤达，不非吾说，相与激清扬浊，赏奇析疑，其事颇乐。"① 考察柳亚子诗作，有如《岁暮述怀》：

> 思想界中初革命，欲凭文字播风潮。
> 共和民政标新谛，专制君威扫旧骄。
> 误国千年仇吕政，传薪一脉拜卢骚。

南社的另一重要骨干高旭，曾是《清议报》之《诗界潮音栏》《新民丛报》及《新小说》之《杂歌谣》等的重要撰稿人。高旭《愿无尽斋诗话》作为南社前期最重要的诗学著作，对诗学基本问题的阐释，与梁启超的《饮冰室诗话》惊人一致。包括高旭《南社启》宣言"欲一洗前代结社之积弊，以作海内文学之导师"② 主张，亦与梁启超诗界革命主张如出一辙：

> 呜呼，今世之学为文章者，为诗词者，举丧其国魂者也。荒芜棒莽，万方一辄，其将长此终古耶？其即吕氏所谓其坏在人心风俗者耶。倘无人以支柱之，则乾坤或几乎熄矣。此乃不特文学衰亡之患，且将为国家沉沦之忧矣。③

不唯如此，在具体实践上，高旭诗作典型地体现了梁启超诗界革命"三长"的标准：除了《读谭壮飞先生传感赋一长歌》《题六烈士传》《伤时事》等诗，为1889年读《清议报》所载六君子传记所感之外，高旭最早见于报章的《唤国魂》（1901）发表于《清议报》，而其1902年前后所作《争存》《忧群》《不肖》《好梦》《俄皇彼得》《哀祖国歌》等作，更体现着诗界革命的主张。此外，南社中苏曼殊、李叔同、易大厂、王蕴章等人诗作，亦明显带诗界革命的印痕。于此，暂不赘谈。

2. 胡适与诗界革命

胡适是马君武的学生，康有为再传弟子。一方面，马君武、胡适情谊笃定，亦师亦友；另一方面，胡适自陈曾受诗界革命的重要影响。诗界革命以

---

① 柳亚子：《胡寄尘诗序》，柳亚子《柳亚子选集》（上），王晶垚编，人民出版社1989年版，第100页。
② 高旭：《南社启》，《民吁日报》1909年10月17日。
③ 同上。

新语句、新意境、旧风格为三大旗帜,又以新意境为革命的关键。康有为及其弟子想以现成的形式,为当时的诗界革命和新学的推广提供方便,并且尽管已就诗词题目、格式上有了某些突破,但在形式的变革上毕竟有限,仍多利用旧形式写进新内容,诗歌本身的形式及体制未能产生根本变化。与诗界革命相较,胡适不一样,其提倡文学革命,不仅革内容的命,也革形式的命,是继黄遵宪、丘逢甲、康有为、梁启超等人之后,推动的一场包括内容、形式在内的真正文学革命。

胡适《沁园春》(誓诗)一词,声称"更不伤春,更不悲秋,以此誓诗"①。就是要在内容上,既对诗词中传统题材变革,又应合时代发展,进一步将现实斗争带到诗词中。胡适歌词所体现的"志",就是政治、现实中的政治斗争。至于旧形式的变化,胡适曾陷入困境,通过一系列实验,仍找不到一个合适的形式——胡适毕竟也是从传统中走出来的,并毕竟深受诗界革命沾溉,由此同样明白:没有形式,新体白话诗就站不住脚。为替新体白话诗的发展寻找生路,胡适由此考虑旧形式的利用问题。但胡适放弃了诗词中原有的形式,而选择用填词的方法写诗。有学者将之称为新体白话诗发展的"求生工程",并概括为三个步骤,就第一步,指出:

> 以白话为词,实现词体大解放。这是不管能歌不能歌,也不管协律不协律,只是用词体作新诗这一经验之推广。有关作品,起自一九一六年四月十二日所作《沁园春》(誓诗),计十一首。皆挂有词牌,但于体制(格局规制)、体要(题材内容)、体貌(艺术形相)诸方面,多所突破或解放,已非复唐宋旧观。②

可知胡适以白话为词,是用词体作新诗的一种尝试,是对于词体本身的体制、体要、体貌做相应的突破,由此展开词体发展的求生之路。考察此阶段胡适的有关作品,起自1924年所作《多谢》,计14首,除《小词》一首注明所属词调外,其余皆未挂词牌,似已不再将其当作歌词作品看待。但此14首"诗"之结构,乃依"好事近"及"西江月"二调格式填制而成,即是用词调作架子来进行新诗的写作,"基本上符合规矩,不应将其排斥于词林之外"③。以胡适对"好事近"一调的运用为例:"好事近"为双调,共45字,

---

① 胡适:《沁园春(誓诗)》,施议对《胡适词点评》(增订本),中华书局2006年版,第16页。
② 施议对:《为新体诗创作寻求生路(代序)》,施议对《胡适词点评》(增订本),中华书局2006年版,第4—5页。
③ 同上书,第5页。

上下各两仄韵,以入声为宜,并在同一韵部。两结皆上一下四句法。胡适所作,字数有所增减,用韵略加变化,但两结句法,则恪守旧律,"皆颇能体现'好事近'之声调特色"①。又以胡适的《希望》三首进一步看其以填词方法作新体诗:

> 我从山中来,带得兰花草。
> 种在小园中,希望开花好。
> 一日望三回,望到花时过。
> 急煞种花人,苞也无一个。
> 眼见秋天到,移花供在家。
> 明年春风回,祝汝满盆花。

以上三首,由半阕《生查子》所构成,三个半阕,构成一组联章——是词,而非诗。然而,不管怎么说,胡适创造的这14首"诗",对传统诗歌的体制做了较大的突破与解放,已是真真正正的新体诗,为新诗寻找生路,并实现传统诗歌在思想内容与形式上的革命,比诗界革命时期维新人士所为,走前一大步。

胡适的尝试,起到示范作用。1925年前后,梁启超就词体之变革进行具体实践,并曾寄呈胡适请教,如《沁园春》上阕:

> 可怜阿松。万恨千忧,无父儿郎。记而翁当日,一身殉国,血横海峤,魂恋宗邦。
> 今忽七年,又何世界。满眼依然鬼魅场。泉台下,想朝朝夜夜,红泪淋浪。

再如梁启超同年自题小影所作《鹊桥仙》:

> 也还安睡,也还健饭,忙处此心闲暇。朝来点检镜中颜,好象比去年胖些。
> 天涯游子,一年恶梦,多少痛愁惊怕。开缄还汝百温存,爹爹里好寻妈妈。

---

① 施议对:《为新体诗创作寻求生路(代序)》,施议对《胡适词点评》(增订本),中华书局2006年版,第5页。

梁启超一方面期待着形式变化的出现，身体力行地就词体的变革进行创作实践；但另一方面又认为诗歌形式的变化，是需要经过时间与过程的，提出："我不敢说白话诗永远不能应用最精良的技术，但恐怕要等到国语经过几番改良蜕变以后，若专从现行通俗语底下讨生活，其实有点不够。"梁启超晚年创办《庸言》，即对旧体诗形式的一种回归与推尊。此时期，新体白话诗与旧体格律诗处于既互相对立而又统一发展的状态：一方面，新体白话诗由旧体格律诗脱胎而来，在用词造句、章法结构乃至体制安排上仍摆脱不了旧体格律诗的核心元素；另一方面，相对于旧体格律诗，新体白话诗并非只是格式表现的不同，而更重要的是文学观念的转变及思想内容的提升。

进一步推究历史，胡适创造新体白话诗，所推行的文学革命，既是时代因缘所促成，又是黄遵宪、丘逢甲、康有为及其弟子等人诗学主张的继续——无论从内容或形式看，诗界革命之诗学影响，于此阶段渐次彰显。

然而，中国诗学的现代化递嬗，非一蹴而就，亦非个体一己所能主宰，其由旧而新、自古至今的转换，既与黄遵宪、丘逢甲、康有为、梁启超为首的诗界革命有重要关系，又基于时代际会及相当一批同道中人的共同推动，当中过程，纷繁复杂。试以《哀希腊》为例做一分析：梁启超、马君武先后译著了拜伦的《哀希腊》，此后，胡适等亦进行译介。其中，胡适的《哀希腊歌》发表于1914年，其第一章云：

嗟汝希腊之群岛兮，实文教武术之所肇始。诗媛沙浮尝咏歌于斯兮，亦羲和素娥之故里。今惟长夏之骄阳兮，纷灿烂其如初。
我徘徊以忧伤兮，哀旧烈之无余！

三人作品，梁启超以元曲形式译出，马君武采取比元曲产生得更早的七言诗体（歌行体），在体制选择上，虽比梁启超更保守，但在具体形式处理上，对押韵、平仄和对仗没有严格要求，形成独有的马式"自由式七言体"，不失为形式的进一步新变。胡适的翻译，在梁启超、马君武之后，但他用的是骚体，为中国两千年前就有的古老诗体，行文中，兮兮之声满贯于耳。或许这是诗歌体制与形式变化过程中有益的尝试。但回过头去看，之前的梁启超，虽然借用了中国传统的曲牌来翻译，但并不完全受曲牌所规定句式、句法和平仄规则行事，行文亦已很有点自由诗的味道。就此诗的译著来看，显然此时的梁启超，已然比胡适先进一步。

从上可见，胡适的革命，从文言文的使用到白话文的普及，从格律诗的创作到新体白话诗的尝试，是一个从旧文学向新文学发展过渡的重要时期。

而于此之前,无论维新改良派的诗界革命,抑或南社诗坛所言及的"布衣之诗",其诗学在内容、形式表现的内在脉络与发展轨迹,均颇多密合之处,并为胡适诗学革命做了重要的准备。而丘逢甲既尝参与诗界革命,又尝从拥护维新改良到投身革命,这种变化,本身就会带来诗学思想的传播与诗学主张的相互沾溉。从丘逢甲诗学出发,探究诗界革命并追踪胡适新体白话诗之创造,从中亦可看出旧体诗向新体诗嬗变的错综、复杂的发展。

[原文刊载《韩山师范学院学报》2017年第4期;
作者单位:中山大学中文系(珠海)]

吴芳吉对丘逢甲的怀念

管 华

丘逢甲于 1912 年 2 月 25 日去世后，引起众多人士的悲痛与怀念。这里着重介绍五四运动前后活跃文坛的著名爱国诗人吴芳吉，对丘逢甲的怀念和崇敬。

吴芳吉（1896—1932），字碧柳，别号白屋吴生，四川省江津县（今重庆市江津区）人。自幼聪颖，10 岁学诗，13 岁时，因写出《读外交失败史书后》一文而名噪全县，被视为"神童"。1911 年，考入清华留美预备学校，与吴宓等人为同窗好友。1912 年秋，因抗议美籍教授侮辱我国学生而带头闹学潮，被开除学籍。此后往来多地，辗转谋食，备受艰辛。其间曾任四川永宁中学国文教员、上海文明书局校对。1918 年任上海中国公学大学部国文教授，兼《新群》杂志编辑。1920 年入湘，任长沙明德中学教员，次年，兼任《湘君》文艺季刊编辑。1925 年任教于西北大学。1927 年转东北大学任教，旋因父丧奔归，转成都大学任国文系主任。1929 年夏，游历平、津、沪、汉，登泰山。1930 年任重庆大学预科部主任。1931 年任江津中学校长。"九一八"事变后，他带领师生进行抗日救国宣传。1932 年 5 月 9 日，在全校师生大会上讲话时，朗诵自己创作的爱国诗歌《巴人歌》，因过于激动导致脑溢血而晕倒讲台，不幸逝世，终年 36 岁。

吴芳吉是我国近现代诗坛上一位积极探索诗歌形式改革、大胆创新、同情民间疾苦的多产爱国诗人。有《白屋吴生诗稿》《吴白屋先生遗书》《白屋嘉言》等著作传世。近人将其著作汇编为《吴芳吉集》，由四川巴蜀书社于 1994 年 10 月出版。2015 年，由王忠德、刘国铭主编的《吴芳吉全集笺注》，分四大本：诗歌卷、论文卷、书信卷、日记卷，由重庆出版社出版发行。

吴芳吉自 1916 年从友人吴宓之手得读逢甲《岭云海日楼诗钞》后，即埋下了崇敬逢甲的种子。他在诗文、书信、日记中，多次表达了对逢甲的怀念和崇敬。

"民国五年，丙辰，二十岁，始读丘仓海《岭云海日楼诗》，意甚羡之。"① 初读丘诗，内心就很羡慕。民国六年（1917）八月十八日，"午后，雨滂沛，气寒袭人。读丘公诗至暮，复静坐一时"②。他不仅白天经常读丘诗，而且夜里还多次梦见逢甲其人。民国五年（1916）冬月二十九日，"梦见丘仓海先生，峨冠博带，古道照人。先生语吾曰：'吾老矣，振祖国之纲维者，子矣。'吾曰：'尝闻先生死，先生其不死欤？'曰：'二十年后，子自知之。'"③ 民国六年（1917）七月初十日，"夜与父纳凉屋上，又梦丘仓海先生于渝。教吾以诗，曰：'子，诗国中之大将才也。'"④

吴芳吉对丘逢甲的崇敬之情，常见于他的诗文当中。他赞扬丘的为人，并肯定其在诗歌史上的地位。1916年，他在《强国报》任编辑时，曾答某生的函问："故足下今日学诗，当学古人为人，而后其诗。大凡境遇艰危、立身高洁者，其人不朽，其诗亦不朽耳。以吉所知，丘公仓海之诗，则自子美、放翁以后，足以当之。丘公，我台湾人也。甲午丧师，割台湾于日本。台人起义抗之，举公为大元帅，督师十万以征倭寇。明年，朝命解散，公内渡为粤人讲学罗浮山中⑤，激励尚武，以雪国耻。辛亥革命军兴，诸将皆出其门，以公主粤政。会师北伐，至金陵而卒⑥，台湾偕亡。《岭云海日楼诗钞》，公之遗也。自甲午迄辛亥，二千余首，空灵雄健如其人。吉受读公诗于宗兄雨僧，叹其峥嵘豪放之气，前无古人，后无来者。至情而为至人，至人而为至文，足以挽流俗，匡末运，日月经天，江河行地之作也。"⑦ 他还在《论诗答湘潭女儿》中，希望将屈原、陶潜、杜甫、丘逢甲"与君为俦为友"。并在〔自注〕中云："此为某于中国诗史上所取之数人。灵均、靖节、少陵，为人所论定，丘公逢甲似较三子为弱。然某诗渊源所从，其造就裨益于某诗者，自某视之，与三子同大矣。按丘公字仓海……遗诗二千余首，统名《岭云海日楼诗钞》云。至某所资取于四子者，不仅其文，尤在其人。若陶之超尘拔俗而无厌世之心，杜之穷迫饥驱而无绝望之语，屈则忠爱之忱而不谅于世，而至死不去其国，丘则处积弱之势、衰敝之秋，而能发扬民族精神、祖国文

---
① 《自订年表》，《吴芳吉全集笺注·论文卷》，第308页。
② 同上书，第148页。
③ 同上。
④ 同上书，第267页。
⑤ 应为"粤东"。
⑥ 应为"至金陵赴会返粤卒"。
⑦ 《答某生》，《吴芳吉全集笺注·书信卷》，第174页。

化,以与时代俱进,此皆某所馨香祷祝,以为创造民国新诗最不可少之资也。"①

吴芳吉认为"以言乎诗,自台湾人丘仓海著《岭云海日楼诗》后,中国旧文学界已无诗之可言"②。他称赞丘诗中用典之妙。在《再论吾人眼中之新旧文学观》中说:"丘仓海《古别离行送谢颂臣回台湾》:'乍愿君如天上月,出海复东来,不愿君如东流之水,到海不复回。有情之月无情水,黯然魂销别而已。况复一家判胡越,百年去乡里。关门断雁河绝鲤,万金不得书一纸。噫嘻乎嗟哉远游子,春风三月戒行李。留不住箫上声,拭不灭玉上名。千尘万劫,磨不得屋梁落月之相思,河梁落日之离情。山中水出,山不复清,海中月出,海还复明。不惜君远别,惜君长决绝。知君来不来,看取重圆月。'此诗仅十三韵,凡用典八起,而无不适当,无不显豁,无不自然,无不普遍,无不深有寄托。倘知丘公之身世者读之,则其滋味以用典而益浓厚。是以典非不可以用,只看各人能不能用。"他还盛赞丘诗造句之奇险,在民国六年(1917)五月初四的日记中写道:"登大旗山,千门万户皆在足下,得饱观龙舟竞渡之景。南望燕头诸峰,大气堂堂,若不可一世。丘公诗谓'名山如英雄,自具大本领',观于吾乡诸山,信其造句之奇险也。"③

由于吴芳吉对丘逢甲其人其诗的赞赏,往往给友人推介。他在回答"湘潭女儿"的诗中说:"并世有诗人,君爱丘逢甲否?汉廷自弃珠崖,十万雄师解纽。我曾踏雪莫愁,伤心廊庙芜蒌。愿将岭云海日,与君为俦为友。"④ 将丘逢甲和他的诗作推荐给"湘潭女儿"。民国五年(1916)腊月二十三日,"梦亡友邓伯勋就吾问诗。吾以丘仓海诗示之"⑤。在梦中,还给亡友推介丘逢甲诗作。

吴芳吉在诗文中,往往将丘逢甲与屈原、陶潜、杜甫、陆游并列为他最崇拜的五大诗人之一。他是20世纪中最崇敬丘逢甲的诗人。

(作者单位:中共广东省委党校)

---

① 《吴芳吉全集笺注·诗歌卷》,第281—282页。
② 《提倡诗的自然文学》,《吴芳吉全集笺注·论文卷》,第20页。
③ 《吴芳吉全集笺注·论文卷》,第118页。
④ 《论诗答湘潭女儿》,《吴芳吉全集笺注·诗歌卷》,第281页。
⑤ 《吴芳吉全集笺注·日记卷》,第149页。

论丘逢甲英雄情结与其诗文创作之关系

——社会心理学角度的探究

郭丽平

台湾内渡文人丘逢甲一生卓群超逸,为中国近代史上一位杰出人物。近几年有关丘逢甲生平思想和诗文研究成果颇为丰硕,但较少有学者关注其心灵世界。文人的心理状态与文学创作有着密切的关系,丹麦著名文学评论家勃兰兑斯曾经说过:"文学史,就其最深刻的意义来说,是一种心理学,研究人的灵魂,是灵魂的历史。"① 从这个意义上讲,探寻作家特定环境下的心理状态,进一步挖掘这种心理状态对创作的影响是有意义的。丘逢甲的非凡成就与其身世、教育和特定的社会历史背景有着密切关系,而其对事业不倦追求的执着精神和激昂斗志,其中一个重要情感支撑是强烈的英雄情结。本文从社会心理学的角度考察丘逢甲一生的行事与诗文创作,探究其英雄情结的内涵和影响。笔者认为,对英雄郑成功的人格认同加上东宁才子的自我认知,丘逢甲形成强烈的英雄情结;英雄自命产生的角色挫折造成其作品中二元对立的情感书写;在反省中开放的心态使其接纳先进文化思想,并在诗文中完成角色升华。

一 东宁才子的自我认知与英雄情结的形成

(一) 才子的自我认知

青少年时期的丘逢甲才华横溢,擅名文场,号称"丘才子"。"才子"之称既是社会对丘逢甲的赞誉,也是他的自我认知。社会心理学认为,个体在

---

① [丹麦] 勃兰兑斯:《十九世纪文学主流》(第一分册),人民文学出版社1980年版,第2页。

成长过程中逐渐形成对自己的观念和看法,这种自我认知的结果形成自我概念①。丘逢甲十四岁参加童子试,被闽抚兼学台丁日昌擢为院试全台第一名;十九岁补廪膳,受福建巡抚岑毓英接见,备受嘉奖;二十岁三日内作成《台湾竹枝词》百首,文名遍传台岛;二十四岁,唐景崧任台湾兵备道,赏识其才,罗为门生;二十五岁中举,第二年赴北京会试,中第,又参加殿试,中三甲第九十六名进士②。丘逢甲在当时的科场和台湾文坛可谓声名赫赫,他也颇为自负,自诩为才子,《景忠祠题壁后记》谈到自己弱冠以前"人咸诧曰才,亦辄自信曰才"。丘逢甲才的自我认知主要源于自己超群的文才和社会名流的推许。根据社会心理学原理,自我概念的形成受社会比较、成功经历、他人评价等因素影响③。青少年时代的丘逢甲展现出超于常人的聪慧和才能,"少本能为速藻","每以丘灵鞠才能语诧于人"。十四岁虚报年龄参加台湾府童子试,竟然拔得头筹,"成为台湾有史以来最年轻的第一名秀才"。二十六岁联捷进士,为"封建科场上的佼佼者"④。他可以"一日赋万言,一夕成诗百首"(《景忠祠题壁后记》),且博览群书,过目成诵,被称为"海上二百年之奇士"(唐景崧语)。这些辉煌的经历构成了丘逢甲成功的人生体验,再加上丁日昌、岑毓英和唐景崧等台湾政要赞誉推许的高度社会评价,丘逢甲形成了"当时第一流"才子的自我认知。

(二) 由才子书生而至立功封侯的英雄梦想

郑成功收复台湾成为台湾人民心目中的英雄。英雄崇拜是一种重要的人格评价,体现出强烈的倾慕、尊敬、崇尚和认同倾向⑤。丘逢甲对英雄郑成功的人格认同主要在于其忠义的品质。他在《谢颂臣科山生圹诗集序》中追忆郑氏事迹说:"夫当台之初辟也,郑氏以区区岛国,支先明残局,迹其志事,宁非英雄!"又说:"后生小子习其见,安其所闻,犹是山川,犹是日月,谁复知九原之下尚有忠义之骨哉!"丘逢甲钦佩郑氏忠于明朝之义举,并以之为榜样,"我生延平同甲子,坠地心妄怀愚忠",丘逢甲因与延平同生甲子年,益怀尽忠报国之悃⑥,《和平里行》的诗句"平生我忝忠义人"更道出了这种

---

① 张承芬:《社会心理学》,山东人民出版社2010年版,第54—69页。
② 广东丘逢甲研究会:《丘逢甲集》,岳麓书社2001年版,第971—987页。
③ 张承芬:《社会心理学》,山东人民出版社2010年版,第72页。
④ 徐博东:《丘逢甲传》,时事出版社1996年版,第15—31页。
⑤ 彭卫:《历史的心镜——心态史学》,河南人民出版社1992年版,第135页。
⑥ 郑喜夫:《民国丘仓海先生逢甲年谱》,台湾商务印书馆1981年版,第3页。

人格认同。而才子的自我评价使丘逢甲在对郑成功人格认同的同时，有了一种自我期待。历史上叱咤风云的英雄一般具备灼见、智慧、灵感、洞察力等天赋秉性①，丘逢甲《天地》诗说"英雄造世宙，其才自天假"；而才子书生同样具有超于常人的天生禀赋，刘勰说"夫才有天资"②。丘才子自信自己可以成为郑成功式的英雄，所谓"秀才能杀贼立大功致大位，殊足豪视一时"（《敕赠文林郎选授连江县学训导尔龑丘君墓表》）。其后来写的《乡间人有误以予为武进士者戏纪以诗》中有"书生面目太槎牙，太息封侯念已差"的悔叹，《天地》诗中有"古来真英雄，屈指几儒者"的悲慨反语，这些恰恰道出了丘逢甲最初的人生追求和角色期待——由才子书生而至立功封侯的英雄梦想。

（三）文武兼济的思想

丘逢甲认为"文武由来本不分"（《送长乐学生入陆军学校》），在评价历史人物时贯穿着一种文武兼济的思想。丘逢甲为台南郑成功庙写了一副对联："由秀才封王，主持半壁旧河山，为天下读书人别开生面；驱外夷出境，开辟千秋新世界，愿中国有志者再鼓雄风。"郑成功原系青衣儒生，十五岁中秀才，二十一岁进南京国子监读书，为当时著名学者钱谦益器重③，后来起兵海上，驱逐外虏，收复国土，威震四海。丘逢甲"秀才封王"的评说意在突出郑氏文武双全的才能，并鼓励天下读书人以此为表率，树立大志。《题张生所编东莞英雄遗集》诗是丘逢甲为东莞历代英雄熊飞、何真、袁崇焕、苏观生、张家玉、张家珍的遗集所作，诗歌历数众英雄的历史功绩，并推崇他们"英雄况并能文章"的才能。《敕封儒林郎清斋马封翁九旬开一寿序》中丘逢甲感慨："人生得以文章、功业、气节显者，代不数人，而文丞相能居其一，却不得中寿！"赞美文天祥文武兼善，同情其不幸命运。《重修南海神庙韩碑亭记》则指出"秦汉以来，文人不甘于弱而以武自振，皆有所表见"，赞赏历史上文武合一，赈济天下的文士，并举韩愈为例："韩公在唐元和时，尝出入兵间，故其文特雄。"不唯历史人物，丘逢甲对现实中人文出武的人物也尤为敬佩，比如对他有知遇之恩的岑春煊和唐景崧。岑春煊是云贵总督岑毓英的儿子，举人出身，以恩荫入仕，在中日甲午战争中"自请效力前敌"。丘逢甲《送岑云阶春萱（煊）移督滇黔》对他"武纬文经"之才进行了高度评价。台湾巡

---

① 卡莱尔：《英雄与英雄崇拜》，辽宁教育出版社1998年版，第18页。
② 刘勰：《文心雕龙》，中州古籍出版社2008年版，第283页。
③ 张宗洽：《细说郑成功》，北京燕山出版社2002年版，第3—267页。

抚唐景崧在1882年中法战争期间主动请缨出关，协助刘永福抗法有功，在台湾任职期间办书院、兴科举，并颇好文事。丘逢甲在为唐景崧记述抗法亲身经历的《请缨日记》作序时，以班超为喻，赞许其"书生面目，顿改戎装"、投笔封侯之壮举！丘逢甲对历史与现实人物做出文武兼济的评价，其深层指向就是内心强烈的英雄情结。

二 英雄的角色扮演与二元对立的情感书写

（一）以英雄自命的心态

邹鲁《岭云海日楼诗钞序》云："与台湾相始终者，吾得两人焉。其一郑成功，其一吾师丘仓海先生。两人者，所处之时与地不同，而其为英雄则一也！"丘逢甲获得了英雄角色的社会认可。根据社会心理学理论，角色扮演是个体在社会生活中外在行为的总和①。中日甲午之战，台湾遭日人觊觎，形势日益严峻，丘逢甲即开始了筹备义军的工作。台湾割让后，丘逢甲刺血上书，并与义军奋勇抗击日军，保护台湾，其义举为世人瞩目，丘逢甲扮演着一个抗击侵略保家卫国英雄的角色。社会心理学认为，所有角色的扮演不仅是社会客观赋予的，同时也包含了个体的自我选择②。早期的英雄情结影响着丘逢甲的人生选择，事实上，以英雄自命，挽救危难的时局，是保台时期丘逢甲的典型心态。《自题三十登坛照片》中，丘逢甲回忆自己奉旨督办团练，并率团练守彰化、新竹间，枕戈待旦之事："十六年前莽少年，当时赤手欲回天。"当时的诗人内心充满了英雄豪气和誓守家园的信心。在《致顾缉庭方伯（三月二十日）》书信中，丘逢甲描述了自己当时在军营里的生活景象："惟逢甲望轻才拙，誓与士卒同甘苦，借结人心，故帕首短后衣，日周旋健儿间，觉羽扇纶巾，名士风流，如在天上矣。"丘逢甲俨然就是以一个保家卫国的豪杰志士形象自诩。此外，在抗日保台失败后所写的诗文中，丘逢甲常表示自己愧对收复台湾的英雄郑成功，"英雄愧说郑延平"，"残疆无计守延平"，"保台之举，日人平山氏比予为郑成功，可愧也"，这些诗文无不透露出丘逢甲当时以英雄自命的心态。

---

① 彭卫：《历史的心镜——心态史学》，河南人民出版社1992年版，第127页。
② 同上。

（二）英雄失路的悲凉

由于时局所掣，抗日保台失败，内渡的丘逢甲常有英雄失路的悲凉感慨。在内渡初期所作的《愁云》和《题俞伯惠旦呆人听瀑图》中，诗人表达了护台失败的悲愤和无奈："封侯未遂空投笔，结客无成枉散金"，"汗马无功桑海变，题诗人是故将军"。英雄失路遂成为这一时期作品突出的感情旋律："乾坤无地着英雄，满目江山夕阳照"，"艰难残局英雄泪，零落遗碑吊客文"，"失路英雄凭吏笑，投荒心迹岂僧知"，"苍茫自洒英雄泪，不为凭栏忆故侯"，"没蓍亲故无消息，失路英雄有酒杯"，"英雄未遇时，牢落无不有"，"袖手南洲观战局，山林未许老英雄"。丘逢甲内渡后的遭遇更加强化了他的这种情感体验。卷饷潜逃的流言蜚语，粤东土豪劣绅"违旨作乱"的诬告，为义军牺牲的故部请朝廷给予表彰遭拒，种种遭际使丘逢甲倍感前途之艰难和渺茫。关于丘逢甲此时的际遇，邱菽园极为同情："唐、丘同返初服，杜门避谤。盈廷僚友，究无一人敢为援手者。徒向山堂讲学，领秀才时苜蓿盘中况味。故仙根有句云：'四海无家独卖文'。末路之穷，使旁人闻而气短！"① 丘逢甲心中的悲凉化为对阮籍不幸命运的歌咏，其《阮生行》写阮籍早年登临广武山，有英雄竖子之叹的凌云壮志；到司马懿篡权，政治极为黑暗，阮籍常以酒浇愁，并作穷途之哭。丘逢甲借阮籍英雄无用武之地的不幸人生寄寓着自己英雄失路的无限悲凉情感。

（三）二元情感对立书写

丘逢甲从以英雄自命保家卫国到仓皇内渡后的英雄失路，即社会心理学所说的角色挫折现象，这也导致丘逢甲内渡初期的诗歌当中出现了鲜明的二元情感对立书写，具体表现在两组意义相反的意象创造。第一组意象主要由精卫、朱鸟、女娲、补天遗石、虬髯、红拂等构成，象征着顽强不屈、锐意进取的精神。诗中的精卫朱鸟常与沧海的意象并列出现，形成一小一大形象的巨大差异，意在突出精卫鸟顽强的意志力。诗中进一步组合精卫和愚公的形象，"生作愚公死精卫，谓海可塞山能移"，使这种不屈意志得到进一步强化。而精卫鸟徒有填海之志的无奈产生了强烈的悲剧感，令人动容！在丘逢甲笔下，女娲补了天却补不了地，致使东南"陆沉"，

---

① 参见《岭云海日楼诗抄·附录》，安徽人民出版社1984年版，第477页。

而原可"补西北天倾"的顽石也被女娲遗弃了,成为"恨天遗石"。丘逢甲借女娲补天的神话抒写失去家园的悲痛和怀才不遇的愤怒情感!虬髯红拂是闻名天下的风尘侠客,虬髯远至海外,于扶余国建立政权,诗人笔下的虬髯是保卫扶余岛国的英雄人物,对虬髯的歌咏寄寓着自己收复台湾的强烈愿望!第二组意象主要由菊花、桃源、田园、陶渊明等构成,表达隐逸避世的情怀。丘逢甲内渡初期曾寄居在镇平县的东山村乌石山房,这一时期他写了不少咏菊的诗篇。《野菊》刻画野菊花在百木萧条的秋天郊野傲然怒放、黄花烂漫的景象,赞其淡泊名利、有铮铮傲骨的本性,感叹陶潜死后其无人知赏的命运。《采菊歌》写自己在东山阳采菊酿酒,再赞野菊不同流俗、于秋霜杀物百卉凋零的季节独秀空山的高洁姿态,表示自己因"独寡时好"的清狂性格而特别珍惜"隐逸鲜有人识"的菊花。《菊枕诗》写采菊为枕,枕花而宿,"心境平旷",诗人表示要像陶靖节那样,过着"赏菊倾清酿""北窗寄傲"的生活。丘逢甲后来在祖籍地镇平县印山村以西六七里外的庐山营建了"心太平草庐",这一时期写的《山居诗五首》《庐山谣答刘生芷庭》等诗歌当中营造的山居生活有如陶渊明笔下美好的田园,鲜明地表现出诗人隐逸的情怀。正如丘铸昌所评,逢甲这个时期出现了"归隐""逃禅"的思想。① 以上两组意象分别象征着积极进取和隐逸避世的情怀,形成情感的鲜明反差,这样的二元情感对立书写很好地诠释着丘逢甲内渡后由于英雄角色挫折造成的异常复杂的心理。

三 英雄情结的升华

(一) 培育文武双全的人才和开放心态

保台失败内渡的丘逢甲兴办教育,培养人才,支持维新变法,投身于民主革命,体现了挫折后的人生升华。升华机制是个体和群体在遭遇挫折后,把欲望向他处转移和升华,力图以自己的努力在某个方面获得成功。② 丘逢甲主要从两个方面对英雄角色扮演受挫做了升华的积极应激反应。其一是培养文武兼备的青年人才。受早期由才子书生而至立功封侯英雄情结的影响,丘

---

① 丘铸昌:《丘逢甲评传》,广东人民出版社1987年版,第63页。
② 彭卫:《历史的心镜——心态史学》,河南人民出版社1992年版,第207页。

逢甲形成了文武兼济的人才观,他想通过培养既有才智又兼勇武的英杰,以拯救割台后日益被瓜分的中国,这其实也是把自己的英雄梦想转移到青年人才身上的一种积极的心理补偿机制。丘逢甲创办的新式学校岭东同文学堂,除了开设文学、史学、物理、化学、生理卫生、算学等课程,"为适应形势发展的需要,还开设了'兵式体操'课程。丘逢甲特向惠潮嘉道台秦炳直申领枪支弹药作为学生练习射击之用,每次操练兵操,逢甲莫不亲自在旁督课"①。在后来创办的镇平初级师范传习所(1906年改为县立中学堂)也有体操课,聘邱光汉、林修明为体操教师。② 丘逢甲还鼓励学生参加陆军学校,并对他们寄予了无限的希望,"今日推翻故人局,要看时势造英雄","终使西人遘黄祸,吁天早出学生军"(《送长乐学生入陆军学校》)。丘琮《岵怀录》回忆少年时代父亲对自己和从弟琨的告诫:"少年读书不可用脑过度,学而致用,不是死读书。况当兹国危民困,我望汝辈树捍卫国家民族之勋业耳,并不望汝辈只做博士也。"这可视为丘逢甲对青年人才文武兼济的一种强烈期待。其二是以开放的心态接受日本文化的影响。杨守愚欲聘丘逢甲为东文学堂的中文教习时,曾"虑先生或不忘前在台拒倭事见却"③,而请梁居实致信劝说。事实上,受挫内渡后的丘逢甲对中日之差距进行了积极反思,《创设岭东同文学堂缘起》谈及日本的强大认为,日本效仿有用之西学,"奋发为学","以学强其国",而中国则鄙弃西学,专事无用之学,造成弱强不同的格局。丘逢甲接受杨、梁二人的观点,创办岭东同文学堂,通过借径东文的方式达到向西方学习的目的。在主持岭东同文学堂期间,"又从学术观点研讨日本之维新运动"④,并劝学生往东西洋留学,曰:"日本,吾国仇也,然日本之所以能侮我者,由学术胜耳;欲复仇而不求其学,何济?"⑤ 开放的心态使丘逢甲通过兴学为国家储备了有用之才,人生获得了升华。

(二) 诗文中的英雄意志和情怀

丘逢甲大量的诗文主要创作于内渡之后,梁启超、黄公度等名家对他推崇有加,在当时影响很大。而正如丘琮在《仓海公诗选跋》中所言:"公立志兴汉、强华、驱胡、复土,未能达志,故表之以诗。其诗之传也,实不在辞

---

① 丘铸昌:《丘逢甲评传》,广东人民出版社1987年版,第117页。
② 郑喜夫:《民国丘仓海先生逢甲年谱》,台湾商务印书馆1981年版,第182页。
③ 同上书,第148页。
④ 同上书,第172页。
⑤ 同上书,第175页。

藻之丰美，而在意志之伟大。"丘逢甲的诗文作品中激荡着一种"执干戈、卫社稷"的英雄意志和情怀，他把一生以拯世救国为己任的心迹寄托于笔墨中，完成了英雄角色的升华。

"台湾歌咏"是丘逢甲诗歌的重要内容，痛失家园，思念故土是其主旋律，其中展现了自己与义军旧将竭力护台之壮举，壮举失败后的无奈悲愤，诗中英雄的忠愤之心感人至深，催人奋发。诗人始终没有放弃收复失地的决心和抱负，"十年如未死，卷土定重来"，"未报国仇心未了，枕戈重与赋无衣"，诗句饱含着诗人希望收复故土、守卫家园的英雄拳拳之心！

丘逢甲内渡后，时局日迫，英雄的使命感促使他强烈关注国家的兴衰存亡，其众多的书信文稿围绕国家"自强"建言献策，表现出以天下兴亡为己任的责任心。首先，力倡求实自强。丘逢甲在《菽园赘谈序》中指陈时弊，指出朝官、船政、兵政、学校等存在种种弊端，致使主权丧失，国势日衰，任人欺凌，认为要改变现状唯有求实自强，序文对政局的分析鞭辟入里，发人警醒。其次，为保教保种保国，丘逢甲力劝办学。他在与邱菽园的诸多书信中，反复陈述办学的重要性，指出"此举上可为国家储人才，下可为桑梓开风气，自为子孙久远计，亦莫善于此"（《致菽园》）。1900 年，丘逢甲由粤东当局派往南洋调查侨情，兼事联络时，他力劝南洋华人建孔庙办学堂，在《在南洋大吡叻埠的演说》中，他呼唤南洋华人"自立"，以孔教联合人心，以广开学堂聚志士，并憧憬"若南洋有此数千有用人才，将以之救中国不难"。最后，丘逢甲拯世救国之情怀还表现在为强国而劝政。《镇海楼送王豹君方伯赴蜀诗序》写于 1908 年，当时广东学使王豹君将迁任四川布政使，丘逢甲对他寄予了很高的期望，不仅先后作了 24 首赠诗，又作了这篇序文，"复申诗所未尽之意而为之序，以重其赠"。序文以日本勃起猝强为例，鼓励王豹君富川强川，以此抵御英国对四川进而对中国的图谋。序文末尾写道："王君！其必有以慰所望者也。"在对友人的无限期待中展现了作者的爱国情怀。1910 年，唐景崧之弟唐春卿出任学部尚书，丘逢甲致贺电，并写成《上学部尚书唐春卿书》，陈述教育界的弊端，希望唐春卿能补救弊政。丘逢甲以天下为己任的济世热情正如他在文中所言"日夜焦心苦虑，谋所以救正之方"，他一生的英雄情结在诗文中得以延续和升华！

（原文刊载《韩山师范学院学报》2017 年第 4 期；
作者单位：泉州师范学院文学与传播学院）

丘逢甲诗美学特质浅析

胡东光

丘逢甲先生以爱国护台、革新教育等伟业名留中国近代史,同时以诗闻名于台湾乃至全国。丘先生传世2200余首旧体诗(未计新发现的),内容浩瀚,知识渊博,山水风光、人事世理,无所不可入诗;很多以热爱祖国、热爱台湾、忧国复台为主旨;英杰气势,飞扬文采,春秋笔法,奇幻魅力;盛名传于当世(清代末期至民国初期),影响直至今日。

通读丘逢甲《岭云海日楼诗抄》①,我作了200多处笺注,在欣赏中思考:丘诗美学特质如何?何以在诗界引领风骚,受众广大,共鸣深远?

一 丘诗之情志美、人格美

"诗言志",孔夫子提出的中国最早的传统审美诗观。儒家的这一诗观占据了中国诗史上的主导地位,致使几千年来中国传统诗词不同于西方诗歌的显著美学特质之一,就是诗具有主观性、生命感、人格化。丘逢甲承继了这一诗观,其诗言其志,显现人格美。

丘逢甲,时代先锋,国士襟抱,诗多言志,正气凌云!振兴中华:"平生整顿乾坤手,要见神州日再中。"统一国家:"山河终一统,留影大瀛东。"护台护国:"黄龙旗飐东风急,待看雄军起国民。"强盛国力:"国岂尚文方积弱,士争横议欲维新。"兴办新学:"要从韩木凋零后,留取清荫覆讲堂。"政界维新:"繙尽维新豪杰传,匡时毕竟仗书生。"诗界革命:"诗界唱革命。""诗世界里先维新。"独立自由:"独立苍茫发遐想,自由钟起国民魂。"女性

---

① 安徽人民出版社1984年版,丘诗收集得较全。

解放："唤起同胞一半人，女雄先出唱维新。"收复台湾："卷土重来未可知，江山亦要伟人持。成名竖子知多少，海上谁来建义旗？"（《离台诗》）期待变革："万事都应付酒杯，眼见云合又云开。中天月色雨余好，大海潮声风送来。人物只今思故国，江山从古属雄才。漂零剩有乡心在，夜半骑鲸梦渡台。"（写于辛亥革命前夕）丘诗，英雄诗篇，浓缩了中华民族百年抗争强敌不屈的壮志——真！善！美！

"诗缘情"，中国又一传统审美诗观，魏晋时期明确提出来①。中国流传下来最早的诗，一是春秋的《诗经》，二是战国的楚辞，都是充满真情的诗篇；国风篇章是民间大众情怀，屈原篇章是志士爱国情怀；后世称诗为风骚，正在于诗人真情的感发才能引起读者真情的共鸣，这是诗歌的生命力之所在。丘逢甲承继了这一审美诗观，诗篇中涌流着热爱祖国、热爱台湾、热爱中华文化、热爱中华英杰人物、热爱山水花草等一切美好事物以及忧国忧民、痛恨侵略者、痛恨各种假恶丑事物的真情！《春愁》："春愁难遣强看山，往事惊心泪欲潸，四百万人同一哭，去年今日割台湾。"痛哭割台，情极悲壮，温家宝同志亦深情诵之。

丘诗富情，真切深重，尤在忧国复台！悲愤梦台情："不知成异域，夜夜梦台湾。"悲壮复台情："洗尘尊酒在，收泪话瀛东。"英雄报国情："王气中原在，英雄识所归。"深厚别友情："相逢各珍重，八极正风尘。"哀怜饥民情："道旁求布施，凄绝是饥民。"去国怀乡情："凉波渺渺粤江清，去国怀乡此日情。"忧忆台胞情："连天烽火秋风急，怕忆穿胸贯耳民。"痛失澎湖情："我为遗民重痛哭，东风吹泪溢春潮。"回思抗战情："千秋成败凭谁论？回首台山泪万行。"祈盼强国情："穷海未应人物尽，中天还见月华新。"百感沧桑情："凭君莫话沧桑劫，横槊雄心百感来。"报仇剑侠情："英雄退步即神仙，火气消除道德编。我不神仙聊剑侠，仇头斩尽再升天！"（《离台诗》）忧忆台湾情："三年此夕月无光，明月多应在故乡。欲向海天寻月去，五更飞梦渡鲲洋。"（《元夕无月》）丘诗抒情，酣畅淋漓，不是绞尽脑汁"挤"出来的文字，而是发自肺腑"流"出来的心声——真！善！美！

丘诗，真见、真闻、真历、真情、真志。诚如刘熙载所言"诗品出于人品"（《艺概·诗概》），丘之诗格，出于丘之人格。读丘诗如见其人，感觉到的是鲜活生命血脉的律动，是崇高情志人格的魅力，引发读者对生命、对人

---

① 孔子"诗言志"之"志"，包含志向、情感、记忆等。汉《毛诗序》"在心为志，发言为诗"，"吟咏性情"，提到了"情"。魏晋时期陆机《文赋》提出"诗缘情"以后，"情"从"志"中分离出来，标志着文学从经学中独立出来。

格的反思，可谓"动天地，感鬼神"（钟嵘《诗品序》）。

二 丘诗之风格美、气韵美

丘诗风格气韵细细品味，司空图二十四诗品大都可以找寻得到，但其中雄浑、豪放、悲慨三种最甚。孟子论诗以"气"，言"我善养吾浩然之气"，丘深悟而得之。丘诗的主要风格气韵非常突出——雄杰风格、凌厉气韵！

但是，由于国家、个人命运多舛，丘诗的风格气韵也就纠结了，雄杰凌厉纠结着沉郁顿挫。痛恨霸强侵略，激昂有如武穆："卷土重来心未已，移山自信事非难。""何当整顿乾坤了，金阙重朝愿未违？"深忧国家软弱，沉郁有如少陵："神州苍莽风尘满，冷落江湖怆梦魂。""如此江山竟付人，干戈留得苦吟身。"冷讽权臣误国，蕴藉有如屈子："欲写美人香草恨，秋芜满地素馨斜。""海上钓鳌三岛近，人间相马九方遥。"憾惋力单势薄，悲壮有如稼轩："长我不才闲抚剑，十年燕市负悲歌。""四海共推天子圣，百年难复大朝威。"放怀奇思妙想，豪逸有如太白："平生整顿乾坤手，要见神州日再中。""笔下雄文消鳄气，匣中长剑秘龙身。"寄情山水风物，隐忍有如义山："锦瑟春心无处托，冷抛弦柱感华年。""平生陆沉感，独自发哀噫。"

尽管纠结，雄杰风格、凌厉气韵仍为主调，始终未变。有人批评内渡后丘诗消极，我不认同，英雄扼腕，壮志未灭，发些忠魂无奈之语，不过自嘲自解而已。如"五湖欲载西施去，一叶扁舟万斛愁"。丘真的想载美人隐逸吗？其实恰恰相反，万斛国愁，范蠡难学！丘喜游览，年轻时写山水诗多为美景、闲情、雅诗。后来国处危难，台湾割让，抗战失败，丘叹"孤臣无力可回天"，忧愁沉重，移情山水，笔下之景，亦转悲凉："落日凭栏海气凉"，"东南回首海云浓"，"茫茫四海无安处"，"蛮烟雁雨一城秋"……时见衰景、哀情、悲诗（悲壮、悲愤，非悲凄、悲戚）。戊戌变法，看到光明，辛亥革命，热血沸腾，又移情山水，诗随之再变，呈现壮景、激情、豪诗！无论闲情、哀情、激情、雅诗、悲诗、豪诗，英雄报国本真，风格气韵本色，何曾改变？

丘诗，因独特的经历体验，独到的人生境界，形成独特的审美特质；当然会弱化其他某些审美情趣。丘逢甲，有儒家的入世情怀，却决不肯独善其身；有道家的脱俗气质，却绝不会漠视国事；有禅家的智睿思维，却绝不让心灵平静。丘内心的深重情仇,绝非后主的无为情殇、柳永的欢场情恨、纳兰的儿女情哀;丘内心的思绪翻滚,绝无陶潜的遁世淡泊、王维的禅灵清净、东坡的悠然从容。丘满腹家国恨憾,极其强烈,而又才思敏捷,诗多笔快,宁粗勿细,宁拙勿巧,既是特点,也是"陷阱",词句意象,有时重复,一气如话,有时欠工。

三 丘诗之形神美、意象美、境界美

丘诗写人、叙事、描景、咏物,具有形神美、意象美、境界美,成为其美学特质之一。

丘诗写人,描绘形象,写真传神,塑造意象,直见灵魂。

丘诗多写英杰人物,有文天祥、韩愈、郑成功、岳飞、袁崇焕、虬髯客等。如文天祥丞相祠,丘多次拜谒吟诗:"百年胡运氛何恶?一旅王师气尚雄",强烈对比,英气豪迈!"沧海梦寒天水碧,沁园歌断夕阳红",神奇景色,悲壮情怀!"九州难画华夷限,万死思回天地心",强虏侵略,万死忧国!"斜阳照起英雄恨,枯木寒鸦泪满襟",英雄仇恨,苍凉意象!丘写《和平里行》长诗,赞述文天祥平乱,结句冀望理想:"何时和平真慰愿,五洲一统胡尘无?!"潮州韩文公祠,丘亦多次拜谒吟诗:"中朝无地得容君","失路英雄凭吏笑,投荒心迹岂僧知?""亡宋地难存岛国,瞻韩人喜到潮州。"韩愈不得志到潮州,身世际遇才高志大,引发丘之共鸣。东坡赞韩"文起八代之衰,而道泽天下之弱"。丘诗赞韩"千秋道学重开统,八代文章始起衰"。当时中国文衰政弱,亟待韩这样的英杰来起衰、泽弱。丘诗正是:救国境界!

丘多与亲友唱和赠诗,刻画形色性情,阔论胸襟境界,并非寻常应酬:"入世心肝古,谈兵天地春";"高歌自抱神州感,漫作寻常侠少年";是描绘友人与自己的豪爽形象。"相逢莫话流离感,未死终留报国身";"千秋定论删芜史,四海论交热侠肠";是称赞友人与自己的报国侠肠。"亲友如相问,吾庐榜念台。全输非定局,已溺有燃灰。弃地原非策,呼天傥见哀。十年如未死,卷土定重来。"是论述友人与自己的复台志向!

丘诗写自己:"中宵犹看剑,杯酒强消愁",夜不能寐,看剑行杯;"独惜在山虚远志,未能报国愧精忠",身在深山,独惜远志;"四海苍茫浑未定,乾坤何地著闲身",国处危难,身何以安;"莫怪安巢无处所,眼前沧海正横流",国处危难,家何以安;"细雨梦寻荒径菊,微霜馋忆故园柑",国处危难,乡何以安。不管写人还是写己,诗皆注重:立像,抒怀!

丘诗咏物,形象生动,以形写神,以物喻人,意象深刻。

丘咏物诗多,尤爱写花,梅、菊、兰、牡丹、木棉等,随物赋形,各取其景,托物兴辞,各传其神,写出物境、情境、意境。丘写梅花:"娟娟故国梅花月,应有仙魂化鹤过","扫尽凡花是北风,孤芳原不与凡同","满帘香雪落梅花",梅花月,梅花风,梅花香,梅花雪,都是绝美形象;"笔端自说梅花禅",梅花品格精神,却以一个"禅"字道出,令人遐想,余味无尽!写兰:"花幽石瘦各自媚,风茎露叶何娟娟!"夸兰形象;"芳心不向霜前死",赞兰精神;"借花陶写英雄心,岂特离骚当梵唱",借兰联想。写木棉:"天扶赤运花应市,人卧朱霞梦亦仙。绝世英雄儿女气,不嫌绮绪更缠绵。"形象,花如赤运朱霞;意象,气比绝世英雄!写菊花多首:"平生遇合多乖忤,不为看花不出游",出游只为看菊。"平生耻作呈身事,坐爱黄花淡不浓",爱菊淡泊情结。"黄金战罢先皇甲,紫绶勋垂岛国章",金色联想金甲。"风尘满眼文章贱,倚剑危栏夕照黄",人菊神貌合一。写《菊枕诗》:"幽人此高枕,魂梦留清馥",高枕安眠,魂梦清香;"宁须作警枕,重拥将军帐",大敌当前,警枕清醒!形象生动,意象蕴藉,境界全出。

丘写月多章,寄托情思:"影里河山新世界,镜中宫阙大光明",颂月光明,乐观美景;"举头明月怀京国,同是天涯草莽臣",望月天涯,微臣怀国;"肝胆光能照,河山影未残",照月肝胆,河山寄托;"炎炎世界凉于水,幻梦凭谁唤众生",凉月幻梦,凭谁唤醒;"明月出沧海,我家沧海东。独怜今夜见,犹与故乡同。丧乱山河改,流亡邑里空。相思祗垂泪,顾影愧归鸿。"见月顾影,思台忧国。古诗写月,寂寞神仙,凄凉人间,离人无眠,思乡忧乱,怨妇无言,泪眼望穿……太多故事,太多佳作,易陷窠臼,难于超越。丘诗写月,却是自己事情,自己情思,自己境界。

丘诗咏物,象征人世。写狮:"大地山河一吼中,一出群雄归管领。"赞狮拟人。写雁:"雁与人同去,雁归人未归。剧怜沧海阔,独傍故山飞。云水愁相失,风尘计已非。天涯足矰缴,休恋稻粱肥。"以雁比己。写虫豸诗50首,贬虫讽恶。写山蚕:"尽有经纶堪济世,年年寥落在山中!"怜蚕警世。"外师造化,中得心源"(张璪语),感印写景,感发写神,独得境界,方称作手。

由上可见,丘写人咏物继承了传统的审美诗观:立象尽意(《易经》),

天人合一（庄子），铺采摛文、体物写志、窥意象而运斤（刘勰《文心雕龙》），含道映物、澄怀味象、应会感神（宗炳《画山水序》），以形写神（顾恺之《摹拓妙法》），能写真景物真感情者，谓之有境界（王国维《人间词话》）等。丘诗运用了多种传统诗法：摹写、感发、寄托、象征、移觉、想象等。丘诗审美：情景交融，写真传神，形神兼备，形象鲜活，意象深刻，意脉连贯，境界高远。

四　丘诗之奇趣美

丘诗具有奇趣美，无论写人事，还是写景物，诗思时显飘忽不定，诗语时见突兀杰特，诗趣时觉无理而妙，诗境时令拍案称奇；如东坡所言"诗以奇趣为宗，反常合道为奇"。

丘评李白奇特，《题太白醉酒图二首》其一："先生沉醉宁无意？愁看胡尘入帝京。"醉酒，不是无意是有意——愁看外敌入侵。"谁识先生非酒客，当时慷慨为勤王。"醉酒，读心有术丘共鸣——空怀抱国壮志。丘评杜甫也奇特："杜陵乐府老更成，休作开元天宝声！"眼前时局艰危，追忆盛朝何用？并非批驳，只为叹息，其评独到。丘写僧人奇特："野僧不解登高意"，不说自己登高何意，反说僧人不解其意；"不信欢愁全不管，白云无恙道人闲"，不说自己心中不平，反说不信道人心闲；故意留疑问，让人去思索。丘诗写别友同韵长律二首，结句分别是："未敢宝刀轻脱赠，恐教添作不平鸣"，刀本不会鸣偏鸣，说明天下事不平；"海山俦侣如相问，大鸟三年尚不鸣"，鸟本会鸣偏不鸣，说明朝廷太无能；偏以反常现象，揭晓事物真谛。丘诗审美，主观客观常存互动，或心随境移，或心定境从，妙观逸想，奇趣神运。

丘写朝廷权臣多为刺诗："破碎河山收局险，支离官职累人多"，白描：社稷凶险，官宦支离。"戎马在郊愁气象，蹇驴温卷拜公卿"，对比：戎马闲置，只拜腐儒。"铃韬便是治安策，终为君王略远东"，讥刺：铃韬求安，终失远东。"南朝已退临江防，天子无愁妓莫愁"，讽喻：南朝亡国，当朝犹如。"尚书只惯修降表"，"宰相有权能割地"，批判：官修降表，相能割地。"才人从古不宜官"，"一官便具奴才性"，揭示：自古官员，奴才本性。"朝议颇闻图改制，台纲原不重埋轮"，慨论：科举改制，屡议不动……丘诗，美刺正变赋比兴，俨然春秋笔法！

丘写《梅子》："人间别有酸心处，浸透曹公醋一瓶。"梅子酸，曹公望梅止渴；人心酸，还需要望梅吗？诗语调侃，诗思巧妙。写药材："参苓药笼富收藏，只有当归切病方。"擅长隐喻，一语双关，台湾之病，药在"当归"！写《苦旱》："不妨持药炸青天"，"谁叩九阊讼风伯？"炸青天、讼风伯——救旱心切，遂发奇想，胆大包天！写山景："山灵自展凌云手，妙写余霞散绮天。"神仙趣味，拟人笔法，化静态为动态，诗就活了。

丘逢甲具有卓越的观察力和神奇的想象力，丘诗审美妙悟，具"正法眼"（严羽《沧浪诗话》），凭借开阔的视野、独特的视角、崭新的视点和穿透的视力，求得博、新、奇、美。

五　丘诗之文法美

丘诗具博大美：题材广泛，内涵丰富，见闻思绪，无不入诗；体裁齐全，五古七律为多，除了古风律绝，还有词、竹枝等；审美多样化，真实美与艺术美兼具，静态美与动态美兼具，具象美与抽象美兼具；笔法多变，佳作连篇。

丘诗具句法美：观察细致，体味深邃，刻画微妙，构句别趣。如《山村即目》："林枫欲老柿将熟，秋在万山深处红。"前句，枫欲老时，柿将熟时，颜色最红，丘捕捉住变化的时刻、典型的秋色；后句，不以枫、柿、山、林为主语说红，却以秋为主语说红，万山深处只作状语，枫柿山林只作衬垫，句法别有趣味。

丘诗具修辞美：丘诗运用修辞种类繁多，赋、比、兴、铺垫、对比、反衬、排比、对偶、明喻、暗喻、移觉、象征、借代、夸张、双关、反复、省略、倒装……手段高超，时常别出一格。如铺垫："黄龙旗飐东风急，待看雄军起国民"，前句写景——东风卷龙旗，后句写人——雄军起国民，情景交融。如反衬："鲲海三更梦，鸥天万里春"，前句道哀情——台海忧患梦，后句述欢景——鸥天美景春，强烈反衬。

丘诗具语言美：嬉笑怒骂，皆成诗文；语言丰富而又简朴，以简寓繁，以朴言华（儒释道皆复归于朴）；古文、口语、新词、民谚、俚语，无不可用。如："珍重孝廉船北上，西湖波定凤凰鸣"，借用潮谚（凤啸湖平，代出公卿）；"斩蛟未得愁看剑，射狗欣闻梦引弓"，雅用俗言；"人民城郭纵非故"，"弹指顿成新世界"，"应有新诗写新政"，时用口语；"那有星球许殖民"，"天南寥落得新知，讲学仍思更下帷"，巧用新词；"残月唤回鹦鹉梦，落花愁唱鹧鸪诗"，"鹧鸪啼后子规啼"，妙用鸟语（鹦鹉学舌，鹧鸪声如"哥哥留不得"，子规啼血，一个比一个惨）。丘似握有新语创造权，翻云覆雨，随心所欲！

丘亦似握有旧语诠释权，用事引典，既多又妙，点铁成金，不落俗套。如："何事天香欲吐难？百花方奉武皇欢。洛阳一贬名尤重，不媚金轮独牡丹。""麻姑去后桑栽海，箕子归来黍满宫"；"闻君犹采首山薇，欲话中原泪满衣"；"刘郎已悔神仙误，天上何曾可寄愁"；"满城风雨铸新诗，幸无败兴催租吏"；"寻常百姓无家别，不独乌衣巷已非"……洛阳牡丹、麻姑献寿、首阳山薇等众多典故、旧事、神话、传说，丘引用、借用、别用、反用，堪比哪吒手段，脱胎换骨，追魂摄魄。

丘诗具结构美，美在变化，孙子"兵无常势，水无常形"，丘则文无常体，诗无常态。丘诗讲求起承转合，又不拘泥，绝非八股。丘组诗很多，同韵组诗，同题多诗，如《秋怀》八首，次韵他人，意犹未尽，又叠韵五组，韵同意不同，神思飞逸，逞才使艺。丘长诗颇多，构思奥妙，布局变幻：有的内涵丰富，涉猎广泛，情节变幻，波澜起伏；有的如意识流，行文流水，但凭情感、意脉贯穿流转；有的抛针引线，似断仍续，首尾呼应，浑然一体。

六　丘诗自述审美诗观

丘之审美诗观，其诗文中多有论及，《论诗十首》作了集中阐述：

元音从古本天性，何事时流务竞争？诗世界中几雄国？惜无人起与连衡。

迩来诗界唱革命，谁果独尊吾未逢。流尽玄黄笔头血，茫茫词海战群龙。

新筑诗中大舞台，侏儒几辈剧堪怜。即今开幕推神手，要选人天绝代才。

台上风云发浩歌，不须猛士再搜罗。拔山枉费重瞳力，夜半虞兮唱奈何。

北派南宗各自夸，可能流响脱淫哇？诗中果有真王在，四海何妨共一家！

彼此纷纷说界疆，谁知世有大文章？中天北斗都无定，浮海观星上大郎。

芭蕉雪里供摹写，绝妙能诗王右丞。米雨欧风作吟料，岂同隆古事无征！

四海横流未定居，千村万落废犁锄。荆州失后吟梁父，空忆南洋旧草庐。

展卷重吟民主篇，海山东望独凄然。英雄成败凭人论，赢得诗中自纪年。

四海都知有蛰庵，重开诗史作雄谈。大禽大兽今何在？目极全球战正酣。

逐一简释：诗性天生，何为竞争？诗界革命，独尊无影。新筑诗台，亟待神才。猛士浩歌，无须搜罗。宗派自夸，岂独一家。诗无界疆，世有文章。芭蕉雪中，事岂无征？衰景哀情，穷愁诗成。民主诗篇，英雄纪年。全球酣战，诗史雄谈。

丘在《论诗二首》《题花里寻诗图》《题裘伯谦大令睫闇诗钞》《寄答陈梦石即题其东溪吟草》《重唔梁辑五光禄话旧》等许多诗里也表述了他的审美诗观，既涉内涵，又涉艺术，在此断章取义，择要列举①：

提倡诗史诗篇："老杜诗篇夺史权。"
呼唤英雄诗篇："落落英雄并世难，中原旗鼓付诗坛。"
崇敬忧国诗心："芬芳悲恻无穷意，兰茝离骚共此心。"
感发自然诗情："南望龙山增艳羡，万花供养辟诗天。"
诗应以真为贵："诗无今古真为贵。""上天下地存真吾。"
诗应具有国魂："吾辈尚谋文字乐，何人解向国魂招？"
诗莫陷于游乐："如何世俗丹青手，只写名山当卧游。"
诗应重视诗教："请将风雅传忠义。"
诗要有自主权："诗界差存自主权。"
诗要有新内容："不须更问匡时策，且看新诗压锦囊。"
诗要开创新世界："此别更开诗世界，扶桑花发海云高。"

---

① 断章取义，出自《左传》，一种传统解读方法，并非贬义。择要列举，因丘言诗诗句很多，不便尽选；读者若细查，可以管窥丘之更多审美诗观，为何写诗，如何写诗，写什么诗，等等；例如："河山落日新亭泪，禾黍秋风故国诗""可怜倒海倾河泪，独立苍茫但咏诗""忧国少陵诗""丧乱中年杜老诗""如此江山合赋诗""西湖风月最宜诗""胸横海国志，腕脱水曹诗""飘零风雨出军诗""箕斗频闻入怨诗""仙心难写入新诗""政暇且写诗""道远阻陈诗"……

诗可以排遣心情："有诗排闷酒浇愁。""聊借奇花，抒此郁抱。"
诗可以怀人怀旧："论诗自写怀人句。""天涯诗卷供怀旧。"
刚柔并济，合而为美："治诗如治民，刚柔合乃美。"
诗应守律，无须凑律："出入法律中，法律为我使。"
细观物情，不言空理："澄观万物情，粉碎虚空理。"
才大心细，意活诗妙："才大心益小，意活笔不死。"
诗人造化，如造物主："伟哉造化炉，掣之出十指。"
作诗治国，风骚为旨："嘉君寻良治，并入风骚旨。"
新诗美政，道理相仿："新诗与美政，异撰乃同揆。"
诗有正变，变后出奇："风雅都从变后奇。"
自古诗词，多出哀愁："古来词客惯哀时。"
天下诗人，多因穷达："天遣穷人最是诗。"

诗之审美，丘言"贵真""诗中有人"："吾亦葆吾真，一室天下春"，"自《三百篇》以至本朝，其可传者，无论家数大小，皆有真气者也。诗之真者，诗中有人在焉。"（《复菽园》）写诗，不仅凭借诗人的文笔功底，更要依存诗人的心灵；不论是写人叙事论理抒情，还是写景咏物描绘自然山水，都应出自诗人真实的感印、感发，才能具有时代的情志美、人格美、生命美、境界美。诗，又是最浪漫的文体，既有现实存在的真，也有艺术想象的真；王维作画雪中芭蕉，丘亦赋诗理解认同；丘通晓"赋比兴"（孔子语）、"得鱼忘筌"（庄子语）、"象外之象"（司空图语）、"境生于象外"（刘禹锡语）等传统审美诗观；丘诗情意真切，可是笔法灵活，善于虚实结合，以虚写实，以幻写真。

七　丘诗美学特质的现实意义

丘诗美学特质具有"诗界革命"性，也具现实意义。

"诗界革命的巨子"，是梁启超对丘逢甲的评价（《饮冰室诗话》）。梁语针对当时诗界存在的状况：诗词内容上，逃避家国危难，远离社会现实，寓于个人生活，游山玩水，风花雪月……一派犬儒化、享乐化趋势，而丘诗视野宏远，家国命运，忧国忧民；艺术风格上，守旧食古不化，模仿古人，堆砌古文，轻飘柔弱，晦涩尖巧……一派颓废化、游戏化倾向，而丘诗反映时代，开拓创新，畅发心声，豪迈壮阔，激励大众。所以，丘诗一出，震撼全国,"诗界革命",名副其实。今天,丘诗依然值得我们借鉴,诗可乐世,更可醒世,诗岂止是花前月下茶余饭后的闲话,诗可以是引领新时代先锋的心声、诗界革命的号角!丘告诫诗界,切莫陷于玩乐,应当具有国魂:

吾辈尚谋文字乐,何人解向国魂招?

丘最赞颂的诗人是屈原、杜甫,丘大声疾呼的是国魂、诗史。丘诗是现实主义的爱国英雄历史篇章,也是浪漫主义的传统艺术时代瑰宝,可谓德艺双馨。丘之"诗界革命",既涵盖社会内容,也涵盖艺术形式。不过,这不是诗体及语言范畴的革命,与后来胡适等人提倡白话诗的"诗界革命"有所区别。

丘诗美学特质具有历史继承性,中国优秀传统审美诗观亟待"唤醒"!

丘诗审美,基本上是继承中华传统诗词审美诗观;丘诗诗体,基本上是律绝古风;丘诗语言,基本上是当时的文字语言,古文、典故运用得心应手,口语、新词也时时可见。丘自幼饱学文史,文采出众,才思敏捷,名盛台湾,古文、旧体诗词的功底深厚;但是丘的思想不旧,一贯反对八股科举,竭心尽力于新学教育,力挺维新变法、辛亥革命;丘继承了优秀的传统审美诗观,以旧体诗的形式,描写新的时代,表述新的思想。

五四以后,白话诗逐步发展起来,成为中国诗的主流,这本无可厚非,但是,同时也产生了文化全盘西化的倾向,传统诗词长期受到抑制,近些年才重新热起来。我以为,中国传统诗学美学理论与传统诗词一样,都是伟大的文化宝库、历史遗产,当前中国优秀传统审美诗观亟待"唤醒",无论是白话诗还是旧体诗的众多作者,对此学习、理解都很欠缺,亟待"补课",而丘诗正是很好的示范教材。本文侧重以传统审美方法浅析丘诗,用意即在于此。

丘诗美学特质具有时代创新性,应当继承发扬。

诗,丘言"变后奇",力主创新。丘诗在当时极具开创性,可以见到许多新词句、新篇构、新格调、新事物、新思维、新境界。"创新是文艺的生命"(习近平语);创新既不能脱离传统,也不能囿于传统;潜心学习前人方可言继承,不受前人拘羁方可言突破。无论是美的观念、美学的理论还是审美的方法,都随着时代的进程而变化,随着艺术的实践而发展。

丘诗豪放,为后学所追慕;史上学稼轩豪放诗风者曾一时蜂拥,但因缺少真实的报国胸襟和深厚的文学功底,遂成"叫嚣一派";此为学丘者诫。

结以七律《丘怀》(次韵丘逢甲《秋怀》):

一襟泪血浸雄词,醒世呼声发义师。
剑气穿云瀛海略,骚情摄魄国风诗①。
鲲鹏南渡遗残月,箕斗北升浮彩霓。
扼腕英豪艺尤美,丹青独运汗青思。

附丘逢甲《秋怀》（叠韵之三,八首之四）：

泪洒千秋绝妙词,风流何处有吾师？
一编断烂前朝报,百感凄凉乐府诗。
梦里藏舟移夜壑,醉中呼剑斫雌霓。
秋江冷共鱼龙卧,不尽平居故国思。

（作者单位：香港诗词学会）

---

① 丘诗："挑灯自写纫兰句,一卷离骚当国风。"

于右任和丘逢甲的交谊（史海钩沉）

黄志平　徐博东

于右任（1879—1964）有"民国第一才子"之称，其书法艺术享誉天下。清末民初，他创办《神州日报》《民立报》，积极宣传革命，后参与创办"复旦公学""上海大学"，出任民国政府监察院长，国民党中央执委等要职，参与国共和谈。去台后思念大陆，抑郁而终。丘逢甲（1864—1912）中进士后弃官回台从教。甲午战起，筹建义军，谋保台湾，事败后内渡大陆粤东祖籍，由赞助康梁变法维新，进而支持孙中山领导的民主革命。于、丘两人地处南北，以举人、进士身份投入时代洪流，为谋求中国民主共和与国家领土主权之完整统一及民族复兴的大业而奋斗终生。这两位历史人物的活动对近现代中国都产生过积极的影响，世人对他们的交往知之甚少，虽作过一些解读，但大都语焉不详。今据新发现的史料做如下探讨，敬祈教正。

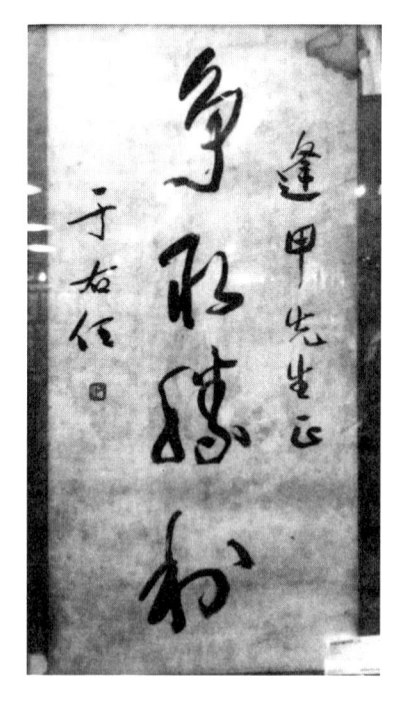

猴年那年新春正月，友人携纸质书法藏品一帧来访，长宽不过近尺，十二个字赫然在目：

逢甲先生正　争取胜利　于右任（末有钤章，见图）

十二个汉字，笔力遒劲，刚柔相济，且有钤章为证，当是书法大家于氏青壮年时期所书的真品，旋向友人致贺，友人把复制品留下纪念。这份于氏手迹证明：于右任和丘逢甲确曾会晤于沪上，时间当在1912年正月中旬。

1911年10月10日，武昌首义成功，

东南各省纷起响应，脱离清廷，宣告独立。11月9日，广东咨议局在副议长丘逢甲推动下，议决响应武昌起义，迎请同盟会革命党人来穗主持粤事，胡汉民出任广东革命军政府都督。丘逢甲任教育司（部）长，旋被举为粤省三人代表之一，赴南京参与筹组临时中央政府。丘于1911年12月下旬抵宁，南京卫戍总督徐绍桢初见"丘仓海"名刺，"待以恒流，询知前名（丘逢甲），重握手示敬，欢好若平生"（参见丘复《仓海先生墓志铭》）。

南京大学汪国垣（辟疆）教授（1887—1966）有一段忆述文字："民国初元，（丘）君曾一至金陵，余犹及见之，躯干修伟，虎虎有生气。"又说："仙根本负盛名，唯鲜与中原通声气，至有不能举其名者。工力最深，出入太白、子美、东坡、遗山之间，又能自出机杼，不拘于绳尺间，固一时健者也。"（参见汪国垣《光宣诗坛点将录》）

汪先生时年二十四五岁，值中国历史转折时期，作为爱国青年，关注时局与国族前途命运之大事，势必至切。究竟他是涌立金陵街头、争睹各省代表抵宁时的英姿风采，还是随友人进出办事机关，目睹丘氏的举止神态或行事风格，人们不得而知，但丘氏身材伟岸、生气勃勃，是确实的。丘氏比汪年长23岁，且自粤辗转到宁，舟车劳顿，年近半百，仍"虎虎有生气"，由此可知，筹组中华民国临时中央政府的繁重工作与活动，丘氏曾参与其中，或时有闻听议论，心情振奋，诗兴大发，赴宁纪游之作，连写十首，歌颂"英雄儿女局翻新"，"江山一统都新定，中华民族此重兴"。这些佳作名句，掷地有声，万人争诵。宁沪相距咫尺，舟车往返便利，电讯传输较为便捷。1912年1月11日上海《民立报》刊布了丘氏新作《谒明孝陵》四首，寄稿人叶菊生在"附识"中写道："仙根先生，学问文章，海内推重，其近体诗尤擅胜场，今以奉使来宁，游踪所至，句满奚囊，友人以先生近作见示……亟录以贻同好……"

南京中华民国新政草创之初，百废待兴，急需各类人才，正是丘氏献诚出力之际。丘远道北上沪宁，连年忧劳，为国事而奔走，在宁"劳瘁呕血，扶病还家"（见丘瑞甲《岭云海日楼诗钞》初版跋）。1895年夏末秋初，丘谋抗日保台事败，内渡泉州时，悲愤交加，也曾吐血数升。这次奉使来宁，连续奔走劳累，咳血来势汹汹，自知恐将不起，遂告假南归。先到上海，沿水路经厦门、潮汕，溯韩江北上，返抵粤东镇平（今蕉岭）山居养治。丘途经上海，身为《民立报》主笔的于右任接待慰勉，乃情理中事。"争取胜利"四字蕴意深长，既祝祷丘氏战胜病魔，转危为安，也热盼他康复后返宁共事，谋建民主共和新政大业的胜利与成功。公义私情，跃然纸上。"争取胜利"四字，用长宽不过咫尺的白纸书写，可能是于氏在沪主持《民立报》时得知丘氏告假急欲南归治病，未便久留，遂写此四字托人捎带给丘氏本人，表达慰勉之意。于氏的题签与钤章十分醒目，可见他对丘的祝福与慰勉十分真挚诚恳。

上海聚首别后，丘于1912年2月25日即病逝于镇平山居，从此于、丘天人两隔，但于对丘的深情与敬意铭记在心。20世纪50年代末，台北市新公园（今改称"二·二八公园"）建成，内有四亭纪念对台湾有重大贡献的历史名人（郑成功、刘铭传、丘逢甲、连横），纪念丘逢甲的"仓海亭"亭联，即由当时年近八十的于右任题写：

耿耿孤忠，系民族复兴斗士；
铮铮铁骨，亦诗坛崛起人豪。

此联既表达了于氏对丘逢甲的敬意，也准确评价了丘氏的历史定位。

历史名人留给后人的精神遗产与示范作用是积极有益的，但传颂需审慎据实。1905年，尚在岭南从教的丘逢甲作有七律《醉歌示徐生》一首，末句为"袖中一卷《英雄传》，落日来登汉帝陵"（见《丘逢甲集》，第536页），于右任先生恐记忆差错，说丘曾"游陕谒陵"，将诗作末句误为"落日来登黄帝陵"。热心宣传黄陵旅游的人士未加细辨，据此就刻碑、传抄，编造出丘逢甲游陕六天，日夜难寐，作诗多首，甚至挥拳砸桌、打碎茶具的故事。这种捕风捉影、凭空"戏说"先贤的做法与学风，受到陕西师大马家骏教授的批评纠正，显然是很必要的（马文见《陕西师范大学学报》1997年第3期）。

（作者单位：湖南师范大学文学院）

丘逢甲生平事迹小考

孔令彬

一　丘逢甲字号小考

中国传统文人喜欢给自己起很多的字号，以表明自己的喜好或追求，这一点丘逢甲也不例外。徐博东、黄志平《丘逢甲传》在谈到丘逢甲名字的源起时，文下注释有一段比较详细的解释文字：

> "乳名"又称"谱名"、"家名"。丘逢甲一生用过的名、字、号较多，早年在台起字"仙根"，又字"吉甫"，号"蛰仙"、"蛰庵"，亦号"华严子"，又号"仲阏"。据丘琮《我的奋斗史》："仲"字指排行第二，"阏"字系取甲子年的别名"阏逢"之意。邱荻园的《挥麈拾遗》则云："仙根自乙未内渡，寄籍潮州、嘉应间，自以前守台中，义军溃散，台岛沦倭志辄郁郁不舒，乃更号仲阏，谓人事多所阻阏，未能萌甲而出也。"既而有感于《史记·留侯列传》中"博浪椎秦义事"，改号仓海君。辛亥光复，思去旧更新，废其旧名逢甲，即以仓海为名。诗文别署"台湾遗民"、"南武山人"及"痛哭生"等。丘逢甲的名、字、号的更替使用，正曲折地反映出他爱国怀乡的思想变化历程。①

这段文字谈到了丘逢甲的乳名、字、号等许多名号的源起，笔者愿就自己的见闻再对这一小问题作一些补充。

首先，传中说丘逢甲父亲因为儿子出生在甲子年，故灵机一动，便给孩子取名逢甲，乳名唤着秉渊。这里先说乳名"秉渊"，笔者看到的一些资料却

---

① 徐博东、黄志平：《丘逢甲传》，海峡学术出版社2003年版，第3页。

说"秉渊"是丘逢甲的本名或原名。传中注释里显然是将"乳名""谱名"和"家名"混为一团。而据郑喜夫《民国丘仓海先生逢甲年谱》"秉渊"乃是丘逢甲的"谱名"而非"乳名",再如其六弟同甲的谱名叫"秉德","秉"字当为丘氏之行辈无疑。又丘逢甲兄弟几乎都有一个"甲"字:先甲、逢甲、树甲、瑞甲、兆甲、同甲,此"甲"字当非行辈排行,而是其父亲为兄弟行起的长幼有序的名字。再如,丘逢甲兄弟的字也显示出这样一种排行和长幼有序:先甲字达甫,逢甲字吉甫,树甲字崧甫,瑞甲字辑甫,丘兆甲字时甫。

丘逢甲早期字"吉甫",但他真正为当时台湾士大夫所熟悉的字则是"仙根",笔者推测,其号"蛰仙"应该是从其字"仙根"延伸而来。"仙根"和"蛰仙"就是丘逢甲内渡前使用最多的字号。今天保存下来的许多早期唱和诗,其友人皆称为"仙根山长"或"蛰仙工部"可以明证。

抗日保台失败后内渡大陆是丘逢甲人生的一大转折,其字号也体现出了这一变化。如自署"台湾遗民"显示身份的变化,"逢甲既内渡,遂入广东……杜门不出,谢绝亲友,自署为台湾之遗民,日以赋诗为事"(江山渊《丘仓海传》)。① 其实乙未后改名的台湾文人还有很多,譬如洪攀桂,原学名一枝,字月樵,后改名为繻,字弃生;王松则号为"沧海遗民"等。这一时期丘逢甲最经常使用的号为"仲阏",如《天南新报》上发表的作品大多署名为"仲阏",这个号的寓意当如邱菽园的《挥麈拾遗》上文所说的。笔者见到最早使用此一别号为1895年冬作者《景忠祠题壁后记》一文:"乃遂鲜仲阏父笔痕墨迹者,此亦藏拙之一道也。"② "蛰庵""南武山人"也是这一时期经常使用的别号,其所表达的情感内涵就稍微平静一些,甚至有些追求超脱。"镇平家仓海先生逢甲,自署南武山人,镇平今改蕉岭,毗连武平,盖凡汀、潮、赣相连之境皆可以南武名也。"③ 在《天南新报》上,丘逢甲还曾经使用过"老阏""邱仲子""蛰庵居士"等署名。

"痛哭生"之号当源自戊戌变法失败后,作者愤激之情无所发泄遂名之。如《清议报》上即有署名"痛哭生"的几首诗,再有《岭东日报》1902年报道一则金山故事中也提到"痛哭生"之号。"仓海君""自强不息斋主"当也是戊戌变法失败后丘逢甲的自署名号,唯"仓海君"其典故出处更为有名,《清议报》所载丘逢甲诗即多署名为仓海君。辛亥革命成功之后,丘逢甲除了

---

① 《清代野史》(第5辑),巴蜀书社1987年版,第274页。
② 黄志平、邱晨波主编:《丘逢甲集》,岳麓书社2001年版,第753页。
③ 丘复:《丘复集》,福建人民出版社2013年版,第1611页。

将"邱"姓改成"丘"字外,更将自己名字"逢甲"改为"仓海",以示革故鼎新之意,故后来人皆称丘逢甲为"丘仓海"。

另许多地方介绍丘逢甲又号"东海遗民",此号未见丘逢甲本人使用,笔者怀疑其不是丘逢甲之别号。查资料则知内渡台湾诗人施士洁曾自号"东海遗民",当是后人张冠李戴给了丘逢甲。其实丘逢甲自署的是"海东遗民",出处见其《离台诗》六首诗前小序:"将行矣,草此数章,聊写积愤;妹倩张君,请珍藏之。十年之后,有心人重若拱璧矣。海东遗民草。"① 丘逢甲又号"华严子",笔者未见确切史料记载,不敢妄断是非,此处不论。

二 丘逢甲金山酒楼对联考

丘逢甲一生撰写过许多对联,其中最脍炙人口者当属下面这一副:

凭栏望韩夫子祠,如此江山,已让前贤留姓氏;
把酒吊马将军墓,奈何天地,竟持残局付英雄。

此联一般认为最早见于《岭云海日楼诗钞》卷十中《送王铁珊》(二首)第一首的诗后小注:

凭栏望韩夫子祠,如此江山,已让前贤留姓氏;把酒吊马将军墓,奈何天地,竟持残局付英雄。予潮州金山酒楼联语,王一见即诵之,云五年前在赣驻军即知之。②

再后来发现的丘逢甲《丙午日记》八月二十日、二十一日更记载了这首诗的写作背景:"王铁珊观察(芝祥)来访,诵予金山酒楼联。盖相知在五年前,王时统军在赣,今始晤。""王铁珊来函索书扇,赠以二诗。"③ 王铁珊,名芝祥,字铁珊,北京人,1885年举人,时升任广西按察使。

民国黄仲琴的《金山志》亦收录了此副对联,只是他称这副对联为《金山玻璃厅联》,且文字也略有不同:

---

① 黄志平、邱晨波主编:《丘逢甲集》,岳麓书社2001年版,第145页。
② 同上书,第550页。
③ 同上书,第906页。

> 凭栏望韩夫子祠，如此江山，独让古贤留姓氏；
> 把酒吊马将军墓，奈何天地，竟将残局付英雄。

今人出版的《潮州三山志》在此联的《校记》中又提到了《潮州名胜联话》和《瞩云楼诗存》两书著录这副对联的情况，文字又与《金山志》不同，一并胪列如下：

> 凭栏望韩夫子祠，底事江山，独使一人留姓氏；
> 把酒吊马将军墓，奈何天地，偏付残局与英雄。
> ——徐义六《潮州名胜联话》
> 凭栏望韩夫子祠，如此江山，端让前贤留姓氏；
> 把酒吊马将军墓，奈何天地，竟持残局付英雄。
> ——丘汝滨《瞩云楼诗存》①

笔者最近在翻阅老报纸时，则发现了登载这副对联更早的记录。一是新加坡《天南新报》1900年3月24日《词人妙翰》栏目载《金山酒楼联》，文字亦略有不同：

> 凭栏望韩夫子祠，如此江山，已让古贤留姓氏；
> 把酒吊马将军墓，奈何天地，竟持残局付英雄。

另一则见《岭东日报》癸卯年九月九日的《潮嘉新闻》"金山揽胜"条。

> 潮州府城金山，高踞城北，书院即在山上。其最占胜概者为藏书楼，玻璃厅次之。即镇平钟子华封翁所题骖鸾馆者也。每逢九日，游客云阗，真胜景也。是日，郡中大夫登高能赋为忆。戊戌政变时，有痛哭生以炭书痛哭词于壁，今已不存。或拟一联云："凭栏望韩夫子祠，如此江山，已让前贤留姓氏；把酒吊马将军庙，奈何天地，竟将残局付英雄。"盖韩山韩江韩祠望中可见，厅之右即南宋末马将军墓也。语颇切实，惜未书而悬之楹间。

从记载来看，此条内容虽然比《天南新报》晚三年，但其信息却更丰富。其一，此联与《天南新报》所载也略有不同；其二，描述了此联撰写的背景，

---

① 潮州市地方志办公室编：《潮州三山志》，2006年，第57页。

也即与戊戌变法失败有关；其三，此联乃是书写在金山上之玻璃厅。当然新闻的作者并不知道"痛哭生"乃是丘逢甲的笔名，他也未搞清楚这副对联的撰写者亦是丘逢甲。

通过对以上材料的罗列，我们可以断定的是其一对联撰写于1898年戊戌变法失败后不久，其二对联的内容有着好几个版本。造成这个问题的原因一方面是作者的改动，另一方面则是流传中的变异。笔者以为此联仍当以《岭云海日楼诗钞》中丘逢甲的自注为标准，因为这既是作者结集时所认定的，并且有他的《丙午日记》作参照。所以笔者在这里呼吁以后的各种选本辑录此联时请皆以这一内容为标准，不要再制造更多的混乱！

最后，这里还有一个重要问题尚需解决，那就是此联到底该如何称呼：丘逢甲称之为《金山酒楼联》、黄仲琴《金山志》称之为《金山玻璃厅联》、黄志平等《丘逢甲集》中称之为《金山书院酒楼联》、汤国云称之为《韩江酒楼联》？按理说应该以作者集中的称呼为标准，但经过综合考察，笔者以为欠妥。其一，金山上并无"金山酒楼"，只有一座位于半山腰的"韩江酒楼"；其二，从内容看此联也与一般酒楼的功能不符；其三，此联所提对象当在马发墓附近；其四，由《岭东日报》之记载及《金山志》中的称呼。所以笔者认为此联当是作者为金山玻璃厅而写，还是应当称之为《金山玻璃厅联》！

金山上的玻璃厅，位于金山书院藏书楼附近，属于金山书院建筑，大约建于清光绪年间，岭东著名学者钟孟鸿之子钟子华题其额为"骖鸾馆"，因其玻璃装饰而成为金山顶上一处风景。民国时金山中学学生张淑岱回忆了1917年孙中山在学校领导陪同下参观学校藏书楼、玻璃厅、红棉书舍、金山古井等处建筑的情景（见《潮州金山中学欢迎孙中山先生的回忆》）。现代著名学者黄药眠1927年任教金山中学时，也曾住在玻璃厅（见黄药眠教授回忆录《动荡：我所经历的半个世纪》）。

三 丘逢甲掌教潮阳东山书院时间考

丘逢甲在1897年底辞去韩山书院掌教之后，学界普遍认为，第二年他就接受了潮阳东山书院的聘请，至于其何时辞去东山书院山长一职，几乎所有丘逢甲年谱均未提及。

这一说法较早出自丘逢甲之子丘琮的《仓海先生丘公逢甲年谱》："本年，

公主讲潮阳县东山书院,仍不变其讲学立教之旨。"① 台湾郑喜夫编撰的《民国丘仓海先生逢甲年谱》也承袭了这一说法:"是年,先生主讲潮阳县东山书院,仍不改其韩山书院时讲学立教之旨(据丘著年谱)。"② 大陆徐博东、黄志平的《丘逢甲传》附录部分《丘逢甲生平大事简表》则更进一步指出:"一八九八年(光绪二十四年戊戌)三十五岁,春,主讲潮阳东山书院。"③ 稍后岳麓书社出版的丘逢甲作品的集大成《丘逢甲集》的附录部分,丘晨波、黄志平编撰的《丘逢甲年谱简编》也说:"1898 年(光绪二十四年,戊戌)三十五岁。应潮阳县令裴景福之聘,主讲潮阳东山书院。"④ 国内较早研究丘逢甲的丘铸昌先生也在自己的《丘逢甲交往录》说道:"逢甲自 1898 年担任广东潮阳东山书院主讲后,便认识了萧挥五、萧永声、萧永华父子,与他们有着广泛的交往。"⑤ 学界如此众口一词,似乎丘逢甲掌教潮阳东山书院于 1898 年确凿无疑。

然而事实是这一相沿成说实际上是错误的。最先发现这一问题的是韩山师院的吴榕青老师:

> 有一份丘逢甲的《年谱》,说他在离开韩山讲席的次年(1898),即接受潮阳县令裴景福之聘,主讲潮阳东山书院。其实这一年,他仍居住在潮州城,虽然中间曾有潮阳之游。而裴景福(伯谦)开始接任潮阳县令在 1899 年夏天。根据丘氏本人的记载,他被聘为东山书院主讲是在 1899 年农历二月,其时潮阳知县是张广权。⑥

吴老师之说一方面此书在香港出版,发行量不大,海峡两岸接触到的学者有限。另一方面他也并不是专门的考证此问题,所以,能够注意到这一论点的人实在有限,以致在丘逢甲出任潮阳东山书院掌教的时间问题上,学者们多从丘逢甲之子丘琮之说法,一错至今。

笔者以为判定丘逢甲 1898 年掌教潮阳东山书院的始作俑者当属邱荻园《挥麈拾遗》的记载:"(戊戌政变)自是以后,京师每传骇人听闻之讯;时

---

① 丘逢甲:《岭云海日楼诗抄》,安徽人民出版社 1984 年版,第 489 页。
② 郑喜夫编撰:《民国丘仓海先生逢甲年谱》,台湾商务印书馆 1981 年版,第 134 页。
③ 徐博东、黄志平:《丘逢甲传》,海峡学术出版社 2003 年版,第 347 页。
④ 黄志平、邱晨波主编:《丘逢甲集》,岳麓书社 2001 年版,第 980 页。
⑤ 丘铸昌:《丘逢甲交往录》,华中师范大学出版社 2004 年版,第 87 页。
⑥ 吴榕青:《潮州的书院》,艺苑出版社 2001 年版,第 78 页。

先生主讲潮阳县东山书院，心焉忧之。"① 丘琮或许也是受到他的误导所致。其实，丘逢甲主讲潮阳东山书院的时间其自己在一篇文章中说得十分明白：

> 光绪戊戌秋，逢甲始游潮阳，瞻拜祠宇，丹青黯然，为徘徊久之。越岁己亥，主讲东山。其春已得公所书和平里碑。夏五月二日，约同人寿公，乃谋修祠事。既而得公遗像于饶平凤凰山上文氏家，则秋七月也。（《重修潮阳东山大忠祠记》）②

此文写于光绪二十六年庚子春二月。1899年秋，丘逢甲还替潮阳县令裴伯谦写了一篇重修韩文公祠及东山书院的文章，其中写到了裴景福到潮阳任职时间："光绪岁己亥夏，予来宰潮，下车谒公祠。"（《重修东山韩夫子祠及书院启》）所以，丘逢甲到潮阳东山书院任掌教，也完全可以排除裴景福的邀请。那是否是裴景福的前任张广权呢？从丘逢甲的诗集中，我们没有看到二人之间有任何交往。或许我们可以大胆推测，丘逢甲到潮阳东山书院主要是来自潮州知府李士彬的推荐，作为潮阳县令的张广权不过只是书写了一纸聘书而已。

关于丘逢甲辞去东山书院山长一职的时间，一说是1899年底，主要原因是嫌旧式官办书院束缚，他更大的想法则是开办独立的新式学堂，以培养岭东革新人才。但查丘逢甲《萧母姚太夫人七秩开一寿序》中他自己的说法："惟予主讲席于潮阳之东山书院者三年。"③ 如此推算则其任东山书院山长至少要到1901年，而《丘逢甲集》中1901年作者写于潮阳东山的诗歌确有多首，似可证明其本年仍在东山书院的位置上。我的猜测，随着汕头岭东同文学堂各项工作步入正轨，丘逢甲需要投入更多的精力，大概也就在本年中，他辞去了东山书院山长一职。这一结论应该是基本可以肯定的。

需要指出的是，1899年丘逢甲在潮阳东山书院写出了内渡后数量最多的诗歌（四百余首），他祭祀文天祥，凝聚地方开明人士，秘密去香港约会康有为。这一年，也可以说是丘逢甲在回归大陆后经过许多波折和思考之后，思想再重新出发的一年，在其人生路途上具有十分重要的意义。

---

① 黄志平、邱晨波主编：《丘逢甲集》，岳麓书社2001年版，第965页。
② 同上书，第813页。
③ 同上书，第867页。

四　丘逢甲掌教澄海景韩书院时间考

丘逢甲曾掌教澄海景韩书院，学界一般认为其时间为 1899 年。丘逢甲之子丘琮《仓海先生丘公逢甲年谱》说："清光绪二十五年，己亥，三十六岁，公仍讲学潮阳东山，兼主讲澄海景韩书院。"① 台湾郑喜夫编撰的《民国丘仓海先生逢甲年谱》承袭这一说法："是年，先生除东山书院外，兼主讲澄海景韩书院（据丘著年谱）。"② 大陆徐博东、黄志平的《丘逢甲传》附录部分《丘逢甲生平大事简表》则进一步指出："一八九九年（光绪二十五年己亥）三十六岁，仍主讲潮阳东山书院，兼任澄海景韩书院主讲。冬，辞去东山、景韩两书院教席。"③ 稍后岳麓书社出版的丘逢甲作品的集大成《丘逢甲集》的附录部分，丘晨波、黄志平编撰的《丘逢甲年谱简编》也说："1899 年（光绪二十五年，己亥）三十六岁。兼澄海景韩书院主讲。"④ 著名丘逢甲研究专家丘铸昌《丘逢甲生平大事年表》说："（1899 年）逢甲仍讲学于潮阳东山书院，并兼澄海景韩书院的主讲。"⑤ 但其《丘逢甲评传》却又把丘逢甲受聘景韩书院时间定在担任潮阳东山书院后不久："次年，受潮阳县令裴景福之聘，担任了潮阳东山书院的教职。不久，澄海景韩书院又聘请逢甲兼任该书院主讲。"⑥ 那么，丘逢甲担任澄海景韩书院掌教到底是何时又为何人所聘呢？

从 2001 年版《丘逢甲集》的诗文看，1899 年其竟没有一首关于澄海或写到澄海景韩书院的诗歌，如果他真的有兼任书院主讲，以他的性格，他是不可能不到澄海这边来，也不可能完全没有诗歌记载相关的人和事。所以我们的结论是 1899 年丘逢甲并没有兼任澄海景韩书院山长。那是不是丘逢甲从来就没有担任过澄海景韩书院掌教呢？

这个疑惑随着去年笔者查阅《岭东日报》时迎刃而解。《岭东日报》壬寅年十二月十二日《潮嘉新闻》栏目："景韩聘师"条云："澄海景韩书院明

---

① 丘逢甲：《岭云海日楼诗抄》，安徽人民出版社 1984 年版，第 490 页。
② 郑喜夫编撰：《民国丘仓海先生逢甲年谱》，台湾商务印书馆 1981 年版，第 135 页。
③ 徐博东、黄志平：《丘逢甲传》，海峡学术出版社 2003 年版，第 348 页。
④ 黄志平、邱晨波主编：《丘逢甲集》，岳麓书社 2001 年版，第 981 页。
⑤ 丘铸昌：《丘逢甲交往录》，华中师范大学出版社 2004 年版，第 337 页。
⑥ 丘铸昌：《丘逢甲评传》，广东人民出版社 1987 年版，第 77 页。

年延丘仙根水部逢甲为掌教，闻昨经邑侯许太令送关聘订矣。水部今年在汕总办岭东同文学堂，极得士心。明春移主院席，而彼都人士亦将有循景韩之名而受景韩之实者亦。"此处新闻非常清楚地记载了澄海县许太令即许闿律聘请丘逢甲为景韩书院掌教的信息，时间为壬寅农历年底，即公历 1903 年初。由于许闿律年底即调往广州，接任他的是福建人董元亮。我们在第二年的《岭东日报》癸卯年二月十六日《潮嘉新闻》栏目"示期开学"条看到："澄邑侯董令示谕阖属书院义塾均于本月十八同日开学。闻景韩书院掌教丘仙根水部即日由汕往澄矣。"二月十九日的《潮嘉新闻》栏目接着报道："岭东同文学堂既于昨日开学，学生济济，而澄邑侯董大令、学堂监督邱仙根工部及汕中绅商亲率学生行释奠礼。"三月二十三日的《潮嘉新闻》栏目"开学余谈"条又接着报道："澄邑景韩书院本月十七日开学，该院监董暨应课生童是日毕集，行礼毕，掌教丘水部于董邑侯谈及改建学堂事，邑侯叹曰'地方公事亦须绅士出力鼓舞方能有成，兄弟们孤掌难鸣也。'一座叹息。"《岭东日报》记载董元亮与丘逢甲的交往颇多，丘逢甲曾为其母亲的诗集与寿诞各写有文章，《丘逢甲集》均不载。

此后的《岭东日报》还有几次报道丘逢甲与景韩书院的新闻，直到本年底丘逢甲辞去岭东同文学堂监督一职返回家乡，丘逢甲与景韩书院的缘分好像也基本结束。如此，我们的结论是丘逢甲曾在 1903 年初至年底担任过澄海景韩书院的主讲，而不是学界一般认为的 1899 年，这是以后修订丘逢甲年谱时所要切切注意的！

（原载《重庆师范大学学报》2017 年第 1 期；
作者单位：韩山师范学院文学院）

丘逢甲佚诗辑存

孔令彬

自2001年岳麓书社出版《丘逢甲集》以来，海峡两岸的学者陆续又发现了一些集中未收的丘逢甲诗歌作品包括部分对联等。今年是丘逢甲抗日失败后内渡寄籍海阳（潮州）的一百二十周年，而明年则是他出任韩山书院山长的一百二十周年，为纪念这位抗日英雄、著名爱国诗人以及开启岭东近代教育的先驱，我们特辑录丘逢甲先生的佚诗和佚联以作纪念。本文所有辑录的内容主要包括丘逢甲的佚诗及对联等韵文部分，至于文章类则另行辑存。除了著录原文，笔者还将以案语形式对作品的最初发现者略作说明，当然囿于视野，不可能所有信息都完全准确，恳请专家学者多多批评指正。另，原作品著录，大体以年代先后为序，一些作品来源不清或交代不明者作为附录，仅供参考。

一　丘逢甲佚诗

1. 《台湾竹枝词》一首

　　有地都栽竹万竿，潇潇足使夏生寒。
　　此君若果能医俗，何惜披襟日倚栏。

案：此诗为笔者发现，出自台湾诗人吴德功《瑞桃斋诗话》中"丘逢甲《台湾竹枝词》"条。丘逢甲《台湾竹枝词》原作一百首，今传仅四十首，但吴德功《瑞桃斋诗话》所摘录竹枝词中上面一首即为今本所无。又《瑞桃斋诗话》中所载竹枝词与今本尚有稍异者，比对如下：

"自设屏藩黑海滨，荒陬从此沐皇仁。如此江山偏舍去，年年芳草怨王孙。"（《瑞桃斋诗话》）

"自设屏藩障海滨,荒陬从此沐皇恩。将军不死降王去,无复田横五百人。"(《丘逢甲集》)

"大东门接小东遥,衾艳衣香羡此曹。闻说花田近增税,花排花串价增高。"(《瑞桃斋诗话》)

"大东门接小东过,衾艳衣香羡此多。闻说花田重征税,花排花串价增高。"(《丘逢甲集》)

2. 无题一首

  细雨如丝长绿苔,碧荷池馆又闻雷。
  湘帘不卷房栊静,孤负双双燕子来!

案:此诗笔者去年发现,后检索到《全台诗》第15册丘逢甲《岭云海日楼诗钞》增补部分,余美娟女士标为《细雨》一诗。诗出自台湾洪弃生《寄鹤斋诗话》"丘逢甲"条,从内容看当为其少年之作。

3. 《索画梅花》

  江山跌宕卧中游,向晚南枝忆故邱。
  凭仗春风一枝笔,扶持乡梦到罗浮。

案:此诗最先为汪毅夫《〈台海击钵吟集〉史实丛谈》一文引用介绍,但其并未指出为丘逢甲佚诗,笔者去年发现。后检索到《全台诗》第15册丘逢甲《岭云海日楼诗钞》增补部分,余美娟女士已著录。该诗最先著录在蔡汝修编辑的《台海击钵吟集》中。

4. 《秋感》前八首(光绪二十五年八月十八日)

  痛哭空山最上头,团圞明月负中秋。黄尘眯眼成新劫,青史填胸郁古愁。

  海外幻民纷吐火,人间王母妄传筹。横流满目无安处,泪洒邹生大九州。

  空山鹤警起霜钟,一枕邯郸梦正浓。岂有苍生望安石,但云新法误神宗。

  中原竿木愁分鹿,上郡衣冠诧驾龙。万里风烟秋气劲,甘泉闻说夜传烽。

  漠漠燕云望眼遮,九关秋闭阻雷车。飞符有诏搜行客,侍栎无人谏大家。

万骑防秋归宿卫，百官陪列拜充华。梦中鹦鹉能言语，愁说黄台再摘瓜。

野死幽囚事岂真，竟传童语惑愚民。蔓抄未定移宫案，莽伏须防跋扈臣。

西日驹驰忧过隙，东云龙出阻攀麟。中兴将相张韩尽，谁是平江对哭人？

遗偈争传黄蘖禅，荒唐说饼更青田。戴鳌岂应迁都兆？逐鹿休讹厄运年。

心痛上阳真画地，眼惊太白果经天。只忧谶纬非虚语，落日西风意悯然。

漫说才奇祸亦奇，是非朝议到今疑。违天愤血埋长叔，去国扁舟异子皮。

一网几成名士狱，千秋重勒党人碑。出门未敢轻西笑，时局惊闻似弈棋。

变徵声中起白虹，千门万户冷西风。丁沽警集飞云舸，甲帐寒生救日弓。

忍把安危累君父，竟将成败论英雄。望京楼上故臣泣，残月天南听断鸿。

万山寒色赴重阳，莽莽乾坤意黯伤。敢说巨君媚文母，未容孝孺问成王。

东周纪月秋多蜮，西极占星夜动狼。笑指红花亦时势，金英开遍岛臣章。

5.《秋感》后八首（光绪二十五年九月十一日）

鹤书赴陇正纷纷，谁料空劳觅举勤。菜市欧刀酬国士，卢沟襆被散徵君。

垂帘求革青苗法，入卫能添白荔军。赢得老儒同赞叹，篝灯重理说经文。

浮云西北望长安，转绿回黄眼倦看。堂额竞除新学字，门封重揭旧裁官。

早知秦相能相压，何有商君苦用钻。辜负至尊忧社稷，千秋疑案说红丸。

万方忧旱待甘霖，骇说神龙痼疾深。孝惠自因高后病，叔文终误顺宗瘖。

刊章毕反中朝汗，问鼎偏生敌国心。吟客哀时频怅望，西风残照满秋林。

秋肃春温总圣恩，不须公论白沉冤。荷戈竟历新疆苦，得柄真输旧党尊。

荐士诗休诵韩愈，逋臣迹已等张元。独怜枉作无名死，中有文忠继起孙。

胶东海警接辽西，何意南来道更迷。五虎门开集兵舰，九龙城近启丸泥。

攫金有士侪秦狗，战水无车等越犀。数往愁闻康节语，天津桥上杜鹃啼。

悲秋有客卧江城，难遣苍茫百感生。河决未消黄水势，民饥易起黑山兵。

石人敢信因谣出，金狄真愁应谶生。时难年荒正无那，况堪江上鼓鼙声。

满城落叶晚萧萧，垒块凭谁借酒浇。玫瑰祸胎张景教，芙蓉毒焰煽花妖。

悲歌燕市悽寒日，抉眼吴门郁怒潮。留作遗臣千古恨，神州乱本未能消。

不独江南可赋哀，伤心聊复此登台。佯狂伯虎全生命，改制公羊是党魁。

从古诗材兼史作，漫天秋色送愁来。庙堂且展安天手，莫把科场闹秀才。

案：《秋感》前后八首创作于 1898 年戊戌政变之后，发表于 1899 年的《清议报》上。台湾王惠玲女士《丘逢甲"诗界革命"及其与日制时期台湾传统诗界的关系》一文（东海大学 2006 年博士学位论文）最先全文收录这组诗歌。笔者另有行文考证这十六首诗"迷失"的经历。

6. 《讽和尚》

是和样,是和撞,是和唱,是和障,世间何曾有个真和尚?即看尔这酒肉皮囊,村俗面孔,真真孽帐!何处拐来两个俊小厮作供养?门掩梨花深院中,吁嗟乎,和尚!

案:此诗出自《天南新报》1899 年 6 月 16 日"本馆新闻"栏目的《当头一棒》。全文如下:"潮州友人贻我存笺,云揭阳双峰寺僧甚富。去岁学堂议兴,僧不惜广挥金钱求官绅为护法,议已中止,僧仍不失其富,沉迷烟花烟火中,夜以继日。有护法在,莫可谁何。东山书院大山长丘仲阏工部游揭,过其寺,日上三竿,僧犹酣眠未起。其客厅陈设富丽,中有僧《行乐图》,二美童侍。大山长奋笔为题其上曰:(略)。复大书其僧帽上曰:'当头一棒。'及僧出见之,急行将画收去,然已喧传郡中矣。"此文虽游戏笔墨,笔者认为应该确有其事,故录以存之。

7. 《己亥五月二日东山大忠祠祝文信国公生日》其二

维公初降灵,其岁在丁酉。峨峨文笔峰,吉水相左右。红云捧龙下,天鸡正鸣丑。夜漏过端一,生命厄阳九。时改元嘉熙,久驰皇纲纽。正士□踰衷,庙堂集群□。是月临安火,盛用前辅咎。谁诉济卯冤,竟令汉法受。其冬日食既,于度适缠斗。天时与人事,岌岌不可久。孰云女真亡,蒙古动惊□。所幸南牧师,□地方□走。小朝骑天堑,衣带嬉嬉守。实政了不施,讲学空拱手。苟安二十年,公举制科首。忠肝发古谊,识者王伯厚。是岁在丙辰,同年纪宝祐。更□年二十,公□成不朽。千秋万岁名,敬奉为公寿。灵风倘来下,请上清尊酒。

案:此首作品刊登于《天南新报》1899 年 9 月 7 日"来诗照刊"栏目。此组诗七号八号连续两天刊登,共四首。《丘逢甲集》此组诗为五首,但此首诗并不为集中所录。笔者首次将此诗录入,部分文字模糊不清,十分遗憾。

8. 《题陈三五娘》三首

夺取鱼轩射雉场,此身仍属旧檀郎。美人甘为多情死,不肯昌华媚汉皇。

彩凤辞笼恨未忘,九天呼吁缚降王。赵家若赏平南策,第一功臣是五娘。

艳词空著荔枝香,磨镜遗闻事渺茫。谁改五花新爨弄,英雄儿女再登场。

案：此三首诗录自《天南新报》1899 年 11 月 10 日"本馆新闻"栏目丘逢甲的《陈三五娘实记》一文，笔者最先发现并录入。

9.《己亥元日书事》三首

　　重门祈报昨传观，特罢朝正敕百官。四万万人同怅望，吾皇龙体未曾安。

　　天鸡唱晓日瞳瞳，大内依然典礼隆。百拜□□□□，龙衣扶□□□风。

　　一卷□王照旧编，东风吹散玉炉烟。八千里外孤臣梦，稽首瀛台祝万年。

案：此三首作品刊登于《天南新报》1899 年 3 月 28 日《词章杂录》栏目，落款署"蛰庵居士"。笔者最先发现此组诗并录入，部分文字模糊不清，无法识读，十分遗憾。

10.《寄怀兰史典籍》

　　五岭苍茫霸气开，一书迢递海天来。
　　秋风试马刘王垾，落日呼鹰赵尉台。
　　各抱古愁观世界，自携新史数人才。
　　何时同纵登高目，笑指沧溟水一杯。

案：此诗最早刊登于《天南新报》1899 年 12 月 11 日的"诗章杂录"栏目，王慷鼎《新马报章所见丘逢甲诗文及有关资料目录初编》(《华南师范大学学报》1993 年第 3 期) 一文有提到。又此诗还刊登于澳门《知新报》1900 年 3 月 31 日"诗词杂咏"栏目，诗题为《寄老剑》，作者署名"蛰翁"。丘铸昌 2004 年依据《知新报》判断此首为佚诗。

11.《大吡叻埠同人拟建孔庙，邀予演说于巴罗闲真别墅，别墅者华人觞客所也。先为四诗以饷同志诸君子》七绝四首

　　有客将归迹更留，江山如此且登楼。□□□□□□，□负天南万里愁。

　　辜负春三二月天，飞花满目点离筵。怀中枉具登封颂，此是吾皇万寿年。

风气何年启大荒，海天□□□□堂。□□□□□□□，梦里春秋说素王。

敢诩君卿口舌工，百蛮须使被华风。天涯不惜呼同志，共捧黄人日再中。

案：此组诗刊登在新加坡《天南新报》1900 年 5 月 6 日的"本馆新闻"栏目："华商倡建孔庙学堂事"条，最先为新加坡学者王慷鼎《新马报章所见丘逢甲诗文及有关资料目录初编》一文提示（其错记成 5 月 7 日），笔者首次将此四首诗歌补齐，因不少文字识读不清，只能遗憾。

12.《岁暮杂感二首》

其一
莽莽乾坤岁又除，逸情忽欲问三闾。
龙蛇画壁呵奚益，虎豹当关事岂虚。
山鬼慕余能窈窕，巫咸夕降费椒糈。
行吟泽畔真憔悴，迟暮何堪赋卜居。

其二
平生师友兼稽吕，慷慨论心籍与咸。
宽政常能怜麴糵，淡交直欲外酸咸。
竹林携手情何极，栎社容身志不凡。
今日岁华各摇落，相思且为寄瑶函。

案：此组诗最先为余美娟《全台诗》第十五册丘逢甲《岭云海日楼诗钞》增补部分著录，原作录自高火顺《杂诗钞录》。诗歌写于台湾栎社成立之后。

13.《无题》

西穷月窟传天语，东走星槎奉国书。
三日逢头七逢尾，真看碧海掣鲸鱼。

案：此诗选自汤国云《岭云海日行踪》一书。本是丘逢甲写给丘让亭的一幅中堂，落款为："辛丑年春于老莱坝书赠让亭兄。"汤国云将之误认为是一副对联收录，今更正之。

14.《画册新咏》

其一
外交政策惟工媚，如此人才合是官。
十载升沉多少事，可怜花在镜中看。
(此册皆十年内外申江名妓也，名妓称官人，宜其善媚)

其二
几人真个为魂销，解语花枝各自娇。
谁料闲情此□册，竟教大陆起风潮。
(大陆报因此册攻讦梁任公)

案：此组诗刊登于《岭东日报》光绪二十九年闰五月初二的"潮嘉新闻"栏目，诗前有小序云："有友在上海购《百美图》一册，乞南武山人为题绝句两首，特登录。"此组诗歌为笔者首次发现。

15.《寄题独立山人香海填词图》

其一
真成无地泛鸥夷，目断黄龙上大旗。
六十年间多少事，东风吹泪写新词。

其二
南宋国衰词自盛，各抛心力斗清心。
零丁洋畔行吟地，又见江山坐付人。

其三
太息东南纷割地，年来见惯已相忘。
重吟整顿河山句，谁更雄心似鄂王？

案：此组诗刊登于《岭东日报》光绪二十九年十月二十日"潮嘉新闻"的："画图新咏"条。笔者首次发现。

16.《次韵答彭少颖同年龙川》七绝二首

其一
隔断中原岭势雄，越台凭眺夕阳红。
青山何处寻秦戍，黄屋当年比沛公。
诗吊赵佗聊自遣，事怜刘龑复相同。
君看滚滚龙川水，犹会牂牁日夜东。

其二

相马人犹守旧经，屠牛谁信发新硎。
大槐入梦无王国，老柏供谐有鬼廷。
刍狗岂能仁万物，著龟空与卜三灵。
且欣域外奇观在，一卷皇舆遍八溟。

案：此组诗刊登在《岭东日报》光绪二十九年六月初五"潮嘉新闻"栏目，郭真义《丘逢甲佚文佚诗摭述》一文最先发现，然郭君识读有两处错误，今据《岭东日报》改正之。

17.《送温君靖侯、梁君少慎、谢君良牧、饶君一梅游学日本》诗三首

其一

到日樱花极海红，蜻蛉河畔正春风。
家山自好休回首，一发中原夕照中。

其二

颇闻徐福童男女，摜甲方为武士装。
剩有秦时明月在，海天来照读书床。

其三

新文明接旧文明，浮海东游壮此行。
翻尽维新豪杰传，匡时毕竟仗书生。

案：此组诗刊登于《岭东日报》光绪三十年三月初二的附页"文苑"栏目，文中还附有岭东日报记者的附识："嘉应松口派师范生往日本学速成师范，曾纪本报。兹温梁谢饶四君既来汕，同人送诗，爰登报以壮其行。"该诗作者署名为南武山人。记者刘奕宏在《三首丘逢甲佚诗》(《梅州日报》2013年12月10日)一文中最先介绍。

18.《戏书述功同岁生悝庵诗草后》

如此江山可奈何？有人海上正高歌。
谁知一集西昆体，崇让吟花溅泪多。

案：此诗刊登于《鹭江报》光绪三十年五月十五日"诗界搜罗集"栏目，署名为"鲲溟邱逢甲柏庄"。此诗为笔者首次发现。

19. 《读罗孝廉蕉鹿感怀诗赋此慰之》

　　一肩行李上神京，端拟文章报圣明。
　　玉宇琼楼仙界梦，哀丝豪竹古来声。
　　百斤金在挥苏李，三策文高踵贾生。
　　为问计携同上客，只缘怅触到诗情。

　　案：此诗刊登在《汉文台湾日日新报》1905年7月7日第三版《诗话》栏，题目为编者余美娟所加。《全台诗》第十五册丘逢甲《岭云海日楼诗钞》增补部分收录。

20. 《寄悼丘孟卿》四首其一

　　未能诛乱首，空复括民膏。抄似瓜联蔓，僵真李代桃。

　　案：此组诗为徐博东、黄志平《丘逢甲传》第四章提到并引用了其中一首，文章注释说诗歌引自《丘逢甲未刊诗稿》，奇怪的是作为2001年版《丘逢甲集》主编之一的他们不知什么原因竟未收录这四首诗歌作品。

21. 《无题》

　　万事都应付酒杯，眼见云合又云开。
　　中天月色雨余好，大海潮声风送来。
　　人物只今思故国，江山从古属雄才。
　　漂零剩有乡心在，夜半骑鲸梦渡台。

　　案：此诗由台湾作家、丘逢甲侄孙女丘秀芷提供，是她在整理家族长辈遗物时发现的丘逢甲手稿一页，诗末署"书奉兰圃老伯大人惠正，邱逢甲"。诗歌约作于1911年。

二　丘逢甲佚诗附录

附录一

王国璠《台湾杂录》《丘逢甲其人其事其诗》一文所录的丘逢甲《台湾竹枝词》四十首，与现行《丘逢甲集》中有两首不同。其诗前小序曰："其早期作品，才藻艳发，吐纳风流，有《台湾竹枝词》四十首，久播骚坛，别具风格，惟不见专载，士林传写，讹误甚多，兹据连雅堂《台湾诗乘》，林咏荣《丘著台湾竹枝词考订》，梁禧之家传抄本，加以整校，以实吾篇。"其不同者如下，其中第二首末一句又与《丘逢甲集》基本相同。

其一
长河风静月中天，砧杵家家夜未眠。输与合欢山上月，一年十二度团圆。

其二
南园水接网溪涛，溪上家家尽种桃。闻说今年花有税，花排花串价齐高。

案：丘逢甲《台湾竹枝词》四十首向有争议，王国璠此文所录也是一家之言，故录存之。

附录二
《蕉岭文史》第 16 辑上刊登了丘济华的《丘逢甲在家乡》一文，其第十三小节《轶诗、轶事拾零》中提到了几首丘逢甲在家乡的佚诗（2000 年 12 月，第 78—79 页）。笔者认为有一定可信度，故录入存之。

其一
山城此地算奢华，大会官绅酒有花。
当铺门前人共羡，似同盲妹弄瑟琶。

案：文中说这首诗是丘逢甲复徐省吾十首诗中之一首，其余已皆失传。

其二
笼眼琉璃影望奇，心中诗眼几人知。
思公七尺屏风上，合写吾家断句诗。

其三
高楼粉额笑如云，还钵休随庆喜群。
大叫曾孙莫惊怖，老夫还是武夷君。

案：文中说明原诗写于纸扇上，上款有送陈铁桥仁兄字样，但原迹被四清工作组拿去，下落不明。

附录三
羊春秋主编的《中国历代神童》书中《东宁才子——丘逢甲》一文录有

多首丘逢甲早期诗作,今本《丘逢甲集》皆未见,不知作者从何得来这些诗作,因无出处,故存疑(《中国历代神童》,中国人事出版社1991年版,第187—199页)。

其一 《献菊》
平生耻作呈身事,坐爱黄花淡不浓。
何忍投人羞晚节,不妨供佛惜秋容。
飘零冷艳荆山璞,催送寒香古寺钟。
雪水半瓶花一束,梵天持取对芙蓉。

其二
踪迹何曾敢陆沉,不能朝市且山林。
除官崔烈嫌铜臭,闭户袁安任雪深。
亲老怕浓游官味,调高难作入时音。
寻常车马长安客,孤负平生出处心。

其三
老作北平守,不侯殊可哀。
安知汉丞相,须用下中材。

其四
过尽吴山过越山,闽山指顾海云间。
双轮一日三千里,不待风潮送客还。

其五
一第归来海外天,程门重立兴悠然。
秀才风味依旧在,犹似春灯问字年。

三 丘逢甲佚联

1.《天南新报》对联两副

庚子岁宜春贴字
庚桑畏垒社而稷,子房阴符帝者诗。
东山大忠祠柱铭
得碑和平里得象凤凰乡异代有因缘,为残疆幕府曾开□□□重新,正气犹存,待扶持一统江山玉简春回天阙梦;

同官张越公同年陆丞相炎荒留胗饔，话旧车沁园高唱夕阳无限忆，黄屋独在，看驱镰三更雷雨纛旗夜闪海门潮。

案：此两副对联发表在《天南新报》1900年3月24日《词章附录》部分《楹联偶录》。最先为新加坡学者王慷鼎《新马报章所见丘逢甲诗文及有关资料目录初编》一文提示，笔者首次将此两副对联补齐，因几处文字识读不清，只能遗憾阙如。

2. 挽陶制军联

岭东同文学堂开设以来，甄陶不少，而陶制军为之据案汇奏，已见前报。倾闻陶制军于十月中旬在省中行馆开吊。挽歌四起，而同文学堂公挽一联云：

李肃毅督粤始立斯堂，三年中风雨飘摇方承上奏九重，岭海英才放手更开新学界；

刘忠诚云亡又闻公逝，千里外江山惨淡太息不遗一老，东南大局伤心同哭老成人。

案：此联刊登于《岭东日报》光绪二十八年，虽是岭东同文学堂公挽，笔者推测当是出自丘逢甲之手。笔者首次录入。

3. 挽唐维卿中丞

桂林唐维卿中丞在省垣作古已见各报，岭东同文学堂监督丘蛰仙水部，其门下士也。已为位以哭，复寄联挽之云："在中国是大冒险家，任成败论英雄，公自千秋冠新史；念生平有真知己感，竟死生成契阔，我从三月哭春风。"盖水部于中丞十余年师弟且同患难，内渡后尚时以书商国事，宜其言之沉恸也。

案：此联笔者发现最先刊登于《岭东日报》光绪二十九年四月初九……潮嘉新闻……栏目，香港《华字日报》1903年5月8日也有登载此联。

4. 挽刘松龄

学长灵魂：刘茂才节膺……遂于二十二日逝世。学中人同声一哭。爱于二十三日公致祭之。温教习为之作祭文，语多沉痛。丘监督为之作挽联一章，联云："铁血定难消算此生未了军国民志愿，灵魂原不死祝来世再为新学界英雄。"

案：此联笔者发现于《岭东日报》闰五月二十六日潮嘉新闻栏目。

5. 挽嘉应梁直刺辑五

丘仙根工部挽以联云："韩江话雨，曾井评泉，旧约尚重寻，双鲤迢迢何意尺书成绝笔；桂水传烽，辽河闻警，故人谁共舞，荒鸡喔喔空挥雄泪满征衣。"

案：此联笔者发现于《岭东日报》光绪三十年二月十三日潮嘉新闻栏目。

6. 挽温仲和

驰素车白马而来，叹知已无多，竟作巨师送元伯；
洒大海长河之泪，痛哲人其萎，岂惟弟子哭文公。

案：此联录自温泉著《梅水集外集》，中国致公党汕头市委会，1996年，第53页。

7. 崇德学堂联

1907年，丘逢甲亲自到上杭中都、黄坑、蓝溪、太拔等地视学并给每座学堂撰写联语，其中为崇德堂所撰的："崇山大河，开扩学界；德行道艺，蔚为国华。"最为脍炙人口。

案：此联见严雅英《论客家族谱的收藏与利用》，《上杭客家》1999年第1期，第36页。

8. 挽高风歧

1909年2月7日，福建长乐高风歧病逝于沪上，台湾著名诗人丘逢甲为作挽诗二首、挽联一副。挽诗已收入丘氏《岭云海日楼诗钞》卷十二（己酉稿）。

兹从《愧室先生哀挽录》《愧室先生哀挽续录》录出丘氏所作挽联及挽诗题注。挽联云：

吾道非耶先生去也；斯人若此天下惜之。

啸桐大兄正月二十日犹手函索诗未一月遽闻噩耗书此志恸愚弟邱逢甲邦挽

挽诗题注云：

啸桐大兄去年北归卧疾沪渎，屡以书来索诗，云将与幼陵、伯严、苏龛诸作并装成轴以纪一时之事。今春复申前约，去君逝日仅浃旬耳。已为挽语奉挽，复成二诗以答前诺且志吾恸。

　　宣统己酉清明后三日　　邱逢甲挽

案：此联内容录自汪毅夫《〈台海击钵吟集〉史实丛谈》一文。

9. 挽刘新廉联

　　老实有别名，甘为省满子狐群，而今何在？
　　中虚成损症，试问捷兴哥猪馆，不再重来。

案：此联出自清水著《石窟河史话》，广东省蕉岭县地方志办公室，2008年，第319页。

10. 丘逢甲自撰斋联

　　天下英雄，使君与操；蛮夷大长，老夫臣佗。

案：此联见莫仲子《粤海挥麈录》，上海书店1992年版，第52页："丘逢甲内渡后，其恢复大志，流露于其所作诗文以外者，往往见之。关达明丈尝为余言，童年时尝随其尊人谒逢甲于沪滨，见其斋中有自书联云：（略）时当辛亥革命前夕，中山先生叱咤风云，故以先主许之；而己则兼南武、魏武于一身，大有枭雄气概。集句亦豪迈而切，诚大手笔也。"

11. 题赠裘叔度联

　　着手成春，卷中著述皆千古；有官不仕，林下逍遥第一人。

案：此联见蓝凤翔主编《芸香楼中秋征联集锦》，香港天马图书有限公司1992年版，第27页。

12. 大麻镇小留郭氏启贤堂竹林公祠楹联

　　绳吟礼乐，尊祖敬宗，繁衍全球，辈出英才，美名扬四海；
　　武颂中华，保家卫国，功盖天下，再造唐室，勋绩耀神州。

案：此联见邓玉伦主编《大麻风华》，广东人民出版社2011年版，第267页。

13. 题竹花联

　　竹花是花淡淡无香，树兰非兰郁郁芬芳。

案：此联见黄顺炘、黄马金、邹子彬主编《客家风情 续集》，海潮摄影艺术出版社 1994 年版，第 208 页，为少年丘逢甲对联之一。

14. 题丘书濂卧春堂联

　　此事不徒行止坐；程功兼有夏秋冬，

案：此联见清水著《石窟河史话》，广东省蕉岭县地方志办公室，2008 年，第 319 页。

15. 题大埔大麻甄藻小学联

　　人才今有道；功业古汾阳。

案：此联见李万兴著《千山诗文联集》，大埔县文联，2010 年，第 79 页。

16. 题蕉岭慈渡庵四联

　　天开佛国；人渡仙桥。
　　夜院经声和竹雨；春堂佛法带花风。
　　将相才能儒学问；英雄肝胆佛心肠。
　　宝驾启南岩，看村村顶礼慈云，狮子定光来佛座；金经衍西竺，祝岁岁足沾甘雨，龙王施法渡仙桥。

案：以上慈渡庵四联均出于裴国昌主编《中国名胜楹联大辞典》，中国旅游出版社 1993 年版，第 1253 页。

17. 贺应达民新婚

　　词赋传鹦鹉；笙歌引凤凰。

案：此联见苏翰彦主编《古今名人自撰对联采珠录》，广东高等教育出版社 1989 年版，第 191 页。

18. 咏《汉书》七唱

　　天教光武仍兴汉；我哭重瞳不读书。

案：此联见李求真编《古今客家名人对联选》，香港天马图书有限公司2002年版，第77页。

19. 丘懋哉司马第堂联

　　念先人宏开俊业；嘱后辈大展宏图。

案：此联见李坦生《丘逢甲在武平片断》，《武平县文史资料》（总第16辑），2000年，第198页。

20. 对联集锦

汤国云在2000年汕头丘逢甲国家学术研讨会上提交的论文《丘逢甲楹联的民族情何爱国心》一文搜集了许多《丘逢甲集》中不曾收录的对联，兹照录如下。

（1）为炳秋兄撰

　　绿水青山新画卷；十洲三岛古仙人。

（2）自撰二联

1911年3月29日，广州起义爆发，他在广州尽力营救革命党人。随后，武昌起义成功，丘逢甲欣喜万分，对人说："内渡十七年，无若今日快心者!"自撰联两副：

　　黄河九曲天上来，泰华三峰入掌中。
　　文章西汉两司马，经济南阳一卧龙。

（3）丘氏宗祠堂联

　　十二世鸿基始创依然地近柯林仰望斗宿垂光恰当后依印山前环带水；
　　三百年燕厦金新喜值天开荔榜且看雷泽应兆何止文官虞部武将台军。

（4）新文学堂联

　　新学参欧美，文明吸海潮。

（5）赠颂丞四兄联

与妇谋酒；抱孙弄须。

（6）赠赖宗汉联

此生交缔同金石，万世姻缘作弟兄。

（7）赠达南贤弟（丘达南，下丘屋人）二条幅，联语抒发感怀，抨击朝政。

阅岁但增归鹤感，窥天难测剪鹑心。
陈经共下宣尼拜，明箕旁求冉子书。

结　　语

丘逢甲先生内渡前的诗歌已十分难觅，内渡后，其作品虽有存稿，但由于作者经常有给报纸随写随发的习惯，故至其去世前一年结集的《岭云海日楼诗钞》，也只是其重要诗歌作品的结集。丘逢甲去世后，其子丘琮编辑出版的《岭云海日楼诗钞》已补充了不少佚诗，以后人们在编撰丘逢甲诗歌作品时历来都有所增补，直到2001的岳麓书社《丘逢甲集》的出版。这部书自然是收录丘逢甲诗歌作品的集大成者，但以其后来居上的优势，也还是遗漏了不少的作品。本文即主要立足于对晚清报纸的挖掘收集，如《清议报》《天南新报》《新知报》《岭东日报》《华字日报》《鹭江报》《游戏报》《女报》等，获得了不小的成绩。

当然还有一种情况那就是丘逢甲的一些作品可能永远都找不到了。如丘逢甲好友黄遵宪光绪二十八年十一月朔日发的《致梁启超书》第五封云："征诗必有佳作，吾代征之仓海君，即忻然诺，我闻已有《新乐府》二三十寄去。事征之十年以来，体略仿十七字诗云，收到否？此公又以《汨罗沉》四篇附寄，乞察存。"[①] 此信中提到《新乐府》《汨罗沉》等诗《清议报》《新民丛报》均不载，也可以说是完全不知所踪了。再如《岭东日报》光绪二十八年九月九日"潮嘉新闻"上一条"金山揽胜"记载的《痛哭词》也应该是永远的遗失："潮州府城金山，高踞城北，书院即在山上。其最占胜概者为藏书

---

① 黄遵宪：《黄遵宪集》，天津人民出版社2003年版，第500页。

楼,玻璃厅次之。即镇平钟子华封翁所题骖鸾馆者也。每逢九日,游客云阗,真胜景也。是日,郡中大夫登高能赋为。忆戊戌政变时,有痛哭生以炭书痛哭词于壁,今已不存。"

关于丘逢甲先生的佚诗,《丘逢甲集》附录部分也罗列了只见题目未见内容的作品,需要有心人收集整理。本文除了响应这一号召之外,还有纪念这位著名爱国诗人归籍海阳一百二十周年之意,也可权作抛砖引玉,大家一起来把这件工作尽可能地完善,以告慰丘逢甲的在天之灵。

(作者单位:韩山师范学院文学院)

丘逢甲佚文辑存

孔令彬

自2001年岳麓书社出版《丘逢甲集》以来，海峡两岸的学者陆续又发现了一些该集中未收的丘逢甲作品。今年（2016）是丘逢甲抗日失败后内渡寄籍海阳（潮州）的一百二十周年，而明年则是他出任韩山书院山长的一百二十周年，为纪念这位抗日英雄、著名爱国诗人以及开启岭东近代教育的先驱，我们特辑录丘逢甲先生的佚文以作纪念。本文所辑录的内容主要是丘逢甲文章类作品，至于佚诗及对联等韵文部分，则另行辑存。除了著录原文，笔者还将以案语形式对作品的最初发现者略作说明，当然囿于视野，不可能所有信息都完全准确，恳请专家学者多多批评指正。另外，原作品著录，大体以年代先后为序，一些时间无法判断作品，只能大概系年，知者谅之。

一 《澎湖赋》（以"洗尽甲兵长不用"为韵）

有谈瀛客问于湖山主人曰："夫地以川薮为珍奇，国以农桑为根柢。乃者帆指台员，棹停彭蠡，泉鲜□珠，山非聚米。云贴水而瘴生，风扬沙而目眯。而自隋代舟通，胜朝宇启，染蜑户同居之习，腥风尚觉难亲；读裸人丛笑之编，陋俗未能尽洗。而何以地且视若雄藩？而何以官且设乎贰尹？而何以运艘不惜其遥通？而何以设科亦动其汲引？岂不毛之地，要害攸关？岂足鱼之民，古风未泯？岂建牙于海岛，利也实多？岂投网于珊林，取之无尽？"

主人哑然笑曰："子何所议之卑而所见之狭也！盖第观其鱼藉风帆，耕稀云锦。米麦不贡于神仓，瓜豆仅守乎薄业。则未能等天府之藏，亦诚若石田之乏。而岂知辅车之势，当按舆图；犄角之形，当通兵法。入秦者何为先据函关，破蜀者何以先争巫峡？则仅读书而莫通时务，徒夸目识一丁，何如筹边而预讲地形，乃属胸藏万甲。不观夫明当失鹿，郑奋长鲸。当金鹭之难守，值甲螺之远迎。门户已撤，风涛不生。留不发之数茎，宁靖王偕来此土；逐红毛之万队，荷兰国遽让其城。进夫克塽服款，国轩震惊。亦因首争此岛，遂夺先声。当六月而兴师，且看天妃效顺；喜六军之得水，又教师井留名。固宜设劲旅于千营，鲛人听令；又何论奏肤功于七日，鸭每称兵。至若交人肇衅，法寇滋张，因稽弧矢，遂肆槜枪。向使他族久据，兵威莫扬。将扼吭拊背之惟危，淡江已劳堵御；亦跋尾嚏胡之并瘁，嵌城先撤关防。遥接则牙舰莫通，势已隔七更之水；内渡则羽书实阻，军将持三日之粮。幸谅山之告捷，遂海岛之胥康。盖台为七省之襟带，澎实两郡之津梁。则当分区建省之初，规模大备；而为设镇增兵之举，计划诚长。况其圣化遥敷，皇灵远迄。山川已贡其灵珍，人材亦昭其奇□。或振文章于海外，笔喜宗苏；或撷兰芷于沙边，词擅吊屈。早已名著丹编，荣分朱绶。至若把黄犀而照水，海月娟娟；睹白马之戾天，灾云郁郁。半江红树，总是渔居；万户青烟，咸罗海物。亦不过因其地之固然，而未可陋其俗之强偪。所望官斯土者为一路之福星，尹斯民者实万家之生佛。则本无为而布化，风过萧兮泠然；乐得所而安居，日鼓琴兮何不？"

客于是帖然心降，侈然神纵。知蠡测海之徒事劳形，知虫语冰之空烦聚讼。王公险而非虚，善政得民而足重。则且泛卅六岛而考其纵横，则而泊五十屿而稽其错综。当此边防无遗策，金鋄藏韬略之书；中国有圣人，玉简下升平之颂。不独落霞骋笔，研词克协乎同文；更将捧日杅诚，实学相期于适用。

案：此赋作于光绪十三年（1887），是丘逢甲的早期作品，见于"台湾文社"编《台湾文艺丛志》1920年第2号，第11—12页。本文笔者初见于任聪颖《丘逢甲诗"沧海"意象研究》（苏州大学2011年硕士学位论文）的附录部分。

二 《东山大忠祠祝文信国公生日祭文》

呜呼！天地正气，是生大忠。降灵之始，火德方中。维南斗间，文星入梦。为龙为云，以瑞皇宋。忠肝古谊，少冠巍科。中厄权奸，乡郡蹉跎。朔房渡江，投袂而出。誓勤王师，赤手捧日。伯颜朝来，宜中夕遁。曰坚余庆，若恨降晚。彼相乃然，以遗公艰。风尘涕泪，九死兵间。闲关南归，新主命相。提挈□闽，军声顿壮。崖门已都，公始入粤。驻师潮阳，其久越月。行府之立，四方响应。房师未来，群盗先靖。少康一旅，光武布衣。二王虽少，众心所归。如公指挥，大业光复。莫以违天，妄议长叔。天不祚宋，致公北行。哀哉千秋，燕市云横。成败何常，死生寔大。取义成仁，吾道是赖。读圣贤书，所学何事？彼梦炎者，制科实愧。惟公无愧，声施及今。以振士气，以维人心。为将相则，是立臣纲。常乃韩范，变则陆张。张公陆公，与公同节。为宋三仁，轰轰烈烈。东山之阳，实公是祠。袝祀二公，以公主之。维潮人先，多公旧部。翕然人心，愿隶幕府。曰莲花峰，曰和平里。凭吊遗徽，旌旆所止。赫赫东山，曰灵威庙。有唐双忠，汗东远照。酧尊赠马，题词见志。寒鸦夕阳，英灵俨至。忠臣类聚，遗祠比邻。人敬双忠，祝岳降辰。维公诞日，知者益寡。登科一记，幸犹存者。阅年三百，斯祀乃作。又三百年，庙貌剥落。责在官绅，谁不好善！谨用祝公，先举缺典。于万斯年，宁须公祝。高山景行，同表私淑。鲧也自黔，万里来会。慕公之心，岂止一第；甲也自台，还主潮讲。荷示梦兆，灵旗夜降。维潮人士，先烈是思。优优衣冠，来拜公祠。维此东山，公灵所寄。敬公之故，宁震神异。左张右陆，二公并在。丹青虽敝，尚见精彩。何以祝公，永永流芳；何以荐公，荔丹蕉黄。非馨于物，维德之馨。灵风肃然，公□□□。□子之生，蓬矢桑弧。愿启后学，同志相乎。气简文□，出□经济。群力支天，以竟公志。城社故敝，狐鼠寔多。仗公之灵，治之则挪。西望大海，海水四立。何以靖之？神戈昼集。天扶午运，寿日长延。岁岁祝公，圣清万年。尚享！

案：此文最早发表于《天南新报》1899年9月21日"各报论说"栏目。笔者从王慷鼎《新马报章所见丘逢甲诗文及有关资料目录初编》（《华南师范大学学报》1993年第3期）一文了解到信息，但没有任何丘逢甲集著录此文。因此笔者想方设法找到此期《天南新报》并将全文录入，由于当年复印效果不好，一些文字无法识读，十分遗憾。

三 《陈三五娘实记》

泉州、潮州皆有白字戏，盖科白演唱皆用土音者也。其出中有所谓《陈三五娘》者，泉、潮两班所演略同，其情节则不外如昔人所作传奇所谓《荔镜奇逢》者。潮人所著《韩江闻见录》亦记其事，则与俗说小歧，且谓潮州城西北有地名花园者，即五娘故居妆楼遗址，约略可寻其地，今尚种花，多黄姓，似其事较实而有征。然皆谓明人，不谓宋人也。惟嘉应谢质我孝廉言："曾见潮州陈氏家谱云：陈三者，五代末割据泉、漳之平海节度使陈洪进子三郎也。洪进神将黄氏有女五娘，国色也，已许字三郎矣，而黄氏得罪洪进奔南汉。南汉主仍令守潮边界，三郎亦美男子而多情者，以思五娘故，游猎界上，冀或一遇。乃黄氏则别以五娘字守潮将林将军之子，嫁有日矣，五娘不愿也。三郎闻之，因约猎徒侦其出，要而夺之途。洪进治家严厉，三郎未敢归告，与五娘迁延界上。林将军闻耗，率兵越界围之，双双获至于潮。先是，洪进与南汉约，各勿受叛者。三郎乃强以来讨叛将为辞，五娘事则尤以先娉而黄乃背盟，侃侃自辨，林将军不能决。因取以归之南汉主。南汉主惊五娘之美也，欲夺之。五娘死自誓，卒不得夺。洪进初怒三郎甚，置不理。三郎母有宠于洪进，以其子之不归也，日夜哭。洪进乃为遣使，请之不得，以重币赎之，久之，乃并遗还。三郎以辱于南汉为耻，力劝洪进归宋，并以南汉可取状陈于宋祖，而引宋师踰岭，遂灭南汉以归。三郎入宋官郡守，与五娘偕老，子孙泉、漳、潮皆有之，今甚盛，其夫妇合葬墓犹在，洪采春亦附其侧。采春者，五娘媵，亦绝色云。"考《宋史》，洪进归宋为乾德二年，南汉灭乃开宝四年，洪进归宋在宋灭南汉先。此事容或有之，而史固不载，然实奇而可传。海阳谢安臣孝廉思演其节目为新院本未成，若得妙曲名伶红氍毹上，儿女英雄千秋佳话，较世传之荔镜俗腔，当大有雅、郑之别矣。予曾纪以三绝句云："夺取鱼轩射雉场，此身仍属旧檀郎。美人甘为多情死，不肯昌华媚汉皇。""彩凤辞笼恨未忘，九天呼吁缚降王。赵家若赏平南策，第一功臣是五娘。""艳词空著荔枝香，磨镜遗闻事渺茫。谁改五花新爨弄，英雄儿女再登场。"似尚未足以表之也。

案：此文最先刊登在《天南新报》1899年11月10日"本馆新闻"栏目，作者署名"邱仲子漫稿"。笔者最先发现此文并全文录入。

四 《老虎公》

业葬者号形家，故葬师葬地辄喝形以惑人。然往往因形而多生禁忌。如

"饿虎形"，子孙不敢上坟，恐其噬人也。"睡虎形"则上坟不敢鸣鞭炮，恐其醒而噬人也。□种怪论士大夫且信之，乡愚无论矣！海阳王元龟尚书，名大宝，南宋名臣也。著述甚富，其目见《宋史·艺文志》，今全佚矣！其事迹亦载宋本传。生平不附和议，与王梅溪先生十朋齐名，曰二王，又曰二龟，以梅溪字龟龄也。乃今则人不龟之而虎之矣，其墓在龟湖山中，墓志铭则胡澹庵先生铨笔也。葬师亦喝其墓为虎形，潮人之称尚书也曰王老虎，其子孙亦自称为老虎公。述其生平，尤多齐东野语。故问人以元龟先生，学者或不之知，问人以王老虎则人人皆能言也。予祭丰顺丁雨生中丞师，文有云："如元龟之气节，人乃以老虎为称；如仁夫之功烈，人乃加以独角牛之名。"有慨乎其言之也。仁夫，前明名臣翁尚书万达字。俗谚谓"广东独角牛，斗死江西一栏牛"，乃由尚书言之极谬。其墓在大埔之三河镇，俗所称为"日受千人拜，夜受万盏灯"者也。盖三河为客舟所萃，墓正向河舟，人用力若鞠躬而拜，夜则船火如繁星也。乃葬师亦喝为虎形，至今其子孙皆无敢上坟者。此亦一老虎公，乃人不虎之而牛之，何耶？

案：此文最先刊登在《天南新报》1899年11月13日"本馆新闻"栏目，作者署名"蛰庵"。笔者最先发现此文并全文录入。

五 《虱母仙》

潮人最信风水之说，其图谶往往托之虱母仙。虱母仙者，明初何姓名野云，或云陈友谅之军师也。友谅败，遁来潮，有王景略扪虱而谈、王安石虱游相须风，故人以是目之。仙之者，神其术也，盖来为人葬地，得其葬者皆致富贵，后且成大族。潮阳东山多奇石，其麓有卧石，仰而凹，其上有立石，俯而凸，人因目之曰石阴石阳。日初出则石阳之倒影入阴中。虱母仙为林氏葬石阴，苏氏葬石阳，两族后皆甚盛，惟石阴最忌人以除夕置物其凹中，则次年林氏必多非礼事。故每岁除夕，林氏必遣子弟牢守之，此亦可笑矣。乃有葬师告林氏曰："阳盛则阴必衰。"林故城居近东山，苏居乡绝远。林氏因令人凿石阳四周，示若阒然者，既而两族皆不利。有葬师诧曰："孤阳不生，独阴不长。幸阒未殊，尚可以法医之，不然则两族绝矣。"夫阒石者固奇谈，医石者亦奇谈。然石若能言，定怪虱母仙作俑，置两枯骨为石无穷之害，致阴阳不安也。虱母仙卒，无后，葬者家皆为之祀云。

案： 此文最先刊登在《天南新报》1899 年 11 月 15 日"本馆新闻"栏目，笔者认为不论题材内容还是风格，此文皆与前一天的《老虎公》相关，其作者虽署名"潮州来稿"，但实为丘逢甲无疑。笔者最先发现此文并全文录入。

六 《不祥金》

台北鸡笼山下有溪出金，然采之则地方辄有大变革。前明时，荷兰据台，采之未几，郑氏入台。郑氏季年，采之亦亡。光绪壬辰、癸巳间，金复大出，始而民采，继而官采。有以荷兰郑氏事为言者，有识者咸笑为迂。然不三年而台遂割归日本。夫地出五金，本资人用，何此金一采遽生祸变，岂会逢其适耶？抑别有至理在耶？予《忆台杂诗》云："鸡笼山畔阵云阴，辛苦披沙一水深。宝藏尚存三易主，人间真有不祥金。"

案： 此文最先刊登在《天南新报》1899 年 11 月 21 日"本馆新闻"栏目，作者署名"蛰庵居士"，为丘逢甲别号之一。笔者最先发现此文并全文录入。

七 《闹大令》

粤东有某县前古后朱两大令，皆不洽民望。某生，县名宿也，为之联云："纵恶役，毒平民，老古董腹中有蛊；信劣绅，害正士，小朱儿眼底无珠。"一时颇传诵人口。国初科场有"抽身便讨，倒口即吞"一联，以载寄园寄所寄说部，久之，遂达天听，致谢吴二公降革有差。此联较之，一拆字，一谐音，各备一格，惜无有载之以传者也。然闻古令实贪猾，朱则人尚谨饬，因误信人言，始终不悟，致兴大狱，冤及士林，此则不明之过。昔人谓清、慎、勤不济以明，则足以误事，信哉！

案： 此文最先刊登在《天南新报》1899 年 11 月 22 日"本馆新闻"栏目，作者署名"邱仲子"，丘逢甲排行第二故名。笔者最先发现此文并全文录入。

八 《逸老堂》

前明，潮州有某尚书者，居乡颇丛物议，入本朝年已八十矣，自署其堂曰："逸老。"有恶之者，夜书其门曰："逸居无教则近，老而不死是为。"见者无不捧腹。尚书恚，因撤去堂额。潮人颇议尚书易代不死，然实未仕新朝，较聊斋所志之三朝元老，不犹胜之乎！

案：此文最先刊登在《天南新报》1899年11月22日"本馆新闻"栏目，作者署名"老阂戏笔"。笔者最先发现此文并全文录入。

九 《草包县令》

数年前，粤东某县令茹姓者，贪而妄，与团练局绅某朋比为奸。某亦素为县人所不齿，而切齿者也因各以其品加以绰号。一日，大堂忽见一长联，出云："兔子局绅，雄扑朔，雌迷离，脂粉好生涯，兔儿神人望同归，子如花，女如花，钻穴竞寻城北美。"对云："草包县令，有口囊，无底橐，金银遭劫运，草头王地皮刮尽，包一切，扫一切，开门怕遇粤西匪。"局绅徐姓令粤西，人见者以为切当。盖李若农侍郎最恶人谓发匪为粤匪，因特别之曰"粤西匪"，联乃用之以对城北徐公也。其县陋俗，每县令生日，局绅辄为苛派，城乡富民出金公祝，至某尤甚。先一日，局绅送寿帐悬之二堂上，其夕，既为谁何易其字，而令不知也。侵晨，贺客麇集，方偃仰间，一客对帐大笑，既而群客哄堂。令因视之，则寿帐高悬，乃"呜呼哀哉"四大字也。是日为之不欢而散云。

案：此文最先刊登在《天南新报》1899年11月23日"本馆新闻"栏目，作者署名"蛰庵"。笔者最先发现此文并全文录入。

十 《子游泥》

　　杨贵妃墓上土可治面瘢，则美人之余泽也。扁鹊墓上土可治心疾，则神医之遗惠也。江南虞山言夫子墓旁土，则最宜种兰，人称子游泥。霍邱裴伯谦明府诗所云"记得冰衔春日煖，竹坞亲取子游泥"是也。予亦有句云："下邑弦歌惠爱长，天教道学启南荒。千秋墓畔文章土，化作幽兰九畹香。"

　　案：此文最先刊登在《天南新报》1899年11月27日"本馆新闻"栏目，作者署名"蛰庵"。笔者最先发现此文并全文录入。

十一 《幡然先生七十一寿序》

　　吾丘氏居上杭，始宋元间，逮有明族益大，给谏、侍御两公皆直声震天下。给谏明史有传，侍御亦明谏臣中之号知夷情者。谏疏侃侃，世犹诵之。然其伏处不出，而耆德硕望，载在志乘者，代不乏人，固不必仕于朝而复有闻也。逢甲内渡居潮，未归故里，而宗老幡然先生远以诗贶，读之生气远出，心已洒然异之。己亥秋，先生从孙果园孝廉来潮，因得识。先生盖儒而侠者也，居家以孝友闻，其为学以力行为本。少执业师丧，甚有礼谊，长者咸称之。久以名诸生为人师，在弟子籍者先后千人，多所成就。生平尚气节，敢任大事。屡试不第，无以行所志，乃慨然为广厦万间之想。家蓝溪故有安平寨址，因手集万金，筑文馆以居学者。忌者沮之，竟兴大狱，然先生志气不少衰也。方甲申法事之棘也，左文襄公视师八闽。先生从狱中上牍，论御夷事宜。文襄叹赏，手书牍尾有"和议已成，虽有良谋，惜乎太迟"之语。文襄老于军事不轻许人，其推重乃如此。识者谓所论洞中夷情，不减先侍御公疏稿也。旋出狱，再隶名学官。先生自顾年已老，不复秋试。然志气益壮，每训学者谓丈夫立志贵远大，须有裨于世，为一世不可少之人。自改号曰幡然，盖隐以伊尹之任，示学者以知所从也。儒者类贵任贱侠，不知任亦侠也，其本在养气。世之讥士者，谓一着儒衣，则奄奄欲绝。侠者有气，士之无气也久矣。岂知国体之强弱，每视士气之盛衰为衡。日本蕞尔国耳，其自强也，基于攘夷，成于尊王，皆其国志士读儒书有侠气者相与倡之。吾中国，堂堂儒教大国也；尊王攘夷，儒说也。奈何通国皆儒，竟甘俯首降心，为无气丈夫乎？苟推先生之教，欲为有裨于世，成一世不可少之人，则今日之事，孰有大于尊王、急于攘夷者乎？先生虽老，气冠当世，今虽优游家巷，然嗟王室之如毁，愤夷氛之益张，其能无以自任之重而后生小子诒者？昔吾远祖太公年八十，始应明王之梦出，奏鹰扬之功，以先生较远祖遇主时，今尚少十年，其犹未可曰老也。尊王乎？攘夷乎？儒乎？侠乎？其能无意乎？先生四子七孙，群从济济，多能读经世书者。德配廖孺人，有淑德，皓首齐眉，此家庭之乐也。乐在家庭，忧在天下。果园将为先生上寿，乞言以侑觞，因举先生大节，以谂族彦及郡邑贤俊之从先生游与知先生有素者，其他美行不备书。然曰尊、曰攘、曰儒、曰侠，斯义也，虽以之告天下士可也。先生倘以为知言乎，其当为掀髯而起，连进百觞也。磻溪之璜犹在，岂惟家乘之光，亦他日国史之荣也。

案：此序写于 1899 年秋冬之际。己亥秋，丘复到潮州拜见丘逢甲，为其季祖幡然先生明年七十有一上寿求序，回去不久即接到丘逢甲的书信云："幡然先生寿序已脱稿。寿文入集始于明人，先贤作文以有关世道人心为主，即酬应之作亦不失宗旨，非如今人之务为揄扬也。此作似尚不背先贤文法，希代呈幡然先生与尊公，以为何如？"本文笔者最先录自丘复《愿丰楼杂记》，黑龙江人民出版社 2009 年版，第 121—122 页。

十二 《道南书楼跋》

予南游所至，已以昌明孔教，广开学校，为南中豪杰士劝道大霹雳。王生源水深以所言为然，议先就所居楼藏书，以饷好学之士，以开风气。予为颜之曰：道南书楼。夫兴教开学为今日急务，埠中多豪杰士，知必有相与鼓舞兴起者，书楼恃起点耳！从此风气大开，人才辈出，吾道其南，先贤不啻为今日言之矣。书此为王生勉，并为南中人士望。光绪庚子夏四月朔。台湾丘逢甲跋。

案：此文最先刊登在《天南新报》1900 年 5 月 19 日"本馆新闻"栏

目。笔者也是从王慷鼎《新马报章所见丘逢甲诗文及有关资料目录初编》（《华南师范大学学报》1993年第3期）一文了解到信息，但没有任何丘逢甲集著录此文。因此笔者想方设法找到此期《天南新报》并将全文录入。

十三 《请交捐款告白》

敬启者：岭东同文学堂之设，原为造就惠潮嘉及漳泉一带人材起见，所有禀稿章程均已刊登报牍。目今开创伊始，深恐经费不敷，难以垂诸久远。南洋各埠不乏关心桑梓慷慨仗义之士，伏祈乐捐巨款，汇交新加坡上库街协裕生洋货店，以便转汇岭东同文学堂收领。是所切祷。此布。

大清光绪二十六年四月十七日
岭东同文学堂总董公启

案：此文最先刊登在《天南新报》1900年5月19日"告白"栏目。这则告白落款虽然署"岭东同文学堂总董"，但其出自丘逢甲之手无疑。本年丘逢甲奉命到南洋考察，顺便为准备开设的岭东同文学堂募捐，与其同行者嘉应王晓沧。此则募捐的广告词不可能出自远在汕头的岭东同文学堂，而只能是丘逢甲本人。

十四 《申文》

申送学生：岭东同文学堂学生照章送考，迭纪前报，兹访得监督邱申文一件，照登于下："为照章申送事，案奉管学大臣张奏颁各省学堂通行章程内开第四章，学生出身第六节，凡各省府厅州所有学堂肄业之文童遇岁科试，应准其径送院试等。因奉此，窃查汕头创设岭东同文学堂已经四载，于光绪二十八年五月，蒙前两广总督部堂陶前广东巡抚部院德会衔，奏咨立案，各文童肄业有年，颇著成效。今值院试之期，志且观光，未便听其向隅。理合照章，造具各文童姓名籍贯，三代年貌清册并点名册，经古正场试卷连同文学堂课卷，汇齐备文申送。为此申乞宪台察核，俯赐收考照验施行云。"

案：此申文刊登于《岭东日报》二十九年二月二十九日"潮嘉新闻"栏目，是丘逢甲向广东学政朱祖谋按考潮州府时所送的申文。因为当时科举毕竟没有取消，作为民办学校，岭东同文学堂的学生依然要参加省里的考核。笔者首先著录此文。

十五 《照会》

学堂照会：前报纪汕头同文学堂照会汪监督咨送学堂学生刘、饶、何三君，访得学堂监督邱仙根工部照会一件，照登于下：

"为照会事，照得本学堂学生刘维岩、饶景华、何天炯等，在学二年，有志远赴日本东京学校游学，各自备资，前来请给照会。投赴贵监督大臣衙门，到日请代为料理护送入学，肆业刘、饶二生愿入日本成城学校，何生愿入清华学校。等由准此，合需照会，为此照会贵监督大臣，请烦查照，分别报送。云云。"闻刘饶何三君日前已领得文凭，由汕至沪，由沪再至日本候送入校云。

案：此照会刊登于《岭东日报》光绪二十九年二月三十日"潮嘉新闻"栏目，这是丘逢甲向清政府分管出国留学机构推荐三名岭东同文学堂学生去日本留学所写的照会。岭东同文学堂开启了近代岭东学子留学日本的先河，其学生先后有数十人留学日本，产生了较大社会影响。笔者首先著录此文。

十六 《告白》

平远山人润笔

江南第一才子唐伯虎解元诗云："闲来写幅丹青卖，不使人间造孽钱。"卖画固古人所不自讳也。吾友平远韩君实根贰尹，能诗能书，而尤能画，不专一家，不拘一格。当其兴酣笔落，则雕镂造化，驱遣烟云，画山山活，画水水活，画人物人物活，洵不可多得之作也。然此笔不润则干，干则不活，如何不干？计惟有润之以金气，则笔□宝光乃烂然耳。实根天怀烂漫，不拘拘卖画然。世人赏鉴有真者，断不忍听其笔干，巨金朝来，名画夕出，以其所有，易其所无，何快如之于？同人酌为润格并书短引，普告四方，此笔不干,庶世界中多无限活山、活水、活人物也。

润格另印

癸卯年四月二十日

南山丘逢甲启

案:此则告白曾连续刊登于《岭东日报》光绪二十九年四月二十日至四月三十日的头版"论说"前面,是丘逢甲为一位可能比较落魄但十分有才气的画家朋友所写的广告词。"平远山人"韩实根,名国松,号友梅,广东平远八尺笙竹村人。1900年丘逢甲的南洋之行就已经结识了他,与丘逢甲一起同行的王晓沧《道南书楼再记》曾提到他当时也在现场,并书写了匾额。丘逢甲的《丙午日记》也写道"午后,韩实根送所做画四幅"。笔者首先著录此文。

十七 《刘学长小传》

同文学堂学长刘茂才饰膺修文地下,已纪前报。兹得学堂监督邱工部作一小传复登之,传云:

刘君松龄字冬友,号节膺,兴宁人。少读书即志为有用之学,内行悖笃。然在邑中有侠义称,其学务为进取,尤务实行。丁酉、戊戌间,即与邑士之同志者创立书社报社,购买新书新报以开风气。政变后方严报禁,内地瑟缩。君乃身任购报,一以输入文明为主。庚子春,岭东同文学堂已开,君方与同志将往日本游学抵汕,谓此学堂将来为岭东文明之中心点,即入学堂为学生。不数月,北直拳民起,粤省各会党亦乘之而动。君即归邑,倡办团练以守御地方。时学生中归而办团练者,推嘉应之松口堡及君所办为最有条理,亦著成效。时邑中风气渐开,渐有兴革事宜。如妇女改装诸事,君皆为之倡和议定。新政复行,学堂益谋扩充。辛丑冬,君复广招邑士,壬寅春同来堂,缺于资者,设法助之。癸卯春,复遣其同学犹子雒□,与邑士二人游学日本,入成城学校。时君以亲老,又学堂方公举为学长,不得行。然其于科学已各有门径,能自译书以饷学者矣。夏得热疾,小愈,以医误投药,遂不起,年三十三。哀哉! 君生三女,无子,以兄之子为嗣。

案:此文刊登在《岭东日报》光绪二十九年六月初四"潮嘉新闻"栏目。刘松龄为丘逢甲门生,后任岭东同文学堂学长。1902年丘逢甲曾经写过《纪兴宁妇女改妆事与刘生松龄》七绝二首，称赞他在家乡所作移风易俗的努力，惜年不寿。笔者首先著录此文。

十八 《涉趣园诗钞序》

诗有唐音，此世所谓难能者也。同年彭少颖孝廉诗乃有之，可贵已（矣）。虽然，世界进化公理，每变愈上。今不如古，则必其不变而退化者也。诗界亦然。昔岁己丑，与黄公度京卿同出都，小住沪渎，相与倡为诗界之变革。不十年而其说乃大行中国。少年之治诗者，群然起而鼓其风、潮其变，未知所届。庚子复晤公度于梅州，世界之变方听之天演，而无可如何。惟诗界则尚思以人治胜，大行斜阳老屋，倡予和尔，甚相慰也。于时始闻少颖能诗，且力追唐人，惜不得一见。今年乃承远寄其《涉趣园诗》于潮，乞为之序。取而卒读，渊渊乎，讽讽乎，则信乎其有唐音已（矣）。诗固不能以唐限，世界之变已极，有文字以来所未有，其影响之及于诗界者甚大，匪为唐，即上而汉魏六朝，下而宋元明，守而不变，皆在退化之列。少颖已为今之诗人，其诗且与世变俱进而未有已（矣）。涉趣园与人境庐吟声相闻，他日过梅，固当有以证吾言者已（矣）。

癸卯闰月邱逢甲序

案：此文刊登于《岭东日报》光绪二十九年六月初五"潮嘉新闻"栏目。郭真义《丘逢甲佚文佚诗摭述》（《嘉应学院学报》2015年第5期）一文已先录，笔者不敢掠美。惟郭先生粗疏，许多地方断句不当，且有多处文字错误，现已据《岭东日报》改正。彭炜英孝廉是黄遵宪的邻居和朋友，因此也就和丘逢甲联系上并有了这篇序文。其诗集《涉趣园诗钞》今已不存，但《岭东日报》中好几期都有刊登他的诗作，他还曾为丘逢甲之父丘潜斋的七十一寿诞写过寿联，亦载在《岭东日报》中。

十九 《董仲容明府之母杨太淑人〈吟香室集〉序》

今之策中国前途者，莫不曰兴女学。兴女学，盖其良果为孕育文明，构造豪杰，而必先以女学造其因。女学顾不重乎哉！虽然，中国何尝无女学。

世之论者，顾以中国女学第能为诗歌而已，不足以尽女学。□不知欧美文明，滥觞希腊，希人教育，特重诗歌。盖所以鼓尚武之精神，发爱国之思想者，莫诗歌若。西人至今，犹袭用之，不独女学为然。中国女学，以成周为最发达时代。二南之诗，女子作者，居其大半。其时文化武功，以圣女为之资助，故上至宫闱，下逮草野，女子莫不知学；即莫不能诗，虽咏物赋情，而君国之思，常腾腾然。其诗用之朝庙，用之乡国，风之所被，极之衰世。而漆女纬萎，犹知爱国之义，诗虽亡，学未亡也。暴秦以降，二千年来之历史，附传烈女，代无几何，女学亦稍替矣。然伏女传经，曹母述史外，考稽别集，仍以诗歌著者为多。岂女子性情，固与诗歌为近耶？而婉孙之词，柔曼之音，十且八九，求所谓咏物赋情，腾腾有君国之思者，常不可多得。诗教之衰，亦由女学不发达之故。世之言女学者，遂并其可风之诗歌而诟病之，岂通论哉？吾阅董仲容明府之母夫人之诗，深于风者也。所体咏物赋情，腾腾有君国之思者也，其甲申庚子感事诸什，尤令人读之。且感且佩，正风之变，几于小雅之念乱。举当世所诟病为婉孙之词，柔曼之音者，一扫而空之。有诗如此，中国女学之前途，犹未可量也。今夫世界者，善变者也。甲申之后，变为甲午；甲午之后，变为庚子。其变益大，益奇益速。由是学界变，由是诗界亦变。有其不变者存，则诗人腾腾君国之思也，不以闺闱而异也。逢甲既以甲午之变，间关内渡，思湔国耻，亟谋兴学，而犹以女学之兴，犹有所为憾。今得明府母夫人诗，卒读之，绅其大旨，明告当世。因为女学之前途祝，且为中国之前途祝。

案：此文刊登在《岭东日报》光绪二十九年六月二十八日的头版"论说"栏目，作者署名为"蛰仙"。董仲容，字季友，名元亮，号仲容，福建闽县人，时为澄海令。丘逢甲等人在汕头开办的岭东同文学堂即属其管辖，且多得他的支持。还有当时的丘逢甲仍兼澄海县属书院景韩书院的掌教，因此二人交流颇多，这在《岭东日报》也多有记载。可惜《丘逢甲集》中并未发现二人间交往的诗歌作品。笔者首先著录此文。

二十 《郭公遗集序》

故明之亡，潮人之以忠节著者，当以揭阳郭公之奇为最。逢甲初至潮，曾于耆旧集得读其遗作而钦之，顾以未得见其全为憾。已开岭东同文学堂之三年壬寅，有揭郭生来学，盖公裔也。询公遗书，则家祠所藏，亦缺而不全矣。癸卯，郭生与族老谋刻公书，谒逢甲为序，因得见所著稽古篇。自序谓取《汉书古今人表》，正以《春秋》，订以《左邱》《公》《穀》《国语》《国策》《史记》《通鉴》，求其至当。其凡例，初一为八统，次二为二十纪，次三为列传百、外传四，次四为总传三十，次五为六训，都五十五卷。公墓志谓百卷者误。自序作于永历戊戌十一月。考公以壬辰春枚卜爱立，其秋有督师之命。甲午春，改督为视。己亥，滇南失守，避居南交。辛丑为交夷执献。壬寅八月，成仁于粤西行在。阳秋有公绝命词二首，然其仕卒年月亦多误。此书之成，墓志以为在居夷时，据自序则在居夷之前一年也。自序谓述而不作，后人刻公书者，取篇中撰著各文，别为三卷，并刻已传，卷末则金都御史罗公万杰所作。墓志在焉，罗亦遗老，公里人也。此书板已不存，而刻本犹有全者，至所谓《宛在堂集》，乃仅有抄本。其文则存□表策问一卷，计表三首，策十二首，为公天启丁卯乡试、崇祯戊辰会试及丙子典试河南所作。其□时事，皆甚切直。《与客纪言》一卷，有呈祥三十五，有文移三十七，有禁谕二十三，则崇祯癸酉，公以庶常改官礼部主客司主事。甲戌转员外郎，丙子转郎中提督会同馆。时公牍文字，可借见当时体制。奏疏一卷，自永历庚寅至戊戌，为疏者十卷。首有敕令书，后有奉旨年月，均甚详，足备言明季事者之考证。其阻孙可望对秦王一疏，犹懔懔有生气焉。其诗则存《闽辞集》一卷，计古今体诗一百首。崇祯辛巳，公以右参议督闽学。至甲申擢为太仆寺少卿时作。卷端有黄石斋、蒋八公、黄可远、夏彝仲评语。《海上集》一卷，计古今体诗一百七十八首，则自永历己丑，公由宫詹转礼部左侍郎召赴行在转尚书兼兵部，至壬辰授太子少保东阁大学士时作。卷端有朱震青评语，考墓志不详若干卷，诗则云有前后十九卷。今《闽辞》为九集，《海上》为十二卷，知所亡者多矣。

公以少保武英殿大学士视师时，有上丹扆四箴，又有上古今诗史疏。今《稽古篇》每称臣曰，知亦疑以进呈之作，虽孤舟穷海，九死一生，忧拳拳不忘引君当道之谊，虽古大臣何以加之？其平日所交，如石斋、彝仲诸公，皆忠烈之士，评公之诗，推许尤至。当公在闽，甲申之变，不待哀诏，遽率诸生哭临，为当道所忌。见《闽辞集》中，其拒郑芝龙私托，不取其子森优等，则公门下士宁化李世熊《寒支子集》详记之。森即成功初名，疑公为失人，今考公疏，则公与成功，其后因两贤相合，其封延平郡王敕印，实由公转受。先封漳国公，亦藉公疏知之。所存诗文，其可以见当时情事甚多，详为考证，固不仅此已也。逢甲读毕，作而叹曰："国家之亡，其人心先亡也"。南宋之季，文信国提挈忠义，号召南士。其至潮也，潮人从义者翕集。然尚有同年生呼之不应，而甘受元人末秩以自荣，志乘且载之赞之，以为知时者。五坡岭之执，亦潮人陈懿实引元兵为之。当郭公以视师之命，奔走交越间。其云合景从之士，已不如信国之盛。而一闻烽警，诸营辄窃窃谋通敌，则所遭比信国尤难。其朝士虽在播迁，而门户掊击之私，仍各不能相下。卒之君臣乖隔，逊居夷落。帝后已为缅人诱献，相臣亦为交人絷俘。盖是时人心之改向新朝，不独海内为然。虽在裔夷，亦欣欣愿从顺民之后，执戮忠义，以为筐篚之先焉。吁可慨已！信国见执，赴燕不屈，囚之七年，乃有柴市之事。公之见执，囚于桂林，越岁死之，盖永历时尚在缅。成功仍据金厦，屡窥粤，沿海为之迁界而墙之。公不屈，宜死之速也。夫以故国之臣不能见容于新朝也，惧其复出而号召也。不知亡国之人心，虽有剖心泣血之士，无能作其忠义，以成功之孤忠亮节。当时海内人士，且皆以海贼目之。盖人心之死也久矣。公即不死，夫何能为？然忠臣义士，一日不死，即不肯以不能为自谢自诿。取人天下者，已并取其不臣服我者而诛之锄之，以为今而后乃毋我毒也。旋则褒以空文，以为臣服我者劝。元于信国，其已事矣。公之死，初乃寂然。乃贰臣之传已颁，公之忠节之谥乃见。世之所谓论定者，已在百年以后矣，又百年而成功亦赐谥建祠于海外。盖鼓舞天下人心者，其道故应如是也。今则言成功者崇为英雄，推为爱国，图其遗像，搜其剩墨。人心善变，其死其生，有莫之为而为者。然则公之遗集，弥可贵已。

案：此文刊登在《岭东日报》光绪二十九年七月十一日、十二日的头版"论说"栏目，分两期载完，作者署名为"逢甲"。郭之奇，字仲常，一字菽子，号正夫，别号若菽、玉溪子，自号三士道人，广东揭阳人。崇祯元年进士，历任福建提学参议，詹事府詹事，南明时追随桂王及永历跋涉于粤桂南交一带，抵抗清廷，累官至礼、兵二部尚书，太子太保，武英殿大学士。康熙元年殉难，清乾隆时赐谥"忠节"。作为同乡，丘逢甲十分佩服郭之奇的气节，因此才有了这篇难得的序文，也是研究丘逢甲思想重要的材料。笔者首先著录此文。

二十一 《杨太淑人寿序》

昨二十四日，澄邑侯董仲容明府之老太太八秩开二寿辰。跻堂而祝者，衣冠颇盛。访得寿序一篇，□邱工部所作，爰登报以公览焉。序曰：

以文寿人非古也，若夫孝子慈孙竭力养志，籍称觞上寿之日，多方致文人楮墨，以博其亲一日之欢。其亲亦高操懿行，卓然有可传之实。而为之执笔者，复不徒以称美为能事，更进以远大之途，则所谓寿文者，正和于天保閟宫之遗意，有道君子所不费焉。如澄海董侯仲容司马母杨太淑人，固所谓高操懿行，卓然有可传之实者也，而侯又所谓孝子之竭力养志者也。今年秋七月二十四日为太淑人八旬开二寿辰，僚友士民等咸称觞致祝，以逢甲曾序太淑人诗集，深知其梗概，属为寿文，以达悃忱。逢甲尝读太淑人六十时谢陈诸公所构序文及秀水陶秦肃公所构之七十寿序。其于太淑人之才德家世，已备详之矣，然则逢甲将举何词以寿太淑人哉。尽人之境遇造就有限者也，而志愿想望则无穷者也。环地球无论男女，称为豪杰者皆然，而于中国女子为尤甚。何则中国女子囿于积久相传之成习，以不出闺门无非无议为盛德。虽有豪杰之才与志，俱无所用，极其造就不过相夫教子已耳，极其境遇不过夫荣子贵已耳。以太淑人之长名门，得谐嘉耦，有子成人，承欢养志，而履险如夷，处贵弥约。其余事复溢为吟咏绘画，此固我中国所称为福慧双修，才德并迈者也。以寻常女子处之，当必有自鸣得意者，而太淑人顾歉然不自足。读其诗所云："冀长衾之覆九州，祝天心之消浩劫。"其愿望为何□耶，可以觇其志矣。夫既蓄此愿望，必有所以达此愿望之处。能达太淑人之愿望者谁欤，则我董侯是也。侯承太淑人之教，而又任亲民之职，凡所为治事兴学以开民智、培民德、养民力者，当必以效长被之遍覆，消浩劫于将来。由一邑以推九州，尽人事以同天心，吾愿侯之有以善体亲志也，岂特斑衣献祝已哉！是为序。

案：此文刊登于《岭东日报》光绪二十九年七月二十六日"潮嘉新闻"栏目。因丘逢甲前已写有杨太淑人《吟香室集序》，并对杨太淑人之子董仲容略有介绍，兹不赘述。笔者首先著录此文。

二十二 《答林梓坚书》

梓坚足下：学堂冲突，足下实阴为主动，曾、陈、蔡等不过足下之傀儡。来书谓阅报始知，一若置身事外，然何其巧也？潮州学生之鼓动其中，实有使之者也。使仆以横施无礼之举压制学生而使学生之解散，则诚仆之罪也。

若必助外人以抗总理之聘教习，反起内讧，则仆诚不知其命意之为何矣。然潮州学生亦多有识不受□人愚惑者，仆故保其必不至全体解散也。

名誉当以实求，不可以倖致。苟牺牲名誉而能达其办事之目的，亦仆所不辞也。足下等之始事共劳，仆何尝不念之。然此二年来，播散谣言、暗施阻力者，谁耶？天下无弃舍义务之权利，尤无破坏义务之权利。足下欲享权利而先坏义务，当自咎，毋咎仆也。足下之意，岂以送考之事未满足下之愿而为此举动耶？借题发挥，正足下之道耳！然足下犹子之借送考得以入学者，未始非学堂破格以酬足下之劳也。若尽如足下之愿，则真所谓不顾学堂之名誉矣！

足下动云权利，夫权利自有界限，试问延请教习为总理之权乎？为司事之权乎？且足下负学堂司事之名，一年来所负之义务安在？不过借创办学堂以为包揽词讼、吓诈乡里之举，是足下尚不足以当堂中司事之任，而猥欲侵总理之权乎？郑君学问未尝不佳，然坚于自是，恐与同是诸人龃龉，此无容深为讳者也。泰西政党登朝，必引其意见相同以为组织，乃能联络一气，此固文明各国之公例也。王、郑二君，皆庠序知名之士，必欲抑王而申郑，果公论耶，抑私见耶？有识者必不为所欺也。使王于就聘之后果旷废功课，放弃责任，足下等责仆之延聘失人，未为晚也。今乃横存意见、撦拾蜚语，以足下一二人之故，不惜损他人之名誉、侵总理之权限、鼓动绅商破坏全局，是足下之意，不在王、郑二人之聘否，而在仆之去留矣。

仆非恋于此总理一席，然使仆去而如足下所愿，任足下独揽全权，学堂能期于进步或不至于败坏，则成功之在人与己。仆亦何容心之有？然以足下之才品心术，仆料其必至大相背谬也。然则欲以仆数年来所苦心瘏口、上下旁皇，仅得营此之学堂，任足下等之败坏，负从前之苦心，抛个人之义务，必不然矣。学堂拨款出自道宪者十之八九，且地方官有司教育之责，详报之例，见于钦定章程，学务章程彰彰可考。而必欲其无与此事，不可得也。

东三省之危已急，广西之乱未平，然吾辈办事一日，则任一日之责，断不容以时局方艰，遂舍诸事而不办。足下为此大言以压人，岂欲仆见东省之危广西之乱，舍此学堂应尽之义务而从事于东省广西所力不能为之事？抑足下之哓哓遂能令东省危而后安、广西乱而后治耶？报馆例载风闻事，久自有定论。足下虽能布惑于一时，然仆意报馆终不能受足下欺也。笑话之传，足下自为之而自受之已耳！于仆乎何有？足下缩首而嗾他人以使前；足下卷舌而鼓他人以共噪，足下之计则巧矣。然汕中绅商岂尽受足下之愚耶？

专制政体固非善制，然以中国之民品则正未能遽舍专制而语维新。此固非近日空言，志士所能识也。况各国即云共和，未尝无权限。学堂规则尤非局外所能与知。仆为总理而聘教习，正守仆之权限耳，何得为专制哉！眼前事甚小，然足下实张而大之，足下但融足下之意气足矣，若仆则无所谓意气，亦无可融也。足下阳置事外，阴为布设，乃猥托于事师无隐无犯之训以巧售其术，仆于足下虽有一日之知，然似足下所为，仆正不敢屈诸门墙内也。聊布数言，以覆善意。其听之惟足下，其拒之亦惟足下。

案： 此书信刊登于《岭东日报》光绪二十九年十一月十二日"外国新闻"栏后附件《来函》，署名邱仙根。报纸在来函下专门声明："书中词旨本馆不任其责。"1903年十一月，岭东同文学堂发生风潮，由表面的聘任教习之争演变为"土客之争"，丘逢甲被迫辞去监督职务。《岭东日报》对这一重要事件进行了系列追踪报道。笔者首先著录此文。

二十三　同文学堂咨文（一）

汕头同文学堂监督丘近咨道宪，云为咨呈事："窃照敝学堂向例于冬至节后，订定明年教习，故于本月初十日曾将聘定明年甲辰诸教习咨呈贵道宪并请转咨学务处，现敝总理同总教习何令寿朋等商议，意以敝学堂开办数年，虽颇有成效，而组织尚未完善。其病由于学堂中分客土二族，语音不通，各聘教习，以致课程不一，畛域难融。且本地教习学问虽长，然于近日专门科学师范教育之方，实未深悉，故教科亦未完备。拟将所咨呈聘定之教习，除东文算学外，悉行停罢，改延外省卒业留学生二三人，一律用官话，分科教授。如此则已，可以消客土之界限，亦可望学堂之进步。现总教习何令寿朋、分教习温生廷敬业已自行告退，并致书上海，托聘卒业留学生之品性纯正学问优长者，俟聘定后再将名字咨呈。兹将整顿学堂改聘教习情形，先行咨呈贵道宪，以凭察核，须至咨者。"

案： 此咨文刊登于《岭东日报》光绪二十九年十一月十四日"潮嘉新闻"栏目。本年度因为聘任教习事，岭东同文学堂爆发了"土客之争"的风潮，是为导火索。丘逢甲为此事多次行文惠潮嘉道，以下两则咨文内容亦如是。笔者首先著录此文。

学堂咨文（二）

咨呈内开：兹将光绪二十九年岭东同文学堂官拨常年经费，及绅商捐拓充学舍进支各款，照原簿核实，造具四柱清册两本，呈送贵道宪察核。至二十八年以前，所有绅商捐款、学生学费开销一切，均非总理经手。二十六年系杨鲁、林樑任管理，二十七年林樑任一人管理，二十八年行商黄寿山等诸人管理。并未造册具报。应请饬历年经手各人赶紧具报备案，实为公便。另□清册呈咨两广学务处外，相应备文咨呈察核备案。

学堂咨文（三）

咨呈内开：窃去冬十一月曾将岭东同文学堂请归官办，缘由备。又咨呈贵道宪面辞总理一席，兹因要公，不能更留，所有岭东同文学堂总理一席应请贵道宪速选贤能接办。除将账房陈文澜经手账簿六本，并核节账目簿一本缴案察核备查外，相应咨呈，计送呈账房户陈文澜经手账簿六本，又核算账目簿一本，各等由准此。

二十四 《清故处士邬君墓志铭》

邬君讳宝理，字宏庄，号达夫。其先出于晋公族，政和间，乡贤大昕官广州佥判始入粤。五传至宣义郎鼎，迁居番禺县南山乡。二十一传至通奉大夫鸣谦，家日起。鸣谦生武翼都尉夔飏，夔飏生中议大夫启祚，是为君父。有子十人，君居三，周淑人出。七岁好学，博通群书而归本于《孝经》，事父母以至孝闻。有妹好听箫而殇，读暇辄吹箫葬所，值暴雨，不忍去，由是得疾，终于同治十二年十二月二十二日，年十八。著有《达庵随笔》一卷。妻陈无子，以四弟国史馆誊录宝珍之子庆时嗣。庆时，予诗弟子也。光绪三十二年春奉其祖父母命，改葬君于乡南金钱岗，来请铭。铭曰：读书必贵，大德必寿，不于其身，以昌厥后。

镇平邱逢甲撰

案：此文收录在国家图书馆分馆编《中华历史人物别传集》（第74册）（线装书局2003年版，第212页），笔者首次发现并全文录入。

二十五 《广东学务公所议绅工部主事邱逢甲覆陈教育计划草案条议》

案准贵学司发交学部二等咨议官罗署正援玉前拟教育草案，照请教育总会分条核议，遵将草案细加披阅，条理精详，莫名钦佩。窃谓教育之兴贵有其道，统筹现在，尤当预计未来。囊者专部未立，机关未备，设学之初，不从师范著手，次第以办初高等小学，而遽事高等中学之经营，师生两无根柢，方针一误，全局皆非。原议开宗第一章，即以推广师范，养成教员，为济目前之急，诚为洞见本源。以后节次分设中小高等学，暨实业政法专门学堂，振裘挈领，区翼井然。顾教育事业，因土地居民之不同，即不能无缓急变通之差异。惩弊者不可因咽而废食，特殊者尤不可用以为隅反。量近时之程度定普通之原则，以期推行无碍，实效可收，方有比裨实际，曲当无遗。不揣迂愚，敢将原案逐条讨论于左，是否有当，统希察核汇呈，实为公便。

一、推广师范名额以养成教员。原议第一条，推广师范最得要领，为刻不可缓之图，业经学部采用施行。惟设体操专修科，仅授各种体操游戏，教育生理与专科教员程度不符。且城乡小学经费赢绌有差，若令每小学聘一专门教体操科之教员，恐力有未逮。不如径设专科教员养成所，或改技能专修科，略延其学期，学科分体操、图画、音乐、手工、商业，既符专科之程度，足应小学之急需。每校聘一人可兼授数科数级，费省而学科完备，较诸短期之体操专修生，似为有得。第二条每县设立师范传习所，指陈各省已设立之传习所，全是书院变□，实为教育前途之害等语。按诸各属所办，因陋就简，确如所言。然欲其教员得人教科合度，必如覆议，改良办理，方收效果。第三条"府立初级师范简易科一年卒业以后，即专设本科"等语，府立初级师范简易科，乃急救办法，似可附属各府立之中学校内，教科程度悉照省城简易科认真经理。若每府必责令专设初级本科，按诸各府现时财政以判断之，恐十不得一二。地方自治之制未兴，就地筹款之法难行，不但财力未逮，即办学员绅能□教育者，亦殊难多觏。无己，于道辖总汇地方，设师范一所，或较易于筹办。若省城师范初级优级，当永行并设，以师范为教育之母。造端不审，流弊滋多。故当由提学司直辖办理，认真督饬，责成府以全力办中学实业，责成县以全力办初高教育。而省城初级优级专为铸造各州县教员之地，极力推广名额以期普及，如是则责有专归，力足为继，方不致有名无实，扶同敷衍。至现在简易开师范传习师范毕业者，不外应暂时之急需，当此省城师范未大推广之时，亦当有以补救。查日本兴学之初，亦最苦师范之乏人，故有师范院之设。又苦缓不济急，乃有种种方便之法，如通信教授是也。其法由专门学科之士及深通教育之人，相聚而编成讲□，每月出一册或二册，远方之士任择一科，自行研究。或有疑义，许其函问讲师，详为答复，即登于讲义录之后，以供众览。每届一季，讲师按照各科出题考验，能及格者即给以文凭，名为校外生。照此办理，无论如何穷僻之乡，皆可普及。未经简易传习毕业者，已可牖启新知；即曾在师范毕业之教员，亦可改良故乡，是无异各府州县皆设有无数师范也。与考察政治大臣随员田吴炤所拟各省提学使于教员会中特设教员研究所月出讲义，为各府州县教员研究之资，用意正复相同。蒙以为简而易行，推而易广，莫过于此。

二、各府州县设立小学堂。原议以养成教员之次第，为增设小学之次第，不得以未受师范者，滥充小学教员，诚为扼要之论。惟每堂学生限以百人，似不免胶鼓之弊。即日本文部限小学人数，亦宽限不能过十级之多。以校长集全校儿童于一堂行训诲时，欲令全体贯彻，以五百人为合度。故即准此以为限制，非有别意也。今若限以两班百人之数，则百人有余之乡村，既无力再行设校，不及百人之数又非深合体例，殊多窒碍。且学级以分而便利初高并设，乃限于地、限于款不得已之办法。原议初高并设，若令普通行之，殊非教育原则。又原议每堂二班，用普通教员二人，各教授学生一班，是即学级担任之本科教员。惟另设专授体操教员，不如改设专科教员。凡全堂体操、书画、手工、音乐俱归一人专任，名实似较相宜。至经费每百人限以千元，城镇完备之小学虑其不足，乡村简就之小学，除四百元修金补贴外，而欲筹六百元之常年款，殊不可多得。此条似不宜限。惟经费充裕之校当督饬其推广名额，以期款不虚糜，人无旷学。

三、每府立中学堂。原府议立中学，□节浮费，实事求是。惟管理员仅设校长，恐未尽管理职事，似宜仍遵奏定章程分设监学，方足以资臂助。现在各省中学规模，每多未备，应改良条件。确如原议左列之条，尤须注重学科之釐正。

四、振兴实业教育。实业为立国之本，故教育家言习普通而不习职业，谓之国无集体。集体者，集万民之长以成一国之体者也。原议第一条师范及小学以实业为必修科，按诸中国现在情势，扶衰救敝，在所宜然。盖物质文明愈进步，而实科竞争愈剧烈。有职业之经营，而后有生存之凭藉，世界潮流之所趋，令人不得于业务烦忙之中，而独耽安逸，所谓生存竞争之教育也。第二条各省城设工艺传习所，费省效捷，不为无见。然不如设工业补习学堂，择其本省中著名大宗工业以求现在之改良。设艺徒学堂仿照最销售之粗贱工艺，以兴贫民之职业。俟高等工艺学堂成立后，再将艺徒学堂附设于此。惟各府州县则急宜推广，以收实效。其第三四条，高等工艺农业两项学堂均势在必立，无须赘议。第五条设丝茶研究所。中国天然之利，以丝茶为大宗，原议注意及此，实属知所先务，为我国谋扩充实业之第一着手，亦为我国独扼利权之第一大利，规画措置，均臻妥协。第六条，学校林与学校园。原属利便可行，惟教育初兴，校员多未谙山林农业之学，恐未能即行办到。俟第一条师范毕业，已有农事知识，自应仿办。

五、各省立专门法政学堂。法政学堂现各省多已设立，惟入学官绅，尚无普通知识，亦初设时必经之阶级。原议拟先于京师及南北洋分设三所，若能力求完备，推广学额，专为各省中学毕业进求政法专门之所，以暂应目前之急，自无不可。惟各省已立法政，当从缓数年，再改收中学毕业生，因此时官绅待教甚殷，非先培过渡之人才，亦无以应急需。

六、各省设立高等学堂。高等学堂原议每省各立一所，将来即以各省优级师范学堂改充，殊属不然。各省优级师范必宜永设，万无改办高等学堂之理。惟现有高等学堂之改良条件，及添课实科，允宜照办。

七、各省兴学次第。兴学次第计以十年，规画精到，条理秩然。特第四年每府设初级师范完全科，第十年优级师范改为高等学堂，此二条尚待斟酌。

八、各省教育经费。各省教育经费以现下筹款情形论之，京师为首善之区，需款自比各省为繁，而筹款之范围亦较大，故出进差可相当。省会亦然。独由府而州县，则每况愈下，即负担愈重。故若如原议，每府教育经费以四万计，每县教育经费以七万二千计，恐非普通府县所能筹办。故按现在情形，每府只可以全力办中学实业，不宜责以设初级完全科师范。每县小学经费，亦只可以七百元均算，未能达至一千之数也。

再者，奉文核议，惶愧殊深。查各属教育会多未成，实由省城总会尚无头绪。自去年学务公所科长许倬之衡、省视学员陶守敦勉等议设教育总会，公举敝议绅为正会长，后曾面商前督部堂属，请拨款开办。本年复商之前于升司，允为设法，因匆匆去任，迄未实行。会地曾函请前经学司段，借用禺山关帝庙，亦未曾复示。地未觅定，款复无着。许陶发起诸人，又始基未固，遽行告退。仅举正负会长，虚悬于上，机关未备，殊不得谓之成立。然此会已为辅全省教育行政机关，视线所集，已非一日。力薄不能成，自当请予解散，以谢资望。贵学司总揽□机，或如何俯赐设法拨款办理，准商借何地？许陶诸人，愿否仍饬始终其事之处？统希卓识见覆，不胜感盼！

案：此文最先刊登在《政治官报》上，笔者未见。此文笔者录自《四川教育官报》光绪三十四年第二期。笔者首先著录此文。

二十六 《宣统二年灵水吴氏家谱序》

中原衣冠之族自东晋五胡之乱，多避地入闽。晋江所由名也。然闽中著姓之谱能上溯及晋者不多见。盖唐末之乱，中更五代诸胡迭主，天下瓦裂。谱牒荡然。入宋而欧苏复倡其学，至今言谱者宗之。然已如史之断代，为书不能远引。欧苏皆以道德文学高视中原，其谱且如此，而僻在闽中可知已（矣）。予所见闽中著谱其能原原本本，多托始于宋。若推而上之则往往不无依附，或残驳不详，则胡元之乱为之也。晋江灵水之吴，自前明即以文学仕宦显而至于今，闽著姓也。其家谱亦以始祖懒翁以下为详。懒翁者，宋遗民也。谱盖屡修，今吴理卿京卿纂修乃益详，体例亦益谨。夫分之为众家族，合之为一民族，而成为国。国者，族之积也，人未有不自爱其家族而能爱及民族者。亦未有不能爱族而能爱国者，方今列强环伺，识者不独为国忧，且为民族忧。使人人能爱其家族推其心而民族，以众致之于国则天下事固可为也。中国宗法自秦亡至今，其犹足以敬宗收族者曰祠曰谱，修祠修谱之心，皆爱其族之心也。故吾于今日吴氏之谱之修也，不能无厚望焉！盖所望不独为吴氏也。

宣统二年庚戌秋岭东邱逢甲拜序

案：此文出自盛清沂主编《国学文献馆现藏中国族谱序例选刊初辑》（吴姓之部）（联合报文化基金会国学文献馆，1983年，第311—312页），笔者首先发现并全文录入。

二十七 《邬吉人先生家传》

　　先生讳启祚,字继蕃,号吉人,番禺县南山乡人,宋乡贤邬大昕二十三世孙也。太学生即用都司,诰封奉政大夫,晋封中议大夫。大昕于邬氏为入粤始祖,五传而迁南山。南山之邬分两大房,两房子姓,不相能也。先生则倡建始祖祠以调和之。复跋涉千里,访得其墓,念祖会以为墓田,虽冒万死不顾。始祖以下诸祠墓亦皆修筑坚好。凡乡族中公益,如浚蓼水,筑松基,练乡团,办平粜,建南山方便所,又皆引为己任。敦宗睦族,利物济人,盖其天性也。性复至孝,自幼即以能尽色养闻。居忧哀毁骨立,亲讳日,终其身未尝露齿。虽卧病,必强起肃衣冠致祭。罄勤俭所得,踵行其父武翼都尉夔旸,恤孤周急之行不少衰。事兄甚谨,抚孤如己子,抚侄之孤,又如己孙。家庭内邕邕如也。平居无疾言遽色,好诗书,尤爱诗,著有《耕云别墅诗集》一卷,《耕云别墅诗话》四卷,《诗学要言》二卷。以宣统三年二月初五卒,年八十二,子十八人。与大儒陈澧友善,诸子多从之游,四子宝珍最知名。

　　论曰:先生重逢花烛时,寿言三百余篇,皆称先生贤。余见先生于羊城,不禁恨晚也。先生可谓古君子矣!

镇平丘逢甲仙根

案:此文见邬启祚《耕云别墅诗话》卷首,宣统三年(1911)八月刻本,苏州图书馆藏。本文笔者初见于任聪颖《丘逢甲诗"沧海"意象研究》(苏州大学 2011 年硕士学位论文)的附录部分。

结　　语

　　本文所辑录的丘逢甲佚文共计近 30 余篇,除了《澎湖赋》《邬吉人先生家传》两篇见于任聪颖《丘逢甲诗"沧海"意象研究》(苏州大学 2011 年硕士学位论文)的附录部分,《涉趣园诗序》一篇为梅州郭真义先生发现,其他大部分作品均为笔者近年来所新发现。有这么多丘逢甲先生的遗失作品被发现,笔者自己也喜出望外。就已经发现的这些文章看,体裁多样,内容丰富,是一大特点。其中一些作品甚至还具有比较重要的史料和文学价值,颇值得人们仔细研究。然而在高兴的同时我们也不无充满遗憾，高兴的是这些作品终于重现世人面前，可为我们的丘逢甲研究提供新的资料，遗憾的是正不知还有多少未被发现的丘逢甲诗文作品正等着我们去收集去整理，是所望于诸公。

（原载《韩山师范学院学报》2017 年第 2 期；
作者单位：韩山师范学院文学院）

丘逢甲对潮汕文化教育的贡献

李鸿生　丘文东

丘逢甲是我国近代杰出的爱国志士、著名诗人、卓越的教育家。中日甲午海战之后，清廷战败，被迫签订《马关条约》，割让台湾给日本。丘逢甲组织义军，抗日保台，兵败后内渡大陆，寓居潮汕八年，致力于文化教育活动。本文主要论述丘逢甲对潮汕文化教育的贡献，就教于诸位先进、同人。

一

丘逢甲，1864年12月26日（清同治三年，十一月二十八日）生于福建省台湾府淡水厅境内的双峰山区铜锣湾（今台湾苗栗县铜锣湾）。其远祖原居于河南，后不断南迁。南宋末年，丘逢甲的二世祖丘文兴（字创兆，据说是岳飞的曾孙婿），追随文天祥的"勤王之师"从福建上杭迁居到广东嘉应州镇平县（今广东蕉岭县）。到清乾隆年间，丘逢甲的曾祖父丘仕俊率领家人离开镇平，东渡台湾，定居彰化东势角（今台湾台中县东势镇）。

1894年，中日甲午战争爆发。丘逢甲对时局极为关注，且预感到日本觊觎台湾的企图。旋即投笔从戎，主动请求督办团练（后改义军），带头捐家财以为兵饷，动员成年的兄弟侄子入营当兵，保卫桑梓。经过艰苦的经营，终于编成了10营抗日义军，驻防在北至桃园，南至彰化一带。丘逢甲不辞劳苦地往来各地巡视，随时准备抗击入侵的日寇。

1895年4月17日，清朝被迫在《马关条约》上签字，将台湾群岛及所有附属岛屿和澎湖列岛割让给日本。丘逢甲作为全台义军统领，亲统十营义军和吴汤兴统领的义军，与刘永福等率领的清军，建立联合体制，为台湾的反割台抗日武装斗争做出了很大的贡献。可惜丘逢甲在日本大举南侵新竹时，率义军与日寇浴血奋战二十余昼夜，终因伤亡惨重，寡不敌众而溃败。最后在部属的劝告下，无奈于7月下旬由梧栖港内渡大陆，回到祖籍广东镇平（今广东蕉岭）。

第二年冬，丘逢甲"奉旨归籍海阳（今潮州潮安）"，从此直至1903年秋，寓居潮汕达八年之久。其足履所至，几可说遍及大半个潮汕，从而写下数量可观的吟咏潮汕风物山水，特别是名胜古迹的佳篇。他游潮州，访饶平，抵潮阳，过澄海，进揭阳。韩江、榕江（诗中写作春江者）、练江、鮀江、饶江、江江入诗；金山、灵山、东山、西山、莲花山、双髻山，山山载咏。还有西湖、韩祠、湘桥、开元寺、双忠庙、大忠祠，以至大颠和尚的叩齿庵，陆竹溪居士的旧居，等等，无一不留下诗人的足迹和诗章。据不完全统计，丘逢甲居潮期间，发挥了惊人的创作力，为我们留下了近1200首诗，占其现存诗歌总数的一半以上。有评论说，丘诗的独特风格是在潮汕时期形成的。

丘逢甲是一位杰出的诗人，创作极丰，据闻诗作达七千多首。虽然目前辑存的作品只及三分之一，然而，这些用满腔热情写下了感人肺腑的诗篇，正是他留给我们的一笔丰富的文化遗产。

丘逢甲诗歌最显著的思想特色，就是表现了强烈的爱国心和念台情。尤其是自离台内渡后，抒发对台湾沦陷的悲愤不平和渴望变革现状，富国强兵，以光复故土、统一祖国的深沉热望，构成了他诗中最主要的内容。

首先是抒写了台湾沦陷后的悲愤心情和对故乡的深深怀念，表达了决心收复台湾的豪情壮志。如"四百万人同一哭，去年今天割台湾"；"全输非定局，已溺有燃灰"；"十年如未死，卷土定重来"。

其次是揭露列强侵华的罪恶行径，表现自强不息、救亡图存的爱国精神。如"牛皮借地狡夷心""九州无地不胡尘"。"何时和平真慰愿，五州一统无胡尘"。

最后是抨击朝廷卖国求荣，吏治黑暗；期望变革现状，富国强兵的急切心情。如讽刺清朝海军衙门是："早知隶也实不力，何事挥金置兵仗？战守无能地能让，百万冤魂海中葬。"痛斥慈禧、李鸿章等"割地奇功酬铁券，周天残焰转金轮。后庭玉树仍歌舞，前庭苍生付鬼神"。而热情赞扬"唤起同胞一半人，女雄先出唱维新"的新风尚。决心"我不神仙聊剑侠，仇头斩尽再升天"。

可见丘逢甲的诗，苍凉悲壮，凌厉雄迈，在沉郁中表露出一股豪迈之气，具有强烈的感染力。读他字字血泪怀念台湾的诗篇，人们不禁为之潸然泪下；读他切中时弊的诗篇，人们也会与诗人一样为当时的衰弱国势而心伤；读他描述外国列强侵凌我国的诗篇，人们也会怒火中烧。诗中饱含的感情极易激发读者的强烈共鸣。也正因此，丘逢甲的诗作，绝大部分洋溢着一股苍凉悲壮、慷慨雄健的飒飒英气。所以，其同时代人丘菽园说丘逢甲的诗歌"苍凉悲壮如暮笳，令人隐然起身世之感，或沉痛至不可卒读"。著名南社诗人柳亚子更有"时人竞说黄公度，英气终输仓海君"之评价。也正是这种凛然英气，给人以一股蓬勃向上的力量，激励着人们为振兴中华而奋斗。丘逢甲也以其闪烁着时代光芒的诗篇彪炳于诗坛，对推动近代诗歌发展作出了应有的贡献，而被梁启超誉为"诗界革命一巨子"。

丘逢甲体现上述特点的诗作，多数写就于潮汕地区。例如借着对古代杰出人物和民族忠烈的缅怀，丝丝入扣地表达其生死不渝的爱国主义情怀。

循着诗人的笔迹，我们不难看到这一个个高大的古代民族英雄形象：以潮州孤城抗击强大的元蒙大军年余，最后"全家碧血死"的宋安抚使，催锋寨正将马发；为配合张世杰，从饶平出兵与元军激战，"百丈埔前战血红"的"潮州畲妇"许夫人；虽辗转于东南沿海，却"正笏俨相度"，最后背着宋帝投海殉国的陆秀夫；明末清初，从潮州一带招兵，"撑起东南天半壁"，出师收复台湾的郑成功；等等。诗人缅怀英雄的同时，还一次次地怀才思将帅。他称颂唐初转战于潮泉，平抑了"蛮乱"的陈元光，由此联想到的就是"或有将种存"；他歌吟明代"边材独腾踔"的潮籍元帅翁万达，就深为"斯才不可得"而"令我思悠邈"。不论是对殉难者的悲吊，还是对成功者的讴歌，集中到一点，就是一个"战"字，"战血铁衣多"，"战气不可极"，以古人为范，为台而战，为国而战，战而后"万里靖边戎"。

诗人对民族英雄的颂扬，着墨最多的莫过于"九死来岭东"的文天祥。对这位正气浩然的宋末民族英雄，或专章评赞，或即景述及，总共不下20首。他多次吟咏潮阳东山，而笔锋一触及东山，就必抒写祀张巡、许远的双忠庙，祀文天祥的大忠祠，悲歌文天祥所作的《沁园春》。而莲花峰、和平里、五坡岭，几凡文天祥当年师旅所蹈之处，以至于凤凰山下文氏后裔之家居，都是他悲吟豪咏的素材。试检几韵："尊酒东山拜大忠，浩气人尚气如虹"；"莲花峰头望帝舟，双忠祠前吟古愁"；"五坡岭边鼓声死，丞相北行残局已"；"沧海梦寒天水碧，沁园歌断夕阳红"；"南来未尽支天策，碧血丹心留片石"。诗人对文天祥转战潮州地区的追思与凭吊，对文天祥民族气节的肯定与景仰，的确是无以复加了。就连在东山酒楼与夏季平等友朋对饮，也借称道夏季平（与文天祥一样，同是状元出身）"平生心醉文丞相，莫向他人借酒杯"来表达自己的尊文心迹；而当夏季平为他的故居所在的村庄书"澹定村"三个大字时，更无限向往地抒写道："他年乞与和平里，同正名贤雪爪痕。"可见其景仰文天祥是多么执着，多么强烈。

再如丘逢甲直接描写潮汕风土人物风景的诗近二百首。他饱含感情地描写潮汕的风情民俗，热情地讴歌当地历史上名人贤士，赞赏当地的名山胜水，对历史事实做了考证、发表见解等，形成他潮汕风物诗的文化特色。生动地再现潮汕近代的社会人文环境与潮汕人的生活方式。如《潮州春思》：

> 其一，银花宝树影重重，衬出春光别样浓。歌管满城灯似海，珠帘齐卷拜青龙。
> 其三，波光虹影接春城，泥梦时光半雨晴。鸡卜庙边春市晓，隔帘香送卖花声。
> 其六，曲院春风啜茗天，竹炉榄炭手亲煎。小砂壶沦新鹩嘴，来试湖山处女泉。

第一首写潮州人民春宵时节赛花灯的盛况与游神赛会的传统习俗，这时"歌管满城灯似海"，引得游人潮涌般前来观赏。第三首写潮州街市上常有人用鸡骨占卜，小巷处处有叫卖花之声。第六首则以行家的口吻写潮汕人民冲工夫茶的习俗，他们考究地用竹篾编成的小筐围托住小火炉，用榄核为炭，并且以小砂壶烹潮州西湖山的处女泉泉水来冲泡工夫茶。潮州功夫茶经千百年的承传，已发展为颇具地方特色的文化。《潮州春思》分明是一幅幅潮州风俗画风情图。在《千秋曲》中写到男子戏千秋，这"本用事武备"的千秋后传入宫为妇人之戏，而在潮汕，诗人却看到这里仍保留着千秋的最初形式，于是感叹"何期岭外州，戏乃有古义"。在《东山重修景贤楼大忠祠次第落成喜而有作》写"春风游女飘遗帨（原注：妇女出门，以黑巾蒙面，曰韩公帕，潮阳今犹然）"的习俗。如此等等，不一而足。这些都是对当时潮汕民风民俗活生生的再现。丘逢甲居潮颂潮的情怀，深深地影响着后人。

二

1889年丘逢甲中清光绪己丑科三甲第九十六名进士，胪唱赐同进士出身。与其他同年中试之进士一同被光绪皇帝召见，被授予"工部虞衡司主事"。因厌恶官场颓风而援例以亲老告归。

及第荣归台湾后，应聘任台南崇文书院山长，后又兼主讲台中宏文书院和嘉义罗山书院。"专意养士讲学"，热衷培育青年、启迪民智的工作。

丘逢甲归籍海阳后，力图通过兴学育才，谋求教育救国，振兴中华，收复台湾。他先应潮州知府李士彬之聘，担任潮州韩山书院的主讲。位于潮州湘子桥畔的韩山书院，是当时粤东地区有名望的书院，可以说是潮、嘉、惠三州的最高学府。然而，这里的教学方法和内容仍十分传统和守旧。教师讲课的内容仍是历代沿袭下来的、以教授学生求取科举功名的老八股、老教条；而学生又多为世家子弟，他们的兴趣也只放在应付科举考试上，一心猎取功名、光宗耀祖。国家的兴亡、民族的前途、国内外发生的大事、科学文明，在这座古老的书院里几乎都得不到重视。丘逢甲十分不满意这种墨守成规、死气沉沉的教学风气，力图通过自己的努力来改变这种状况。他参照自己当年在台湾讲学时的经验，改革教学内容和教学方法。首先，他预料到科举必废为大势所趋，乃断然摒弃八股、试贴等陈腐无用之学，在讲课中注意联系实际，"专以新思潮及有用之学课士"，对学生灌输维新思想，引导青年关心国家大事；其次，他经常在"课文外兼课科学"，向学生介绍东西方的科学与文明。

由于丘逢甲自幼博学多才，兼学中西文化，学业功底深厚，又亲历乙未抗日护台斗争的洗礼，有着更丰富的人生阅历和深邃的见解，因而在讲学中能深入浅出，切中时弊，云常人之所不能云，给人以耳目一新之感，使听者受到许多教益和启迪，故任教不久，就深受青年学生的爱戴，"一时仰之如泰山、北斗"。

但是，甲午战争后，伴随着资产阶级政治维新运动的蓬勃兴起，在我国教育领域中，新、旧两种不同的教育思想尖锐对立，斗争异常激烈，学校与科举之争，新学与旧学之争，西学与中学之争，是当时资产阶级改良派与地主阶级顽固斗争的重要内容。潮汕地区远离省城，维新之风一时尚未吹拂到潮州古城，封建顽固势力仍占绝对优势。丘逢甲对教学的改革，自然引起了韩山书院当权者和社会上守旧势力的不满、非议和排挤，"被目为异端"，而丘逢甲又不愿受制于人，是年岁暮，李士彬顶不住守旧保守派之压力，只好让丘逢甲辞去韩山书院主讲之席。

面对挫折，丘逢甲并没有灰心，他一面以诗歌来表明自己不惧旧势力，立志改革教育的决心：

　　大厦将倾支不易，栋梁材好惜迟生。
　　出林鳞鬣尚参差，已觉干霄势崛奇。

群阴蒙覆容高傲，百卉凋零等扫除。

莫怪闭门今不出，幽香深处读奇书。

一面又于1898年，接受潮阳县令裴景福之聘，主讲于潮阳东山书院，并于次年兼教澄海景韩山院。而且在讲学过程中，"仍不变其讲学立教之旨"。可惜当时的潮汕地区，社会风气未开，数千年根深的"十年寒窗无人问，一举成名天下知"和"学而优则仕"的观念无法消除。一般学子仍以求取功名为就学之目的。丘逢甲在讲学过程中，深感旧式书院有其先天条件的限制，专重"括帖之学"的旧式书院难以造就新人才。受雇于人也难于伸展自己的抱负。故他萌发了自办新式学堂，以其理想中的教育环境来达到造就新进人才的想法。于是，便于1899年冬，辞去东山、景韩两书院的讲席。但是，不管如何，丘逢甲在潮汕地区的讲学，毕竟给旧式书院吹进了改革教育的清风，也为他今后致力于自办新式学堂作了准备。

丘逢甲对潮汕地区教育的贡献，主要表现在他创办岭东同文学堂。自1899年起，他历经艰辛与好友温仲和等人，在潮州、汕头创办新式学堂——岭东同文学堂。为推动教育事业的发展，丘逢甲曾赴南洋筹款。在新马三个多月，在丘菽园的帮助下，多方拜访侨界名流，呼吁侨领、侨商捐资兴建学堂。

在《创设岭东同文学堂序》中，明确指出："我潮同志，深慨中国之弱，由于不学也，因思欲强中国，必以兴起人才为先；欲兴起人才，必以广开学堂为本。"在招生方面，也做出严格规定："来学生徒，以超远大志者为上，如性情浮滑，立心卑贱者，慨不收纳。入堂后如有酗酒、嗜烟，即行辞退。"而且说明："为广开气，修金格外从廉。"

岭东同文学堂力主废除科举，改革教学内容和教育制度，倡导培养"德、智、体"全面发展的人才，开创了岭东新学之先河。

丘逢甲在汕头创办粤东著名新式学校——岭东同文学堂时指出："国何以强？其民之智强之也。国何以弱？其民之愚弱之也。民之智愚呜呼判？其学之有用无用判之也。"因此，要培养有志于振兴国家、民族的新人才，就必须从"德、智、体"三方面严格要求。丘逢甲是个爱国者，因此，很重视爱国教育，要求学生务必关心国家大事。他常说："我国今日之大患，乃在东西列强。"教导学生应把学习目的与民族前途、国家命运联系起来，将来学成，要建树捍卫国家民族之勋业。学堂的章程还规定："来学生徒，以志趣远大者为上，如性情浮滑、立心卑贱者，概不收纳。入堂后如有不遵教规，酗酒，嗜烟，告诫不听者，即行辞退。"以造就一批热爱国家、热爱民族，具有高尚情操的人才。

在智育方面，丘逢甲十分重视课程的设置，他打破旧式书院只注重经学的框框，吸取近代的科学文明，除开设文学、史学等课程外，还开设格致（物理）、化学、生理卫生、算学等。此外，他认为学习外语很重要，而学日语、英语为当前所必需，学生必须努力掌握。

在体育方面，丘逢甲特指定开设"兵式体操"课程，除操练外，还特向惠潮嘉道台秦炳直申领枪支弹药，以教学生实弹射击，使能锻炼身体和练习保卫祖国的本领。每次体操训练，他都在旁边认真督课，足见其对体育之重视。

努力改革教学方法，因材施教，培养学生独立思考和分析问题的能力。

丘逢甲在创办新式学堂时，非常重视教师的选聘。他多次强调，必须聘请品学兼优者为教师。并要求教师不但要"博学"，更要"心明"：明白教育的内容，了解教育的对象。只有这样，才能达到教育的目的，不断提高教育效率。盲目施教，只能导致学生的学习走向歧路。丘逢甲还指出，每次所教内容的多寡，应视学生的情况而定，深浅应该适度。有些内容，还应"反反复复"，让学生"真明白内容"，由此，我们可以看到，丘逢甲要求教师的"心明"，包括了四个方面的内容：一是对教学内容"心明"；二是对根据内容而采取的教学方法"心明"；三是对自己的教育对象的程度和接受能力"心明"；四是对自己的教育效果"心明"。真正做到因材施教。

丘逢甲为了培养学生独立思考和分析问题的能力，要求学生应多疑善问，勤于思考，学得生动活泼。他主张让学生成为学习中的"独人"。他认为，一个有才能的学生，应该是肯动脑筋，成为"同窗中的独人"，努力钻研问题，有自己的独立思考和独特的见地，在"众学同议之外"，有"与众有异的主张"，"切莫人云亦云"，成为被人养在笼子里的"鹩哥"（一种能学人说话的鸟）。

为了活跃学术气氛，丘逢甲还将"学堂分班教授，而学生外另设一班，曰讲习班。凡未为学生而愿与本学堂相切磋者，均可先行挂号，时到堂中研究一切"。扩大学生的视野，并在互相争鸣、互相切磋中，增长知识，增强能力。

可见岭东同文学堂开创了潮汕地区新学之先河，培养了大批有用之士，为潮汕地区的教育事业做出了贡献。据史料记载，丘逢甲内渡以后锐意于兴学启民智，向封建传统教育挑战，积极创办新学，在粤东"劝办学校以百数",桃李满天下,"学生出其门者千人","在其兴学十余年中,培植人材至多。广东革命志士,多半出其门下"。为中国近代教育事业做出了贡献。

概言之,潮汕在历史上涌现过不少名人雅士,更有许多外来的名贤开拓和推动着潮汕文化的发展。其中影响最为深入的,在古代要数唐代的韩愈,他在潮州八个月的惠政,使当地人民将山水都改姓韩来纪念他;而在近代,为潮汕文化教育发展做出重大贡献,并为潮汕人民所感念的,则首推丘逢甲。

(作者单位:广东省社会科学院)

民国报刊视域下丘逢甲形象的多重建构*

欧俊勇　舒习龙

近代以来，受西方媒体文化的影响，中国报刊业发展迅速，报刊对于中国具有"公共领域"的意义，尤其在近现代中国民族主义思潮勃兴的时代背景下，伴随着救亡图存思想成长起来的新一代中国知识精英，他们显然更愿意借助报刊媒介发表论见，以此来维持中国士大夫家国天下的情怀。储安平在《我们的志趣和态度》中提出："这个刊物确是一个发表政论的刊物，然而决不是一个政治斗争的刊物……我们对于政治感觉兴趣的方式，只是公开的陈述和公开的批评，而非权谋或煽动。"① 报刊为知识精英提供了"文人论证"的舆论空间。季家珍（Judge）的研究揭示，以梁启超为代表的中国近代知识分子对"舆论"的建构是清廷迈向革新和现代化的凭证②。报刊业为知识精英提供公共舆论空间，也颠覆了传统文学传播的方式；与此同时，作为文化生产和文化消费的中国报刊，其栏目的多样化对于公众人物的形象塑造具有重要的意义，郭武群意识到现代报刊"对中国文人的塑造也是全方位的"③。

丘逢甲是近代著名的爱国政治家、文学家和教育家，一直以来多为世人所敬仰。目前，学术界关于丘逢甲的研究可谓汗牛充栋。这些研究大多探究丘逢甲的爱国思想和文学贡献，从而构造了丘逢甲的爱国政治家和文学家的

---

* 基金项目：2014年广东省社科规划特别委托项目《广东华侨学术史与史料学研究》（GD14TW01—21）、2015年韩山师范学院创新强校校级重大项目《广东华侨学术建构与史料学研究》（CQ20151130）

① 储安平：《我们的志趣和态度》，《观察》1946年第1期。

② Jadge Joan, Publicists and Populists: Including the Common People in the Late Qing New Citizen Ideal: Joshua A. Fogel and Peter G. Zarrow. *Imaging the People: Chinese Intellectuals and Concept of Citizenship*, 1890-1920 Armomk, NY: M. E. Sharpe, 1997: 165–182.

③ 郭武群：《打开历史的尘封：民国报纸文艺副刊研究》，百花文艺出版社2007年版，第131页。

形象。其实，自清末以来，丘逢甲的形象就不断地被建构，今天我们所了解的形象是不同时期记忆的叠加。

毫无疑问，丘逢甲的人生历程是充满传奇色彩的。丘逢甲的生命历程恰恰反映了近代中国社会思想的剧烈转变，他卓越的才华，超凡的胆识，革新的思想，使得他汇集多种身份于一身。李振武意识到："丘逢甲是中国近代史上一位颇具特色和典型意义的杰出人物。他的人生历程虽然仅有短暂的49载，但却是诸多角色集于一身，绚丽多彩。"① 但是，作为一位公众人物，其形象形成离不开报刊多维视角的建构。特别是在近现代救国救亡的历史背景中，丘逢甲在台湾抗击倭寇行为和倡导独立民主的思想在民国时期的报刊更具有典型性，丘逢甲形象与国家和民族的命运紧密联系在一起。在这种背景下，报刊不遗余力地对丘逢甲的生平和志趣进行描述和刻画，大大丰富了丘逢甲的历史形象，建构了丘逢甲志士、文士、绅士的多重形象。

一　志士形象

前人对丘逢甲的研究，大都意识到中日甲午战争爆发对丘逢甲诗文创作和人生际遇的影响，以此探索丘逢甲的爱国思想。诚然，近代以来，中国社会思潮具有浓郁的强烈民族主义情感，李欧梵认为："晚清时期的中国知识分子同时在缔造两样东西：公共领域和民族国家。"② 报刊在文化思想传播上具有天然的优势，"民族主义在各种进步报刊上风靡一时"③。丘逢甲作为一位典型的人物，民国报刊对其形象的建构往往将其志士形象凸显出来，以表现甲午之役后，丘逢甲"毁家佐军粮食，组织民主国"④的形象。

民国报刊中对丘逢甲志士形象的塑造首先是对其"正统性"形象的塑造。师尚的《丘逢甲传》在描述其身份时简单介绍丘逢甲为"台湾彰化翁仔社人也"，随后笔锋一转，用了大量的文字来说明丘逢甲身份的正统性：

---

① 李振武：《丘逢甲与广东咨议局》，林家有编《孙中山研究（第4辑）》，广东人民出版社2012年版，第109页。
② ［美］李欧梵：《未完成的现代性》，北京大学出版社2005年版，第9页。
③ 章开沅：《章开沅文集（第三卷）》，华中师范大学出版社2015年版，第232页。
④ 痴古：《台湾革命志士丘逢甲的诗》，《国民公论》1932年第37期。

> 其先世由中州迁闽上杭。宋末，有征士讳文兴者，文信国参军也。少与乡人谢翱善，信国勤王师起，与翱同策杖入幕府。信国既北行，与翱同返闽。道梅州文福乡，悦其山水，奉亲卜居，教授以隐。是为镇平丘氏始迁祖。谢翱且为之兆，书创兆榜其居。寄诗有"竟从万山中，辟此遗民界，我昔为之兆，知后将必大"诸语。其后代有闻人，清康熙间，渡海徙台，遂为台人，蔚为望族。父号潜斋，以诗书起家，至逢甲益显。①

这段文字详细地记叙了丘逢甲家族卜居梅州、耕读传家的发展史，强调丘氏祖先文兴公在宋末应募勤王，与南宋抗元将领谢翱的深厚交谊。同时，借助谢翱充满神秘色彩的卜兆活动来预示丘逢甲不凡经历的必然性。报刊对丘逢甲出身的细致描述，实是对其身份正统性的强化。甲午一役，清政府割台以和，丘逢甲亡国失土的形象显然与中国传统价值观相悖，因此，民国报刊在建构丘逢甲形象时，无一例外地强调丘逢甲文化身份的合法性和正统性，并且有选择性地淡化丘逢甲的台籍身份。另一篇关于丘逢甲的传记作品除了和上述材料的家族叙事相同内容外，还进而指出丘氏祖先文兴公追随文天祥，勤王兵败后，隐居镇平，而对丘氏族人渡台后情况记叙甚细："迄清康熙间，又自镇平渡海家于台湾之彰化翁仔社。遂为台湾人。至逢甲之父，以儒起家，逢甲才尤俊。"② 这些史料中，丘逢甲在台的历史有意无意被裁剪或淡化，取而代之的是从家族传承的视角来揭示丘逢甲与闽粤之间的关系。在其家族叙事中，丘逢甲家族与南宋闽粤地区轰轰烈烈的抗元斗争存在千丝万缕的关系，这些充满爱国主义色彩的家族记忆在报刊中不断被叙述，实质上就是将丘逢甲的形象还原到国家"正统性"的话语空间中。而"诗书起家""以儒起家"传统对丘逢甲的影响则揭示丘逢甲思想的儒学根蒂，梁国冠《台湾诗人丘仓海评传》对其学养出处也指出："沧海学宗儒家，好治史，并研究西洋学术。盖以中学为体，西学为用，与当时一般士大夫讲解略同。其谈教育，谈政治，虽融化中西思想，而要以儒学为本。"③ 儒家思想被视为丘逢甲的思想内核，丰富了丘逢甲形象思想的正统性。总之，民国报刊在塑造丘逢甲身份时，充分利用南宋勤王的忠孝文化资源和丘氏家族的历史叙事来揭示丘逢甲形象的"正统性"。

---

① 师尚:《丘逢甲传》,《文史杂志》1942 年第 7—8 期。
② 王宇高、王宇正:《丘逢甲传》,《国史馆刊》1948 年第 4 期。
③ 梁国冠:《台湾诗人丘仓海评传》,《读书通讯》1947 年第 43 期。

其次，民国报刊在塑造丘逢甲形象时，突出其保台的民族英雄形象。甲午之战，清廷割台，这激起了台湾社会精英阶层的强烈反抗。丘逢甲形象也在这种反抗浪潮中进一步丰满起来，他不但组织台湾民族国和义勇军进行抵抗，而且提出了诸多革命思想。唐贤龙《台湾事变内幕记》载：

> 自从一八九四年（清光绪二十年）腐败的满清政府，于马关条约中，将台湾割让给日本以后，台湾的老百姓，闻讯之下，真如晴空中一声霹雳，个个均义愤填膺，悲恸无已。于是台湾有识之士如丘逢甲、唐景崧等都纷纷揭竿而起，奔走呼吁，与日本人顽抗。后虽因众寡不敌而事败，然而，台湾人民这种威武不屈，孤城喋血的赤忱，实足以惊天地而泣鬼神。①

这则史料直观反映了《马关条约》后，台湾民众可歌可泣的抗日斗争。以丘逢甲、唐景崧为代表的精英阶层，揭竿而起，奔走呼吁，孤城喋血，谱写了可歌可泣的英雄壮歌。之后的报纸对丘逢甲形象的塑造，也围绕这样的事实展开，如《台湾历史二三事》一文，将丘逢甲与郑成功、唐景崧并列，视为台湾历史抗击外敌的民族英雄："当台湾民主国成立创，奔走呼吁而力竭声嘶，并积极主张独立的，是丘逢甲氏。这是一位才华并茂的智士，为人耿介。"②

王蘧常在其《回忆台湾及民族英雄丘仓海》则更为形象地描述丘逢甲：

> 倭舰屡窥台中，不得逞，乃去而尝台北，萃攻基隆，将吏猜嫌无斗志，遂陷三貂岭，惟义军孙子堂陷阵战死，基隆八堵相继不守，台北大震，先生（丘逢甲）闻变赴援，中道突闻淮军变作，总统逃，台北陷矣。先生悲愤痛哭，誓师进剿，叛将纵兵大掠，军资尽入其手，义师不支败走，倭犹未知，以德贾毕犹兰告，始纵容入收城，先生腹背受敌，只身遁乡间，收拾余烬，义师复集，倭军循铁道南犯至新竹，先生要击之，屡摧其前锋，大小二十余战。伤杀过当，四方义士，多闻风响应，骎骎足自振矣！终以饷械不继，丧亡日甚致败。初走匿于台北，尚欲得当，谋再举，会倭知自主之谋，发于先生，又义师抗距（拒）力，疾之甚，悬重金大索。时台民之愚懦者，甘为臣妾，桀黠者又诱于重利，不独不

---

① 唐贤龙：《台湾事变内幕记》，中国新闻社，1947年。
② 赤父：《台湾二三事·丘逢甲的悲愤》，《申报》1947年6月17日第9版。

助,且因缘为奸,部将吕某亦叛降倭,先生知事已不可为,欲南依永福,则道梗不能行!乃率残部凭山谷为死守计,部将谢道降苦谏曰:"公若此,是以螳臂当隆车也,徒死何益,不如留身以报祖国,祖国强,则台亡可以不亡,窃意不如内渡。"公涕泣然之,密令所部,各凭势为游兵,徐为归国计,某日潜出水离港,乘舟至泉州,东望故乡,忽大哭呕血数升,几死。①

这段传记将丘逢甲抗倭经过进行了仔细的描述。在王蘧常笔下,丘逢甲形象既是志在抗击倭寇的骁勇将领,又是刚正不屈的守节的勇士,尽管因兵败被迫回国,但是丘逢甲的志士形象却大大提振了台湾人民的士气。亲赴沙场的抗倭壮举成为民国报刊中丘逢甲最直观的形象。甚至《丘仓海与台湾》一文对内渡后的丘逢甲进行进一步的刻画:"沧海自台湾独立,血战不支,痛哭辞故乡,奉父母内渡后,榜其庐曰念台,字其子亦曰念台,有所语,语台湾;有所忆,忆台湾;有所梦,梦台湾。"②或被赞为"壮赴国难"的志士③,或被刻画为"要为中国保全这片土地"的将领④,甚至有意识地被塑造成为"以武侠自任"的侠士形象⑤。更有甚者,中国最早的旬刊画报《点石斋画报》刊登了何元俊表现丘逢甲勇猛抗倭形象的绘画《出奇制胜》。作品中,丘逢甲策马执矛,指挥义军奋勇杀敌,其形象极其勇猛⑥。丘逢甲的形象被赋予了中国传统仁人志士所具有的"浩然之气"文化精神和侠义的气质内涵。

最后,报刊在塑造丘逢甲形象时,也对其身材体貌与言谈举止进行刻画。这些形象的刻画,拉近了与读者的距离,读者可以通过文字描述想象丘逢甲之形象。王蘧常的一段形象描述甚是生动:

光宣之际,我大兄铭燕方监督两广高等工业学堂,年未三十也,喜交当世贤豪。一日来富川省亲,余年仅十龄,颇嗜闻奇人逸事以自壮,请于兄,兄曰:"若知台湾丘仓海乎?我故人也,以一文人而与倭人苦战,终不屈。"缋其状貌曰"仓海",躯干魁伟,长十尺外,广颡丰耳,

---

① 王蘧常:《回忆台湾及民族英雄丘仓海》,《雄风》1946年第3期。
② 少华:《丘仓海与台湾》,《民族诗坛》1939年第5期。
③ 刘土木:《割让台湾时之邱菽园》,《申报》1932年1月9日第12版。
④ 左英:《台湾志士丘逢甲》,《日月谈》1946年第4期。
⑤ 荷公:《丘仓海墓志》,《民国日报》1916年11月9日第12版。
⑥ 何元俊:《出奇制胜》,《点石斋画报》1884年第9期。

两目奕奕生奇光，言时声震屋宇，四座皆惊。手弄铁丸，无须臾止，出示其摄影，则闯然以伟人也。顾余曰："可方古何人？"余方业史，曰："其巨无霸乎？"兄大笑，自此心仪其人。①

尽管王蘧常未曾见过丘逢甲，但是透过其兄王铭燕之口，王蘧常想象中的丘逢甲形象是非常高大魁梧的，而且声音洪亮。值得注意的细节是，王铭燕是为善交贤豪之人，所识之人甚广，唯独以丘逢甲示王蘧常，说明丘逢甲身材体貌与言谈举止形象有别于他人。丘逢甲身材高大，嗓音洪亮的形象似乎是时人的共识，江山渊《丘逢甲传》的记载也与王蘧常相近："躯干魁梧，高十尺以外。广额丰耳。两目弈弈（奕奕）生奇光。言论风生。往往一语惊四座。声震屋宇。"②邱复《丘沧海墓志》也认为丘逢甲躯体魁梧，"见者都谓为武人，君亦乐以武侠自任"③。检阅连雅堂《台湾通史》等方志，仅述丘逢甲抗倭、团练及传记诸事，并未描绘丘逢甲之形象。与志书不同，报刊中塑造的丘逢甲形象体貌甚详，体魄高大。在康德的美学中，"高个子引人注目并令人起敬"，而"崇高的特质引起敬意"④，也就是说，刻画丘逢甲魁梧高大的体魄形象，容易唤起读者对丘逢甲的崇高感知。至于丘逢甲的言谈举止，也成为报刊关注的重点。罗香林《丘逢甲先生传》载："往往侧身东南望，觉故国故都，掩映苍烟暮霭中，迷漫不可睹，辄怆然涕下，哭不成声；时或酒酣耳熟，与二三知友，谈台中故事，虬髯毕张，怒发上指，气垒涌不可遏，交识而敬之。"⑤ 丘逢甲对台湾为倭寇所占之耻义愤填膺的形象跃然纸上，他恸哭伤怀、怒不可遏。这些言谈举止细致地刻画了丘逢甲崇高的形象。

二　文士形象

柳亚子在《论诗六绝》中高度评价丘逢甲的诗歌成就："时流竞说黄公

---

① 王蘧常：《回忆台湾及民族英雄丘仓海》，《雄风》1946年第3期。
② 江山渊：《丘逢甲传》，《小说月报（上海）》1915年第3期。
③ 荷公：《丘仓海墓志》，《民国日报》1916年11月9日第12版。
④ ［德］康德著：《对美感和崇高感的观察》，曹俊峰、韩明安译，黑龙江人民出版社1990年版，第7—9页。
⑤ 罗香林：《丘逢甲先生传》，《国立中山大学文史学研究所月刊》1934年第5期。

度，英气终输仓海君；血战台澎心未死，寒笳残角海东云。"①柳亚子将丘逢甲与宋代爱国诗人黄公度相提并论，既肯定了丘逢甲的气节，又肯定了丘逢甲的文学成就。诚然，丘逢甲"被认为是最具才华的台湾籍诗人"②，爱国文士也是民国报刊所塑造的主要形象。最典型的例子莫过于汪国垣仿照梁水泊英雄排名所作的《光宣诗坛点将录》中将丘逢甲评为"天退星插翅虎雷横"，认为"仙根在岭南诗最负盛"③。而近代著名诗人金鹤望的《诗国改选》一文中，丘逢甲更被戏封为"海军总长"。④

在塑造丘逢甲文士形象时，民国报刊凸显了丘逢甲天才的诗人才华和诗歌的爱国主义精神。《民国诗雄丘逢甲》一文称丘逢甲为"伟大之民族诗人"，并且回溯了丘逢甲的科举历程："幼，从父潜斋读，十四补弟子员，十九补廪饩，二十五应福州乡试，中式三十一名举人。明年，成进士，殿试列二甲。"⑤刊物在介绍丘逢甲诗歌成就时，特意将其辉煌的读书经历数列其中，"联捷成进士"⑥，其目的也在于塑造丘逢甲诗人形象所具有非凡天资。罗香林《台湾先烈丘逢甲传》也言："逢甲既少耽诗，寝馈李杜苏黄，去其肤而撷其英，卓然大家。"⑦在罗香林眼中的丘逢甲形象就是一位早熟的诗人，才华横溢，有大家之气。天赋奇高，又兼武略，这是罗香林眼中"坚苦耐劳，有文理，不废武"的丘逢甲形象⑧。文武兼具历来是中国人对杰出人才的评判的重要标准，并且在晚清教育改革中成为人才培养之目标。1901年，张之洞、刘坤一在《变通政治人才为先遵旨筹议折——酌改文科》中直接提出："今泰西各国学校之法，犹有三代遗意，礼失求野，或尚非诬。其立学教士之要义有三：一曰道艺兼通，二曰文武兼通，三曰内外兼通。"⑨报刊在刻画丘逢甲雄才武略形象的同时，充分展现丘逢甲杰出的诗歌才华，使丘逢甲的文士形象更加符合中国人对杰出人才的评价标准。

---

① 柳亚子著，李昌集选注：《柳亚子诗文选》，华东师范大学出版社1995年版，第184页。
② [美]孙康宜、宇文所安主编：《剑桥中国文学史（1375—1949）》，刘倩等译，生活·读书·新知三联书店2013年版，第513—514页。
③ 汪国垣：《光宣诗坛点将录》，《甲寅周刊》1925年第6期。
④ 烟桥：《诗国改选》，《申报》1933年12月21日第15版。
⑤ 卢冀野：《民族诗雄丘逢甲》，《民族诗坛》1939年第5期。
⑥ 傅任敢：《台湾遗民爱国教育家丘逢甲先生》，《中华教育界》1936年第10期。
⑦ 罗香林：《台湾先烈丘逢甲传》，《中国新论》1935年第3期。
⑧ 同上。
⑨ 张之洞著，王树楠辑：《张文襄公全集（卷五十二·奏议）》，北平文华斋刊，1928年，第12页。

关键的问题在于，民国报刊在塑造丘逢甲诗人形象时，往往强调其诗歌的爱国主义思想。《时代精神》在介绍丘逢甲诗歌作品时，重点介绍丘逢甲抗倭的事迹对诗歌的影响："先生归自台湾，一意发为诗声，多哀凉悲壮之作，盖其抱负甚高，故诗凌厉雄迈，气盖一世也。"① 可见，丘逢甲的诗人形象与其诗歌思想关系颇深，抗倭的事迹成为报刊介绍丘逢甲诗歌的策略。实际上，民国报刊所刊选丘逢甲诗篇也充满爱国主义色彩。计有《清议报》录23首，《学衡》录28首，《时代精神》录13首，《日本评论》录6首，《学术》录3首。这些诗歌几乎全部表现了丘逢甲强烈的爱国主义精神和愤懑之气，如《闻海客谈澎湖事》（其一）：

绝岛周星两受兵，可怜蛮触迭纷争。春风血涨珊瑚海，夜月磷飞牡蛎城。故帅拜泉留井记，孤臣掀案哭雷声。不堪重话平台事，西屿残霞怆客情。②

报刊将丘逢甲这首诗誉为"继承了杜甫的'诗史'精神"③，慷慨悲壮，黍离之悲跃然纸上，抒发了丘逢甲对台事未平的愤懑之情。这些诗歌的刊发，是当时民众情绪的一种反映，江山渊《丘逢甲传》写道："割地之议既起，举国大哗，群詈鸿章为卖国贼。忧国之士数千人，上书力争之，词颇激昂。中外诸臣章奏凡百十上。台湾臣民争尤力。"④ 报刊选取丘逢甲抒发黍离之悲的诗歌作品，无疑迎合了当时激昂的民众情绪，同时，也强化了丘逢甲文士的形象。一个典型的例子是，《正中儿童》刊载的《美丽的台湾》一文中，一位父亲给子女讲述台湾抗战故事时，重点以丘逢甲的诗人形象为例子教育小孩："丘逢甲在离开他的家乡台湾时，曾经赋了六首诗，当中有两句是：'宰相有权能割地，孤臣无力可回天。'愤懑的情绪，可以想见了。他的诗中，还有这两句：'卷土重来未可知，江山亦要伟人持。'"⑤ 文中引用了丘逢甲耳熟能详的《离台诗》，可见，丘逢甲的文士形象塑造已深入人心。

不可否认，丘逢甲是一位才华横溢的诗人，但是报刊在建构丘逢甲诗人形象时，最常用的策略就是将丘逢甲抗倭事迹作为背景来展开，并且有选择性地刊载丘逢甲慷慨激昂而又充满黍离之悲的诗歌作品，两者形成一种强烈

---

① 丘逢甲：《岭云海日楼诗》，《时代精神》1942年第1期。
② 同上。
③ 孙微：《清代杜诗学史》，齐鲁书社2004年版，第341页。
④ 江山渊：《丘逢甲传》，《小说月报（上海）》1915年第3期。
⑤ 单荫成：《美丽的台湾：（二）毛昶熙和丘逢甲》，《正中儿童》1946年第22期。

的呼应。这种建构策略在充满强烈民族主义情绪的时代中，无疑是非常成功的，这足可以轻易唤醒民众的强烈共鸣。同样，这一过程使得丘逢甲爱国主义诗人的形象更加受到民众的爱戴。

此外，丘逢甲还被塑造为具有进步思想的思想家形象。1900年，日本驻新加坡领事馆一份标注为"机密第四号"的档案显示，丘逢甲被视为与革命有密切接触的人物①。是年，丘逢甲与康有为、王晓沧等人前往南洋宣扬爱国保皇运动并受到南洋华侨们的支持。档案材料实际上就是日本驻新加坡领事馆对丘逢甲等人进行秘密监视的证据。更有甚者，洋人冒充侦探在《岭东日报》发布新闻，称丘逢甲名列于革命党人名簿之中②。诚然，丘逢甲本人无论在行为还是思想倾向上，表现出一定的进步性。但是朱双一对丘逢甲、连雅堂、洪弃生等人思想的研究显示，他们早期思想"往往属于积极接受西方新事物的革新派，但到后来，却又都趋向保守，甚至成为革新的阻力"，其原因在于在民族危机所产生的"文化民族主义"心理，使得他们"转而对本国的历史和文化传统极力坚守和维护的立场"③。可见当时在民国报刊文本中，丘逢甲的思想家形象被塑造成倡导"民主自由"的思想家。如《台湾志士丘逢甲》一文中，丘逢甲"首先倡议台湾必须独立自主。全个台湾岛的人民，谁都热烈地拥护者邱逢甲，到处都唱着'自由'的歌。逢甲便草定临时宪法、建台湾为民主国——这是东亚第一个民主国"④。丘逢甲在台首倡独立民主的形象是民国报刊的共性，报刊将丘逢甲思想家形象与其在台抗倭建国的经历联系在一起：

> 惟饬撤回守官。仓海长太息曰：余固知必有今日也！然台湾乃台人所有，匪得任人私相授受！清廷虽弃我，我岂可自弃耶？仓海此言，至为沉痛。乃首倡台湾自主之说，号召国中，登高一呼，全台皆应。群推仓海草创宪法。于是建台湾为民主国，开议院，定官制。……亚洲之有民主政体出现，当以台湾民主国为首次，在此之前，殆未前闻。而仓海首倡之，其识力，其眼光，其政治思想，诚超人一等。仓海为此划时代之创举，其思想根源，固出儒教，抑亦受西洋文化之影响。⑤

---

① [日]日本驻新加坡领事馆：《机密第四号》1900年5月23日，档案编号：1—0585。
② 《岭东报与丘逢甲交涉》，《香港华字日报》1908年6月23日第4版。
③ 朱双一：《日据前期台湾的文化民族主义——以连雅堂、洪弃生、丘逢甲等为例》，《台湾研究集刊》2003年第3期。
④ 左英：《台湾志士丘逢甲》，《日月谈》1946年第4期。
⑤ 梁国冠：《台湾诗人丘仓海评传》，《读书通讯》1947年第143期。

报刊媒体再次将丘逢甲的思想家形象内涵进一步扩大，他被视为受中西方政治思想影响的实践者，其思想超越了同时代的思想家，对亚洲民主政体的建立具有首创之功。丘逢甲思想家形象在后来的报刊中被不断放大，甚至被塑造为"俨然开中国民国之始基"者①。

近代以来，西方民主思想传入中国，对中国社会的各个方面产生极大的冲击和影响，尤其是在救国救亡的时代背景下，"20世纪初的进步知识分子，把自己的历史任务界定为'建立民族国家，立共和之宪章'，而民族主义则是救国良方的最佳选择"②。民主思想在各种报刊上风靡一时。如1903年，《浙江潮》就刊文强调："民族建国问题者何？曰：凡同种之人，务独立自治，联合统一，以组织一完全之国家是也。"③丘逢甲提出的"台湾乃台人所有"思想，契合了近代以来报刊所宣传的民主思想，尤其是短暂的"台湾民主国"建国实践，使得丘逢甲思想者的形象更加突出。

三　绅士形象

内渡之后，丘逢甲本人并不热衷政务，转而寄情山水，潜居乡野。1908年，丘逢甲在《松山书屋图记》一文中他写道："予居是村，目有见，贝松也；耳有闻，闻松也，村在万山中，山在万松中：松者山之表也。予性爱山，尤爱松，爱其容之正，韵之清，而节之高也。惟其材尤周于世用，用世必出山而听命于人，不能金松之天：予不为松愿计，松亦不自愿也。予愿长子孙于是村而老，亦愿松之皆得长子孙于是山而老也。"④经历台事曲折，丘逢甲似乎更愿意与山松为邻，效仿古时高洁之士，隐居山野之中。师尚《丘逢甲传》所建构的丘逢甲形象也不慕时名，试图以教育兴邦："逢甲已内渡，家于原籍镇平县，自称台湾遗民。广东巡抚许振炜奏请归籍海阳。旋主讲潮州韩山书院。大吏屡招之，不出。惟以兴学育才，号召国人。"⑤这一形象非常符合丘逢甲内渡后的个性特点。纵观丘逢甲内渡后的人生轨迹，他并不为时名所牵绊，淡于政事，而是以绅士

---

① 丘逢甲：《岭云海日楼诗》，《时代精神》1942年第1期。
② 章开沅：《章开沅文集（第三卷）》，华中师范大学出版社2015年版，第232页。
③ 飞生：《国魂篇》，《浙江潮》1903年第3期。
④ 丘逢甲著，丘晨波、黄志萍、李尚行等编：《丘逢甲文集》，花城出版社1994年版，第342页。
⑤ 师尚：《丘逢甲传》，《文史杂志》1942年第7—8期。

身份参与时政。除了在辛亥革命后，出任广东军政府教育部长经历外，丘逢甲内渡后的生涯基本上都是以绅士身份参与活动的。1902年天津《大公报》在报道岭东同文学堂新闻时，介绍丘逢甲的身份依然采用"潮州府绅士工部主事"这一身份①，此外，1908年《四川教育官报》所刊《广东学务公所议绅工部主事丘逢甲复陈教育计划草案条议》一文，亦以"绅士"称丘逢甲②。绅士是丘逢甲参与社会活动的文化身份。民国报刊中对丘逢甲绅士形象的塑造主要集中在其内渡后的社会活动中，活动主要包括兴办教育、参与时政两个方面。

其一，兴办教育。民国报刊中，大多提及丘逢甲不入官宦，专心于地方教育。如江山渊《丘逢甲传》载："是时大吏闻其贤，屡招之。逢甲均婉谢不肯出。只愿担任教育事宜。大吏遂聘之为广州府中学校校长。旋又任方言学校校长。学生出其门者千余人。咸端志力学。克承厥绪。"③ 在这则传记中，丘逢甲是一位淡泊名利，"只愿担任教育事宜"的教育家形象，更侧重于对丘逢甲教育生涯的综述。但是在王宇高、王宇正笔下的丘逢甲形象，就被赋予了从事笃行新学的教育家：

> 广东巡抚许振祎闻丘逢甲归，招之出，不应。属以潮州韩山书院，乃出。曰：作育人才，是吾志也。二十五年，广东创同文学堂。逢甲为总理，力排阻扼为之。岭以南新学之行，盖始乎此。后之学堂群兴，重逢甲，多请兼为监督。广州中学堂、两广方言学堂，凡士之出其门，新旧学咸精，尤有志为国。④

丘逢甲被进一步建构为岭南推行新学第一人的教育家形象。此外，卢冀野在《民族诗雄丘逢甲》一文中，对丘逢甲推行新学形象进行介绍：

> 丁酉、戊戌两年，为潮州课士期，盖先生受潮州知府李士彬聘，主讲韩山书院，次年又主讲潮阳东山书院。……先生之讲学也，内渡后，专以新思潮及有用之学课士，致被目为异端。己亥，创办东文学堂，是为倡导新学期。……辛丑至甲辰四年，则岭东建校期。时，办岭南（东）同文学堂于汕头，为粤东民立学校之嚆矢，先生自为监督，以欧西新法

---

① 《京报摘录·陶模等片》，《大公报（天津）》1902年7月22日，附张第1版。
② 《广东学务公所议绅工部主事丘逢甲复陈教育计划草案条议》，《四川教育官报》1908年第2期。
③ 江山渊：《丘逢甲传》，《小说月报（上海）》1915年第3期。
④ 王宇高、王宇正：《丘逢甲传》，《国史馆馆刊》1948年第4期。

教育青年，以革命维新鼓励士气，有志者趋之若鹜。辛亥革命，岭东义士多孕育于是。①

在资料中，丘逢甲的形象被进一步丰富为创办新学堂、传播新思潮和推行西方新式教育的教育家。关键在于，丘逢甲的教育家形象与革命形象产生了联系，其教育的影响最终与辛亥革命建立起了联系。

其二，参与时政。内渡后，丘逢甲有过短暂的仕宦经历。1909年10月，粤省咨议局成立，丘逢甲被推为副议长。1911年11月，广东军政府成立，丘逢甲任军政府教育部部长。民国成立，丘逢甲被选为南京临时政府议员。尽管担任政府要职时间不长，但是丘逢甲杰出的政治才华也成为民国报刊关注的焦点。如罗香林《丘逢甲先生传》载："光绪末，清廷诏各省置咨议局，逢甲被推任粤局议长，立谠言，涤积弊，尤以禁赌案，争之独力，粤人至今称之。……粤省既独立，推逢甲任教育司长，旋代表粤民，赴南京参政，被选为临时参议院议员。"② 罗香林笔下的丘逢甲是一位性格耿介、敢于担当的官员。1910年《申报》刊载《粤议局否决禁赌案大风潮三志》新闻，禁赌案牵涉地方利益，甚至牵扯咨议局议员。因此，禁赌一案是充满政治性案件，此中，媒体更是展现了丘逢甲不惧强权、据理依法的性格③。此外，丘逢甲还被塑造成为一位为民国成立做出杰出贡献的人物。丘复《丘仓海墓志》言：

> 会南京组织临时政府，君任代表，挈予通往。一时豪杰，雅推重之。尝冒雪游孝陵，有诗纪游，意气豪甚。因言南京光复，临时政府又在兹地，民国当有三大文字，祭孝陵、延平、洪王也。机务倥偬，卒未果作。及临时政府告成，君遂南归。过厦，以福建省议会未成立，徇厦商之请，特电闽都督，请即日召集。略以革命在扫除满清秕政，若一切仍旧，安用铁血为？并言民国新造，断非一二人专制可以成功。君本勇于任事，旧籍又隶闽，故不嫌越俎如是。④

材料中，丘逢甲不单参与了南京临时政府的创建工作，还在南归途经厦门之时，见闽省议会未立，希望勇当大任，协助闽省组织议会。民国初造，丘逢甲表现出极大的热情。这种参与热情在民国报刊中便呈现了一个民国缔

---

① 卢冀野：《民族诗雄丘逢甲》，《民族诗坛》1939年第5期。
② 罗香林：《丘逢甲先生传》，《国立中山大学文史学研究所月刊》1934年第5期。
③《粤议局否决禁赌案大风潮三志》，《申报》1910年11月26日第一张后附第1版。
④ 荷公：《丘仓海墓志》，《民国日报》1916年11月9日第12版。

造者角色的形象。在这一过程中，丘逢甲完成了从旧式绅士向民国缔造者的形象转变。

四 结论

近代以来，报刊的出现和兴盛推动了公共舆论和公共领域的形成。有别于西方媒体的制度，中国的报刊非常重视舆论的批判功能。1902年梁启超在《敬告我同业诸君》一文中对报刊的社会功能归结为"对于政府而为其监督者"和"对于国内而为其向导者"①。也就是说，报刊在近代中国社会的转型发挥着公众舆论的作用。正如哈贝马斯所认为的，公众舆论"指的是有判断能力的公众所从事的批判活动"②。公共舆论和政治权力存在无法割断的联系，尽管政治权力的存在消费了公共舆论的公共性特点，但是，作为公共舆论建构者的社会精英，报刊成为他们表达政见和政治现象的公共空间。这些社会精英本来就是某些政治团体的代表。他们需要通过报刊媒体来实现舆论控制和引导。在这一层面上，公共舆论实际上就是政治权力结构的外化，而"政治权力也需要利用公共舆论来强化自身统治或反抗的合法性"③。在布迪厄的理论中，公共舆论与政治权力的共谋就是所谓的文化资本、象征资本在文化再生产中的功能的体现④。

民国报刊对丘逢甲多样性形象的建构同样也体现了文化权力和政治权力的存在。丘逢甲形象主要被建构为志士、文士、绅士三重形象，这三种形象的建构总是与社会意识形态交织在一起。丘逢甲抗倭和建立"台湾民主国"的史实成为这三种形象建构的基础。郝延平认为，清末时期，伴随着西方帝国主义的入侵，"中国出现了一种认识（尽管是慢慢地和模糊地出现的），即中国是一个应予珍爱的实体——这种认识与其说是仇外的和有文化偏见的，不如说是理性的和民族主义的"⑤。民族主义成为近代中国知识分子对民主国

---

① 梁启超：《梁启超全集》（第2册），北京出版社1999年版，第969页。
② ［美］哈贝马斯：《公共领域的结构转型》，曹卫东译，上海学林出版社1999年版，第108页。
③ 唐小兵：《现代中国的公共舆论：以〈大公报〉"星期论文"和〈申报〉"自由谈"为例》，社会科学文献出版社2012年版，第191页。
④ ［法］皮埃乐·布迪厄、［美］华康德：《实践与反思——反思社会学引论》，李猛、李康译，中央编译出版社2002年版。
⑤ ［美］费正清、刘广京主编：《剑桥中国晚清史》（下卷），中国社会科学院历史研究所编译室译，中国社会科学出版社1993年版，第203—204页。

家想象的精神支柱。正如列文森所认为的,"当文化至上论绝望地退出历史舞台的时候,民族主义就占据了中国人的心灵"①。清末,朝廷割让台湾于日寇,丧权辱国刺痛了中国开明知识分子的敏感神经。丘逢甲抗倭建国的事件便成为抵御外敌、振兴国家的行为象征。丘逢甲志士形象的出现契合了民众抗击外敌的激昂情绪。当中国知识分子反思中国固有的政治体制弊端时,丘逢甲作为倡导独立自主的思想家和实践者的形象成为报刊中的焦点。辛亥之岁,民国初肇,民众为共和之制欢喜鼓舞时,丘逢甲作为缔造国家、倡导共和的开明绅士形象再一次出现在民众的视野中。总之,丘逢甲形象的构建是近代以来民族主义发展的结果。

值得一提的是,在抗战时期,丘逢甲的事迹和诗歌作品再次被报刊所关注。在全民族抗战时期,丘逢甲形象与国家民族命运联系在一起:

> 抗日胜利后,台湾必能独立,且必能与中国恢复旧日关系,兹选刊先生遗诗,为国人最,并以作台民之气。②

这是《时代精神》1942 年刊登丘逢甲诗歌的一段引言。尽管此时丘逢甲已经去世 30 年,又逢抗战,刊物依然刊登丘逢甲诗歌作品,丘逢甲的形象和他的诗篇成为提振民族精神的重要文化资源。又如《台湾志士丘逢甲》一文:

> 回忆台湾割去迄今三十余年,非但已往失地未能收复,而东北又为台湾之续;今且危及腹地,国家命脉,不绝如缕矣!吾人于此诵丘先烈之诗,其将何辞以对?丘先烈九泉有知,其悲愤又为何如乎?③

这段文字更明显地将丘逢甲形象与国家命脉联系在一起,既抒发了国土沦陷之痛,又号召国人秉承丘逢甲之抗战精神,坚决抗战。为了纪念"台湾抗日英雄丘逢甲先生",激励后人,1939 年 4 月,北伐军总司令还到蕉岭成立筹备委员会,"拟以先烈沧海之名为校名",筹办逢甲纪念学校④。民国期间,丘逢甲抗战形象无论在国家还是地方层面,都成为一种

---

① [美]列文森:《儒教中国及其现代命运》,郑大华、任菁译,中国社会科学出版社 2000 年版,第 84 页。
② 丘逢甲:《岭云海日楼诗》,《时代精神》1942 年第 1 期。
③ 廷灼:《台湾志士丘逢甲》,《知行月刊》1936 年第 5 期。
④ 《姚雨平到蕉策动自卫抗战并筹丘逢甲纪念学校》,《香港华字日报》1939 年 4 月 3 日第 2 张第 2 页。

符号记忆。

即使抗战胜利后,丘逢甲的爱国形象依然未曾褪色,反而在特定时间被放大。如1947年《张院长推崇丘逢甲》一文报道了行政院长张群出巡台湾期间,谒郑成功祠,并对丘逢甲推崇致敬,丘逢甲被视为民族之英雄①。抗战胜利后,行政院长张群巡视台湾充满了政治色彩,并且引用了丘逢甲诗歌来赞扬丘逢甲爱国之精神。

总之,丘逢甲作为一位近现代的社会精英,经历了中国社会的急剧转型时期,他在抵御外敌、文学创作和社会活动中表现出强烈的民族主义精神。而他的成就也成为民国时期报刊对丘逢甲的形象建构的基础。报刊对丘逢甲多样性形象的建构反映了深层次社会意识的存在,并在特定历史时期,丘逢甲的形象成为鼓舞民族精神的文化资源。

(作者单位:揭阳职业技术学院师范教育系)

附图一:

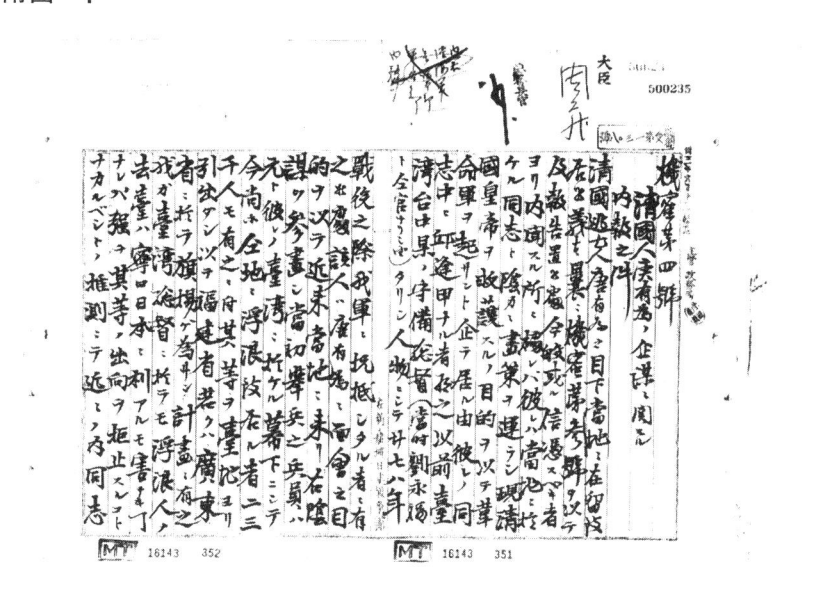

日本驻新加坡领事馆档案(1900)

---

① 《张院长推崇丘逢甲》,《大地周刊》1947年11月9日第1版。

附图二：

附图二：何元俊画《出奇制胜》

丘逢甲《穷经致用赋》及其致用爱国之思想

欧天发

前　　言

丘逢甲应童试之赋题《穷经致用赋》，以董仲舒之事业为论，获得佳评。丘氏赞美董仲舒云："初曾治遍《春秋》，会心独远；后果见诸事业，应用无穷。"故书生报国成为其效法努力之目标。本篇略述董仲舒之成就及赋文之意，并附以丘氏一生救国之言行，教育之热衷，足以见其人格之一致。

一　丘逢甲之赋作

据《全台赋》[①] 丘逢甲之赋作共得二篇：
（一）《穷经致用赋·以题为韵》，《丘逢甲遗作》注云："光绪丁丑年台湾府学闽粤经古第二名"，为丘氏幼年应台南府童子试时之考卷。光绪丁丑年为光绪三年（1877），其考试经过，据杨护源云：

> 1877 年（光绪三年），丘逢甲时年十四，是年台湾府举行岁试。丘龙章认为丘逢甲年纪虽小，但学识已大有长进，不妨让其应试，或增长些许经验。故丘龙章便虚报丘逢甲为十六岁应试，并亲自陪同丘逢甲至台南赴考。……当年丘逢甲应试是科之赋题为《穷经致用赋》……诗题

---

① 《全台赋》，"国家"台湾文学馆筹备处 2006 年版，第 258—262 页。《全台赋校订》，"国立"台湾文学馆 2014 年版，第 238—243 页。

为《赋得"海色本澄清"得清字七律》……词牌为《穷经致用·调寄西江月》……丘逢甲初试一鸣惊人,为是年台湾府学闽粤经古第二名,又受到巡抚丁日昌的赏识而赠丘逢甲"东宁才子"印一方以资鼓励。①

可见丘父对逢甲之寄望,逢甲不负期待,终受赏识而成为"东宁才子"。游适宏详述其考科为"童试院考":

> 上引杨文提及丘逢甲于光绪三年"岁试"时遇丁日昌,但"岁试(岁考)"虽然也由学政主持,其性质却是已通过"童试"、中秀才的府学生员、县学生员所参加的学业评鉴考试。丘逢甲既然得虚报年龄应考,其身份自是"童生"而非"生员",所参加的考试当为"童试"的第三阶段"院考"。今据"广东丘逢甲研究会"所编《丘逢甲集》,《穷经致用赋》下注明:"在台南府童子试时应试之作",《穷经致用·调寄〈西江月〉》《赋得"天容海色本澄清"得清字七言八韵》下亦均注明:"丁丑童子试应试之作",可知丘逢甲《穷经致用赋》乃应"童试院考"而作。②

丘之同场考卷《穷经致用·调寄〈西江月〉》云:

> 兴起八叉手健,吟成七步才雄。更兼经史满怀中,只觉大才适用。欲布知时甘雨,愿乘破浪长风。他年位若至三公,定有《甘棠》雅颂。③

"他年位若至三公,定有《甘棠》雅颂",口气虽大,但以咏召公虎之《甘棠》自我期待,可谓人小而志高。《召南·甘棠》:

> 蔽芾甘棠,勿翦勿伐,召伯所茇。
> 蔽芾甘棠,勿翦勿败,召伯所憩。
> 蔽芾甘棠,勿翦勿拜,召伯所说。

毛传:"《甘棠》,美召伯也",案《史记·燕召公世家》:

> ……其在成王时,召王为三公:自陕以西,召公主之;自陕以东,

---

① 杨护源:《丘逢甲:清末台粤士绅的个案研究》,硕士学位论文,中兴大学历史学系,1996 年。
② 游适宏:《〈全台赋〉所录八篇应考作品初论》,《逢甲人文社会学报》2007 年第 15 期。
③ 徐博东、黄志平:《丘逢甲传》(增订本),秀威资讯科技股份有限公司 2011 年版。原注:"据台湾手抄本《丘仓海先生诗文录》,见《丘逢甲集》第五页。"

周公主之。……召公之治西方，甚得兆民和。召公巡行乡邑，有棠树，决狱政事其下，自侯伯至庶人各得其所，无失职者。召公卒，而民人思召公之政，怀棠树不敢伐，哥咏之，作《甘棠》之诗。

屈万里言其诗旨云："南国之人爱召穆公虎，而及其所曾憩息之树，因作是诗。"① 则《甘棠》之诗系纪念召穆公虎之仁政而作，表现出民众对召伯之思念与拥戴。可见丘逢甲认为《西江月》所咏，"经史满怀"是为了治国，有如召伯行仁政而决狱，"甚得兆民之和"，上下一体，终能嘉惠百姓。故借对甘棠之不欲翦伐，以见人民对召伯之怀思。

《穷经致用赋·以题为韵》"致"段云：

> 学既精通，干旌果贲。策对天人，对详灾异。读书人作宰相，不离正名正分正朝仪；居官者有大儒，何疑家事国事天下事。此皆实学所优为，断非荒经可幸致。

通经而后能致用，非一般俗儒可比，故曰："读书人作宰相，不离正名正分正朝仪；居官者有大儒，何疑家事国事天下事。"大儒者即有用于国家之儒，不随其势之有上下而异其心。《荀子·儒效》云：

> 儒者法先王，隆礼义……虽穷困冻馁，必不以邪道为贪。无置锥之地，而明于持社稷之大义。嗷呼而莫之能应，然而通乎财万物，养百姓之经纪。埶在人上，则王公之材也；在人下，则社稷之臣，国君之宝也；虽隐于穷阎漏屋，人莫不贵之，道诚存也。……彼大儒者，虽隐于穷阎漏屋，无置锥之地，而王公不能与之争名。

其能力："养百姓之经纪。……王公之材……社稷之臣"，其修养就是孟子所谓的"贫贱不能移，富贵不能淫，威武不能屈"，即使无立锥之地，都是不愧于天地的大儒。"赋"段云：

> ……况我朝经学是崇，用才是务。士如有志，岂容务博而荒；人待出身，毋致操刀所误。将见研经入选，恒存捧日之心；旋看大用有期，直上凌云之赋。

是期待朝廷能唯人才是用，而有志者须专经而学，勿博涉而荒。至于出

---

① 屈万里：《诗经诠释》，联经出版有限公司1983年版，第28页。

身应讲重实学，勿只是操刀复制，所谓记诵之学。全篇即以经学为实学之本，人才为强国之根源为重点。

（二）《澎湖赋·以"洗尽甲兵长不用"为韵》，限韵字典出杜甫《洗兵行》："安得壮士挽天河，净洗甲兵长不用"略改其字。以谈瀛客问于湖山主人为始，主人答之为内容。结束段云：

> 知蠡测海之徒事劳形，知虫语冰之空烦聚讼。王公设险而非虚，善政得民而足重。则且泛卅六岛而考其纵横，则且泊五十屿而稽其错综。当此边防无遗策，金弢藏韬略之书；中国有圣人，玉简下升平之颂。不独落霞骋笔，研词克协乎同文；更将捧日抒诚，实学相期于适用。

期望"边防无遗策""实学相期于适用"，都说明他期于读书致用的决心。又乾隆年间王必昌《澎湖赋·以"云岛接连风潮无极"为韵》以澎湖名赋为最早，光绪初杨浚有《澎湖吊古赋》二篇，光绪十三年洪缵有《澎湖赋并序·以"洗尽甲兵长不用"为韵》，吴德功也有《澎湖赋》。刘萱萱有《"只此一丸地，曾为百战场"——吴德功、丘逢甲、洪弃生〈澎湖赋〉探析》一文，综述清末三篇《澎湖赋》所表现的澎湖思维。①

二 董仲舒之经学与出仕

董仲舒事迹见《史记·儒林列传》及《汉书·董仲舒列传》。《史记》简要，言其治学之专谨云：

> 少治《春秋》，孝景时为博士。下帷讲诵，弟子传以久，次相受业，或莫见其面，盖三年董仲舒不观于舍园，其精如此。进退容止，非礼不行，学士皆师尊之。

学生之多，弟子竟连老师的面都见不到。读书至于三年不窥园，专精程度如此。进退容止，全依礼而行，可谓循古不变。利用《春秋》灾异来追究如何求雨止雨：

---

① 《东海大学图书馆馆讯》2013年第11期。http://www.lib.thu.edu.tw/newsletter/146—201311/page05.1.htm#_ftn1，2016—11—13 线上。

> 以《春秋》灾异之变，推阴阳所以错行。故求雨闭诸阳，纵诸阴，其止雨反是。

以《春秋》灾异之事件来解说阴阳气象之变化，已经涉及天人之际的宗教关系，实不止于经学范围。《汉书·董仲舒列传》仲舒云：

> 臣谨案《春秋》之中，视前世已行之事，以观天人相与之际，甚可畏也。国家将有失道之败，而天乃先出灾害以谴告之。不知自省，又出怪异以警惧之，尚不知变，而伤败乃至。以此见天心之仁爱人君而欲止其乱也。

此即谓天人之际相关者也，言天心之仁爱人君而欲止其乱，国家将有失道之败，而天乃先出灾害以谴告之。仲舒之论虽以灾异立论，易涉虚实。然据《春秋》史事，略以天道之能降祸福以约束专制无垠之国君，亦未尝非当时之权宜也。

又其出仕，《董仲舒列传》云：

> 武帝即位，举贤良文学之士前后百数，而仲舒以贤良对策焉。

即所谓《天人三策》。对既毕，天子以仲舒为江都相，事易王。易王素骄，仲舒以礼谊匡正之，王乃敬重焉。后因公孙弘谮之，出为胶西王相。仲舒恐久而获罪，以疾免而居家，终身以修学著书为业。《史记·儒林列传》云：

> 董仲舒为人廉直。……董仲舒以弘为从谀。弘疾之，乃言上曰："独董仲舒可使相胶西王。"胶西王素闻董仲舒有行，亦善待之。董仲舒恐久获罪，疾免居家。至卒，终不治产业，以修学著书为事。……弟子通者，至于命大夫；为郎、谒者、掌故者以百数。而董仲舒子及孙皆以学至大官。

可见董仲舒之经学为西汉初之显学，君臣一致，儒家始能复兴，成为政治与经学融合之榜样。

三　儒家穷经致用的传统

以读《诗》而论，《诗·大序》云：《诗》有六义焉："一曰风，二曰赋，三曰比，四曰兴，五曰雅，六曰颂。"所谓"六义"是读《诗》产生的六种功能，周之太学教"六诗"，目次皆同。这是学诗的致用，它不是考试用的而是修身用的。诵《诗》是为了从政，《论语·子路》：

> 子曰："诵《诗三百》，授之以政，不达；使于四方，不能专对；虽多，亦奚以为？"

《诗三百》，凡歌辞曰诗，三百者概言《诗经》之总篇数。梁·皇侃疏云："达犹晓也。诗有六义，国风、二雅并是为政之法，今授政与此诵诗之人，不能解晓也。"（《论语集解义疏》）国风、二雅尹吉甫所作政书也，"上以风化下，下以风刺上"诗言志，亦言情，通于人情事故，如风之能化，如雨露之皆沾，善入心，所谓"温柔敦厚"（《礼记·经解》），合乎诗教之旨。通达于人心即通达于政治矣，此《诗三百》诵之而有治效者也。专对指外交场合之特定"赋诗"对答也。如《左传·昭公十六年》：

> 夏四月，郑六卿饯宣子于郊。宣子曰："二三君子请皆赋，起亦以知郑志。"子赋《野有蔓草》。宣子曰："孺子善哉！吾有望矣。"子产赋郑之《羔裘》。宣子曰："起不堪也。"子大叔赋《褰裳》。宣子曰："起在此，敢勤子至于他人乎？"子大叔拜。宣子曰："善哉，子之言是。不有是事，其能终乎？"子游赋《风雨》，子旗赋《有女同车》，子柳赋《萚兮》。……宣子皆献马焉，而赋《我将》。子产拜，使五卿皆拜，曰："吾子靖乱，敢不拜德？"

《诗》是每人自小都要读的经典，必也熟知其义，并能随机运用，否则记得多也没有用。可见诵《诗》是大夫在外交场合用来言志示意，如有不懂，甚至酿成对国家之祸害。

《诗》也是修身励群，识字博物的课本。《论语·阳货》：

> 子曰："小子何莫学夫《诗》？《诗》可以兴，可以观，可以群，可以怨。迩之事父，远之事君。多识于鸟兽草木之名。"

"兴、观、群、怨"等于《诗》的四义——有四种培养修身合群的作用。还能在家事父,在国事君;又能借以博学多闻。

儒者以学为宝,《荀子·儒效》:

> (秦昭王问)我欲贱而贵,愚而智,贫而富,可乎?曰:其唯学乎。彼学者,行之,曰士也;敦慕焉,君子也;知之,圣人也。上为圣人,下为士、君子,孰禁我哉!

君子一无所有,"其唯学乎"。学而后"上为圣人,下为士君子"孰能阻于我乎?所学者何?六艺之科目也。故《礼记·经解》云:

> 孔子曰:入其国,其教可知也。其为人也,温柔敦厚:诗教也。疏通知远,书教也。广博易良,乐教也。絜静精微,易教也。恭俭庄敬,礼教也。属辞比事,春秋教也。

凡经学皆教育之学,无不以修齐治平为目的。穷经即是为致于实用。

四 丘逢甲之惋惜与自歉

丘氏《鮀江喜晤许蕴伯大令》之四云:

> ……奉使越中无陆贾,笑人岛上有田横。九州何地犹容避,不惜浮槎万里行。

讲的是汉代陆贾说服南越王赵佗归顺刘邦,不再自立及刘邦逼降,田横不屈,自刎,门客五百人皆自尽之事。一方面自叹无法说服他人一起救亡图存,也慨惜清之弱势非复大汉之声威;另一方面愧喻自己没有以死殉国。可见他十分在意国事前程与自己的历史评价。陈金树说:"丘逢甲用的即是陆超之的典故,借以对唐景崧、刘永福等驻台官吏弃职逃亡进行批判,也有本身最终因无力抗敌而含恨内渡的自嘲。"[①] 丘氏内渡后并无消极,反而从事教育,培养基本国力,正是表现为国负责,为己负责的态度。

[①] 陈金树:《丘逢甲在南游诗中所表现的心态》,http://www.fgu.edu.tw/~wclrc/drafts/Singapore/chen—chi/chen—chi—02.htm,2016—11—13线上。

结　语

（一）董仲舒为人廉直，却遭公孙弘之诬。胶西王虽善待之，董恐久获罪，疾免居家。"终不治产业，以修学著书为事。"自辩无益，著书立论、不治产业竟成为人格自保的最好说明。董仲舒为穷经而致用之大儒，不以雅儒为足，正是丘逢甲重实学而以救国为己任的内在推力。

（二）丘逢甲素以用世救国自我期许，既遭遇家国之忧患，欲以孤军抗击强梁。知其不可而为之，终以强弱悬殊先行遁逃，遂授人以把柄，丘氏以不辩为辩。然究其志本在书生报国，自幼以董仲舒为榜样。唯力挽狂澜之素志不伸，转而以教育兴国为己任。又参与革命，终于得见民国之成立。后人论其抗日旧举，辄褒贬责谅互见。究其行止，始终以救国为抱负，非一般陋儒可比。今人之论断，即有苛责，自应以公允据实为上，以免厚诬古人。

（作者单位：台南大学兼任教授）

论丘逢甲诗中的英雄意象

——重温丘逢甲收复台湾、统一祖国的理想

任聪颖 马亚中

中国台湾籍爱国志士丘逢甲是晚清著名诗人。他保台抗日,诗中洋溢着满腔山河一统的爱国热情,感人至深。但台湾岛内却有人曲解其诗中的英雄意象,如"虬髯客""尉佗""仓海君""郑延平"等,是寄托着丘逢甲"建立台湾成为独立岛国的理想"①,这是一个大是大非的问题,必须予以澄清,以此悼念这位生长于台湾曾追随孙中山进行民主革命的炎黄子孙,以俾长眠地下的英灵得以安宁。

一 丘逢甲首倡"台湾自主"的性质

1895年,清政府割让台湾,丘逢甲为了抗日曾倡导"台湾自主",成立"台湾民主国"。有人据此大做文章,但这究竟能否说明丘逢甲有"台湾独立"之志?答案是否定的。台湾割让日本之初,丘逢甲及其他台湾志士曾上书朝廷,乞收回成命,但抗争无效。在这种情况下他才首倡"台湾自主"以御敌寇。他在《致总理各国事务衙门电》中把祖国与台湾比作父母与孩子的关系,台湾惨遭割弃,则如"赤子之失父母"②,表达包括自己在内的全体台湾绅民对祖国的眷恋之情。该电申明了台湾"自主"的原因:"台湾属倭寇,万姓不服,而事难挽回……伏查台湾已为清廷弃地,百姓无信,唯有死守,据为岛国,遥戴皇灵,为南洋屏蔽。"并也暗示了"自主"之台湾的最终归宿:"台民此举,无非恋戴皇清,图固守以待转机。"所谓"转机",自然是

---

① 丁旭辉:《由"沧海"及相关意象看丘逢甲内渡后的心境与梦想》,《汉学研究》2003年第1期。本文所引其观点,均出自此文。

② 本文所引丘逢甲诗文,悉据广东丘逢甲研究会编《丘逢甲集》,岳麓书社2001年版。

抗日成功，台湾重隶清朝版图之机。1895年5月25日，"台湾民主国"成立于台北，这是丘逢甲等提倡"台湾自主"、抗敌保乡取得的重要成果。台湾民众以"台湾士民，义不臣倭，愿为岛国，永戴圣清"①。十六字电告清廷，表达对祖国的忠诚。有人只见"岛国"，而无视"永戴圣清"，这是故意断章取义。就"台湾民主国"的性质而言，它是台湾人民自主保台的抗日政权，其宗旨是维护祖国统一和领土完整，而不是分裂国家。在严峻纷杂的形势下起到了维系人心、支撑局面、组织抗战的重要作用，虽最终归于失败，但也给予日本殖民者以沉重打击，表现了台湾人民血战到底，不甘臣服倭寇的民族情怀。

台湾丁旭辉先生对此并无异见，称"此次建国（即建立'台湾民主国'）目的乃在抵抗日本，以免沦于倭人之手而已，非实质独立"。但随后又言"丘逢甲失台内渡后，从诗作中，我们可以得知，丘逢甲心中建立台湾成为独立岛国的理想，不但没有消失，反而更清楚的隐藏在虬髯客、尉佗、仓海君、郑延平等四个'沧海'的相关意象中"。仿佛丘逢甲早有台湾独立之志，内渡后此志亦未消沉，只是隐于诗中。这是前后矛盾的。丁先生既然承认丘逢甲倡建的"台湾民主国"旨在抗日，不是独立于中国之外的政权，那何以见得丘逢甲在内渡前有独立之志？其论述着实令人费解。为了进一步厘清真相，有必要对虬髯、尉佗、仓海君、郑延平等英雄意象作出实事求是的分析解读。

二 "仓海君""尉佗""虬髯客"意象寄托着丘逢甲的恢复之志

那么丘逢甲内渡后会不会产生从日本手中夺回台湾，建立独立岛国的念头呢？光复台湾是他寤寐所想，但他断然不会主张台湾独立。台湾的真正归宿就是回到祖国的怀抱，这也是他的一贯立场。丁旭辉却认为丘逢甲在诗中"称台湾为'故国'或'神州'，都有视台湾为独立国家之意"。这是不能让人信服的。"故国"本就可指故乡、家乡。如唐代诗人曹松《送郑谷归宜春》诗："无成归故国，上马亦高歌。"② 我们且看丁先生所引用的丘逢甲诗句："故国莽怀人"（《客愁》）、"衣冠故国楚庭空"（《镇海楼》第一首）、"故国

---

① （清）吴德功：《让台记》，戚其章主编《中日战争》，中华书局1996年版，第63页。
② 中华书局编辑部编：《全唐诗》（增订本），中华书局1999年版，第6937页。

青山有梦思"（《陈伯潜学士以路事来粤相晤感赋》第一首）、"毗耶故国不能守"（《以摄影法成澹定村心太平草庐图张六士为题长句次其韵》），都是表达诗人对故乡故人的思念，并隐含着家乡沦落之痛。其中的"故国"当然是指沦陷敌手的故乡台湾，所谓"独立国家"之意何由见得？至于以"神州"喻台湾，更是无中生有。丁先生录"神州苍茫欲何之？"（《梅州喜晤梁辑五光禄国瑞话旧》第七首）、"沧海波全定，神州日再中。"（《戊戌元旦试笔》）、"神州陆沉剧堪忧"（《早春有怀兰史用高常侍人日寄杜拾遗韵》），其中"神州"是"赤县神州"的省称，指代的是包含台湾在内的整个华夏大地。这几句诗都表现了丘逢甲对祖国形势的忧虑，也显现出他对中国的振兴充满信心，句中丝毫没有"独立台湾"的意思。由此看见，用含"神州""故国"二词的诗句证明丘逢甲有"建立台湾为独立岛国"的理想是根本不成立的。丘逢甲的思乡之情与忧国之心竟被曲解为"独立台湾"之意，他若地下有知，不知该作何感想？

同时，我们也不能因为丘逢甲笔下出现了仓海君、尉佗、虬髯客、郑成功这四个曾经雄踞一方的古代人物而质疑他统一祖国的理想。那么诗人作品中的仓海君、尉佗、虬髯客、郑成功到底有没有分裂中国的异志？他们都寄寓着诗人怎样的理想情怀？仓海君、尉佗、虬髯客三者与郑成功的情况又不尽相同，需要分别讨论。

（一）仓海君

丘逢甲自号"仓海"，辛亥革命后以此号为名。可见丘逢甲对仓海君的推崇敬仰。仓海君何许人也？《史记·留侯世家》载："（张）良尝学礼淮阳。东见仓海君。得力士，为铁椎重百二十斤。秦始皇东游，良与客狙击秦皇帝博浪沙中，误中副车。"仓海君是助张良刺杀秦始皇的传奇人物，但其身份尚不明确。南朝宋裴骃《史记集解》引如淳曰："秦郡县无仓海，或曰为东夷君长。"唐代司马贞《史记索引》云："姚察以武帝时东夷秽君降，为仓海郡，或因以为名，盖得其近耳。"唐代张守节《史记正义》："《汉书·武帝纪》云：'（元朔）元年，东夷秽君南闾等降，为仓海郡，今貊秽国，'得之。太史公修史时已降为郡，自书之。《括地志》云：'秽貊在高丽南，新罗北，东至大海西。'"据《史记》三家注可知，秦汉时代朝鲜半岛有貊秽国，汉武帝元朔元年归附，西汉政府设立仓海郡以统其地。司马迁笔下的仓海君，即貊秽国君长。

仓海君这个东夷酋长之所以受到丘逢甲的尊敬，不是由于他曾割据一方，而是在于他帮助张良诛暴秦的义举。丘逢甲有诗云:"世无仓海君,谁发诛秦意?"(《答敬南见赠次原韵》)"秦"指代日本在台湾的殖民政权。日本殖民者奴役着台湾人民,其暴行罄竹难书,"诛秦"之意正是诗人驱除日寇,克复台湾的壮志。他渴望得到仓海君一样的英雄人物的帮助以实现自己的理想,又因理想的失落而发出"欲呼力士携锤出,人间谁是仓海君"(《将之岭东劝学沈涛园廉访以长句见送次韵奉答兼柬岑云阶张坚白》)、"平生空慕仓海君,无力能褫虎狼魄"(《雨宿新步次韵答子华》第二首)的喟叹。从史实来看,貊穢国虽是东夷部落,但早在汉武帝时已被纳入中央政权的管辖,名为仓海郡,久为中国领土。因丘逢甲崇敬仓海君就得出他有独立异志的结论,是没有说服力的。

(二)尉佗

尉佗即赵佗,秦末天下大乱,他占领南海、桂林、象郡,割据岭南,称南越武王。汉朝立国十一年(前196),高祖刘邦遣陆贾至番禺,封尉佗为南越王。吕后时,汉朝中央政权与南越交恶,尉佗遂自立为南越武帝。汉文帝元年,又使陆贾使南越,尉佗自削帝号,仍称南越王。汉初施行郡县、封国并存的制度,赵佗与楚王韩信、九江王英布、长沙王吴芮等同为汉朝诸侯,其封地南越国是归汉朝中央政府节制的地方政权。

丁先生不明就里,称赵佗是"独立于中原之外的一世雄主"。这已经与史实不符了,他还抓住《咏史四绝句和晓沧·赵佗》一诗大做文章。诗云:"终筑朝汉台,未预诛秦会。吕雉不能臣,伟哉南武帝。"他认为这首诗"隐藏了深刻的象征意义",把南越国与台湾进行比附,又说"伟哉南武帝"有弦外之音,即谓丘逢甲借对赵佗的赞叹表现其"独立台湾"之志。实则丘逢甲之所以赞美尉佗,是因为他有"吕雉不能臣"的骨气和"终筑朝汉台"的行为。诗人借古讽今,以"吕雉"代慈禧太后,尉佗不向吕后称臣是诗人不满慈禧统治的隐晦表述。朝汉台是尉佗向汉朝行朝拜之礼的所在。《嘉庆重修一统志》:"(朝汉台)在番禺县东北。《水经注》:'尉佗因冈作台,北面朝汉。圆基千步,直峭百丈。顶巅三亩,复道回环,逶迤曲折。朔望升拜,名曰朝台。……'《元和志》:'在县东北二十里尉佗初遇陆贾处。'"[①] 尉佗朝汉是他对中央政府的臣服的象征。"终筑朝汉台"也是诗人自陈心曲,表达他忠于

[①] (清)穆彰阿等纂:《嘉庆重修一统志》卷三四,《四部丛刊》本,上海书店1984年影印版,第5页。

祖国的拳拳之心。这两句是该诗的重心所在,丁先生对它们的论述却轻描淡写,令人纳罕。

"尉佗""尉佗台""越台"等意象在丘逢甲诗中频现,内涵是较复杂的。《羊城中秋》第三首"西风梧叶下空岗,歌舞承平霸业荒。……万家愁喜圆今月,一尉东南忆故王"。与《珠江重有感叠前韵》第一首"璧月秋江歌舞新,满船花气荡香尘。尉佗死后无英物,收拾江山付美人"。言在国家危难的当口,人们却追求享乐,丧尽英雄之气。诗人借怀念尉佗来批判日渐颓废的世风,这是他对救世英雄的呼唤。

"漠漠连天海气昏,越王台上望中原。"(《广州晤刘葆贞编修可毅》)、"一发青山残照里,尉佗台上望中原。"(《赠秦人毛生》)、"尉佗台上西风急,来写登高送远情。"(《秋怀次覃孝方韵》第八首)等句是诗人心存魏阙的表白,尉佗筑台朝汉,诗人登台北望,中间虽有两千年的时间间隔,但心向中原的忠诚情感是一致的。

"长啸天南念远游,尉佗台畔作中秋。"(《羊城中秋》第一首)、"一片长安月,随人万里寒。独怜沧海客,同向越台看。"(《对月同王户部》)、"萧瑟秋心付五羊,尉佗台上作重阳。"(《重阳日傍晚登粤秀山》)、"莫言词客剧能哀,潦倒秋心唱越台。"(《五叠前韵》第七首)、"秦戍哀云,越台吊月,愁听秋虫诉。"(《百字令》)诸句蕴含着浓浓的思乡之情。诗人于中秋、重阳登上越台东望台湾,两千年前的尉佗曾在此北望故土(尉佗本赵人),两种乡思穿越时空,交织在越台这个古老遗迹之上,为去国怀乡的感情平添许多历史韵味。

"独上层楼唱越风,尉佗城郭夕阳中。……倚栏欲写兴亡感,依旧江山霸气雄。"(《镇海楼》第一首)、"漠漠南云倦眼开,十年三度此登台。……木石尚留仙佛气,江山不称霸王才。"(《越台书感》)、"南武城边暮角哀,蛮夷大长剩孤台。"(《题粤中遗迹画·越王台》)等诗句饱含着沧桑气息,江山如故,孤台兀立,城郭依旧,那个雄峙南海之滨的南越国早已成为历史长河中的沙粒,那个叱咤风云的蛮夷大长尉佗早已化为五羊城下的一抔黄土,兴亡变幻的历史感和英雄无觅的怅恨在诗句中迭现,形成丘逢甲怀古诗的沧桑基调。

由此可见,诗人咏赞尉佗的诗篇虽多,但其内涵不仅不是"独立台湾"的暗喻,反而却是彰显了诗人歌颂英雄、批判世风、戴恋魏阙、思念故土、感喟沧桑藩篱的爱国情感。丁先生的论调出自主观臆测,没有事实的根据。

(三) 虬髯客

虬髯客是唐人杜光庭传奇小说《虬髯客传》的主人公。隋末天下大乱，虬髯客怀逐鹿中原之志，尝与李靖、红拂结为兄妹。往太原，见李世民有天子气，虬髯自认不逮，遂将财产赠予李靖夫妇而遁去。后在海上起事，略定扶余国，自立为国主①。

虬髯客是一个豪迈卓异的传奇人物，也是丘逢甲笔下一个重要的"沧海英雄"意象，"扶余"往往是台湾的代称。诗人借虬髯客攻占扶余来抒发自己光复台湾的志向，但丝毫没有表现出裂土自立的愿望。"世间倘有虬髯客，未必扶余别属人"（《有书时事者为赘其卷端》第二首）、"世间不见虬髯公，扶余坐失无英雄"（《钟髯歌赠钟生》）等表达因无豪杰之士在台湾主持抗日大局而导致台湾沦陷于日本的惋惜之情。诗人不承认日本对台的统治，"扶馀何处有真王？"（《答王贡南同年》第四首）日本殖民者怎么能成为台湾的真正主人！"东风吹冷英雄泪，海外扶余局未终"（《书事叠前韵》第十首）则言虽然眼下台湾沦为日本的殖民地，但这不是她的最终结局。

诗人强烈希望出现虬髯客式的英雄，以摧枯拉朽之势击败日寇，恢复故土。虬髯客甚至是诗人的自我期许："平生愿做虬髯客"（《题红拂图》）、"君家仲坚昔吾慕，偶然游戏海上思作虬髯公"（《以摄影法成淶定村心太平草庐图张六士为题长句次其韵》）。诗人要像虬髯客占领扶余一样，亲提劲旅克复台湾，这方是快意之事。丘逢甲还将当年随自己抗日的表兄谢道隆、胞弟丘树甲誉为虬髯公、扶余王："海外戈船忆异军，虬髯消息断知闻。"（《调颂丞》第四首）、"东风吹客忽出海，岂复再觅扶余王。"（《提崧甫弟遗像》）这是对他们保台壮举的高度评价。

丘逢甲并没有在自己的诗篇中表现对虬髯客海外建国，自行政令的称许，他所褒扬的仅仅是虬髯客率"海船千艘、甲兵十万"攻占扶余的军事行为。"虬髯""扶余"等意象虽在丘诗中频频出现，但并不能成为丘逢甲有"独立台湾"异志的佐证。

---

① 汪辟疆校录：《唐人小说》，上海古籍出版社1978年版，第178、181页。

三 "郑成功"意象是丘逢甲复台情结与统一理想的象征

仓海君、尉佗、虬髯客都是依托海洋建立功业的英豪,但他们的事迹与台湾没有直接的关系。郑成功就不同了,他是击败荷兰殖民者收复台湾的民族英雄,是对抗满清、维系明室一脉的明朝忠臣。丘逢甲在台时曾为台南郑成功庙撰联,其词曰:"由秀才封王,主持半壁旧江山,为天下读书人别开生面;驱外夷出境,开辟千秋新世界,愿中国有志者再鼓雄风。"此联高度评价了郑成功的丰功伟绩,丘逢甲对郑成功的崇敬膜拜之情溢于言表。

郑成功一生都忠于朱明王朝,他驱逐荷兰殖民者,占据台湾,是为了依托台湾完成反清复明的宏愿,而非图谋立国海外,做独立岛国的君长。南明永历十六年四月十五日(1662年6月1日),永历帝朱由榔被吴三桂弑于昆明。消息传至台湾,文武官员欲拥戴郑成功继承大统,改元称制,成功不许[①]。未几,成功病重,"强起冠带,出明太祖之祖训。礼毕,命左右进酒,绎一帙,饮一杯焉。至三帙,成功叹曰:'吾何面目见先帝于地下乎!'以两手覆其面而薨"[②]。可见他对明王朝的忠心。成功有妾名瑜,作《哭延平诗》云:"赤手曾扶明日月,丹心犹照汉乾坤。"[③] 清初刘献廷赞延平曰:"赐姓提一旅之师,伸大义于天下,取台湾,存有明正朔于海外者,将四十年。事虽不成,近古以来未曾有也。"[④] 民国初年,许浩基在《郑延平年谱自序》中写道:"延平以恢复明室为职志……然大厦已倾,非一木所能支。事虽不济,而其浩然之气,固长存宇宙,照耀史册也。"[⑤] 连横也称:"延平郡王辟东都,保持明朔,忠义之气,万古长存。"这些赞论都是对郑成功忠于明室、力图恢复的肯定。

郑成功乃儒将,会作诗。其《出师讨满夷自瓜州至金陵》云:"缟素临江誓灭胡,雄师十万气吞吴。试看天堑投鞭断,不信中原不姓朱。"表现了他扫

[①] 钱海岳:《南明史》,中华书局2006年版,第3571页。
[②] 匪石:《郑成功传》,《台湾文献史料丛刊》第六辑(114),台北大通书局1987年版,第105、128页。
[③] 连横辑录:《台湾诗乘》,《台湾文献史料丛刊》第八辑(147),台北大通书局1987年版,第17—18页。
[④] 刘廷献:《广阳杂记》,中华书局1957年版,第58页。
[⑤] 许浩基:《郑延平年谱》,《北京图书馆藏珍本年谱丛刊》第64册,北京图书馆出版社2006年版,第591—592页。

灭满清，恢复中原的誓愿和信心。《复台》诗："开辟荆榛逐荷夷，十年始克复先基。田横尚有三千客，茹苦间关不忍离。"以田横自喻，饱含着心向故明的忠贞之情。成功殁后，子郑经、孙郑克塽先后主台湾之政。他们承延平遗志，一直奉永历正朔，直到1684年清朝占领台湾。

郑成功对明王朝的忠诚之心，为世人所共知。若言郑成功经营台湾是独立建国，纯为无的放矢之论。

丘逢甲20岁时作《台湾竹枝词》，其中有多首诗作与郑延平有关。第34首写道："黑海惊涛大小洋，草鸡亲手辟洪荒。一重苦雾一重瘴，人在腥风蜑雨乡。"极言郑成功收复台湾，创立基业之难。"草鸡"即郑成功。① 而"东宁西畔树降旂"（第二首）、"印收监国剧堪哀"（第三首）、"监国不亡国岂沦"（第四首）、"如此江山偏舍去"（第六首）、"话到兴亡同坠泪"（第七首）等句言明郑基业因策略失误而沦亡，表现诗人的惋惜之情。

1895年，割台事起，丘逢甲为保台而奔走呼号。内渡后，有人将他比作郑延平。邹鲁说："与台湾相始终者，吾得两人焉。其一郑成功，其一吾师丘仓海先生。两人者，所处之时与地不同，而其为英雄则一也。"② 就连日本人平山周也持此论。丘逢甲却说："保台之举，日人平山氏比予为郑成功，可愧也。"（《林罄云郎中鹤年寄题蠔墩忠迹诗册追忆旧事次韵遥答》第四首小注）一个"愧"字，道出了丘逢甲对郑延平的复杂感情。他对抗日受挫，失台内渡是非常愧疚的，觉得对不住郑成功这位驱赶荷夷，收复台湾的民族英雄。丘逢甲丝毫不掩饰这种情愫："英雄愧说郑延平，目断残山一角青。"（《林罄云郎中鹤年寄题蠔墩忠迹诗册追忆旧事次韵遥答》第四首）、"我生延平同甲子，坠地心妄怀愚忠。毗耶故国不能守，脱身兵火烧天红。坐令玉山竟落五百年后此一劫，有愧东渡沧海朱家龙。"（《以摄影法成淡定村心太平草庐图张六士为题长句次其韵》）与愧疚之意相随的是对郑成功的真诚赞美。丘逢甲尝

---

① 王士禛：《池北偶谈》卷二二《厦门砖刻》："明季崇祯庚辰岁，有闽僧贯一者，居鹭门，即今厦门。夜坐，见篱外坡陀有光，连三夕。怪之，因掘地得古砖，背印两圆花突起，面刻古隶四行，其文曰：'草鸡夜鸣，长耳大尾。干头衔鼠，拍水而起。杀人如麻，血成海水。起年灭年，六甲更始。庚小熙皞，太平千纪。'凡四十字。闽县陈衍盘生明末著《槎上老舌》一书，备记其语，至今癸亥四十四年矣。识者曰：鸡西字也，加草头大尾长耳，郑字也，干头甲字，鼠子字也。谓郑芝龙以天启甲子起海中为群盗也。明年甲子，距前甲子六十年矣。庚小熙皞，寓年号也。前年万正色克复金门、厦门，今年施琅克澎湖，郑克爽上表乞降，台湾悉平。六十年海氛一朝荡涤，此固国家灵长之福，而天数已预定矣，异哉！"见（中华书局1982年版，第537页）

② 邹鲁：《岭云海日楼诗抄·序》，引自丘逢甲著《岭云海日楼诗抄》，安徽人民出版社1984年版，第551页。

言："夫当台之初辟也，郑氏以区区岛国，支先明残局，迹其志事，宁非英雄！"（《谢颂臣科山生圹诗集序》）这是对郑延平忠于明室的肯定。而"谁能赤手斩长鲸？不愧英雄传里名。撑起东南天半壁，人间还有郑延平。"（《有感书赠义军旧书记》第四首）的诗句，既是对郑延平的歌颂，也是诗人自励，表现了他矢志恢复的决心。

丘逢甲因郑延平的复台伟业和忠诚之心而对他推崇有加，丁旭辉先生却认为丘逢甲赞美郑延平的诗句别有深意，表现的是对郑氏"独立建国"的称许和艳羡之情。如《有感书赠义军旧书记》第二首有"啼鹃唤起东都梦，沉郁风云已五年"句，丁先生这样解释："郑成功入台后建号东都，而'杜鹃'典故中的蜀主望帝也是东周时独立于七国之外的一世雄主，所以因杜鹃啼叫而'唤起东都梦'，便同时隐括了蜀帝与郑成功二个独立一方的帝王事迹，如此一来，便颇具象征意义了。"郑成功收复台湾后，将赤崁城更名东都。在诗句中，"东都"意象代指整个台湾岛。"啼鹃"不是指让帝位化杜鹃的蜀王望帝，而是指杜鹃那"不如归去"的啼叫声。是杜鹃声唤起了诗人对故乡的思念，是杜鹃声让诗人梦回台湾。这已经说尽了"啼鹃唤起东都梦"的蕴意，丁先生的解释有穿凿之嫌。

丘逢甲借"郑延平"意象来自陈失台之悔，激励复台之志，他用饱含景仰之情的笔触赞美郑成功的丰功伟绩与忠贞之心。郑成功没有背叛明室，自立为王之心，丘逢甲更无独立台湾，分裂祖国之志。

仓海君、尉佗、虬髯客、郑成功这四人都未曾有过分裂中国的行为，丁先生选用他们作为丘逢甲有独立之志的佐证，不能使人信服。退一步讲，假如丘逢甲有"台独"异志，为何他又满怀激情地歌颂祖逖、刘琨、张巡、许远、郭子仪、岳飞、辛弃疾、文天祥、张世杰、陆秀夫、俞大猷等爱国英雄？丘逢甲曾在公开场合以"吾中国""我中国"来称呼祖国，"中国人"是他明确的身份定位。避开丘逢甲昭昭的爱国之心，却大谈无中生有的"建立台湾为独立岛国"的理想，不是很荒谬吗？考察丘逢甲内渡后的行迹，他从未有任何试图策动台湾独立的行为。在事实面前，丘逢甲有"建立台湾为独立岛国"之志的臆测不攻自破。丁旭辉先生不能自圆其说，就以"建立台湾为独立岛国"是丘逢甲的一个"乌托邦式的梦想"来搪塞。这样的辩解是不能让学界有识者餍服的。

（作者单位：太原学院文学院）

丘逢甲南洋诗歌"南道院"考

宋燕鹏

1900年3月初,丘逢甲(1864—1912)偕同王恩翔应广东保商局之邀,以联络南洋各埠闽粤商民事宜的名义展开其生平第一次的远行。他在新马游历的地区,除了新加坡和槟榔屿之外,还有霹雳、吉隆坡、芙蓉等地,并在其部分作品中记载了1900年他亲眼所见的一些南洋风物。其中有一首《南道院》:

> 宝气搜残剩石头,石玲珑化洞天幽。三分得水知鱼乐,九曲看人作蚁游。荒外有山容道侣,海中无地不瀛洲。他年补入神仙传,曾费骖鸾半日留。林外方塘塘外山,洞门高下锁烟鬟。藤阴满院闻蝉语,云气当轩待鹤还。绝妙文心惟曲折,最难仙福是清闲。海天归去犹留梦,他日相思浩渺间。①

顾名思义,诗名有浓厚的道教味道,与诗歌中表现的神仙思想契合。但是在现有的丘逢甲诗歌研究中,笔者目力所及,尚未有人对南道院的所在有所考证。笔者于2013年12月由槟城南下返回吉隆坡,驱车经过高速路上,发现路边有几个凿山为窟的庙宇,停车观看。发现其中一洞名"南天洞",庙中保存一口钟,上有铭文:"南道院沐恩弟子陈喜盛敬酬法钟一口,光绪贰十五年己亥岁夏月吉立隆盛炉造",可证1899年时,庙名为"南道院"。笔者通过这个铜钟,可知"南天洞"就是丘逢甲笔下的"南道院"。长久的疑惑迎刃而解。下面对1900年时的"南道院",如今的"南天洞"做简单的历史追述。

---

① 丘逢甲:《岭云海日楼诗钞》卷七,上海古籍出版社2009年版,第169页。

一 "南道院"的创建

大马半岛地形狭长,南北为中央山脉贯穿,霹雳州及雪兰莪州部分多石灰岩山,造成与大马半岛西海岸诸州的地景不尽相同。霹雳州首府怡保,不仅是锡矿中心,而且"山明水秀,附近层峦耸翠,幽谷笼烟,朝晖夕阴,气象万千。加以近打河贯穿市区,郊外饶洞壑之胜,风景优美,民俗淳厚,不论自然地理与人文地理,都自有其值得羡慕的地位"①。南来大马半岛的客家人,多数以锡矿业作为自己最优先从事的行业。来霹雳州的华人,无论是早期的增城客家郑景贵,还是后来的梅州客家姚德胜,皆是如此。尽管霹雳客家矿家在"二战"前多有政治势力,但广府人要比客家人多,也是事实。不过,以省级行政区划来论,二者皆为广东省人,所以怡保的华人文化在大致上说是以广府和客家为主的岭南文化,是没有问题的。有华人的地方,必定有华人神庙。而由于华人做法事的需要,僧侣和道士也随之南来。

南天洞早年又名南道院②,从其在政府注册的英文名(Nam Toh Yuen Temple)即可知。庙宇位于霹雳州首府怡保(Ipoh)附近的 Jalan Raja

---

① 《怡保市升格为自治市》,《南洋商报》1962年5月30日第2版。
② 黄韫山:《艺苑续谈》:"霹雳南天洞,一名南道院,为怡保名胜之一;洞天空大,气象雄伟,余曾题一长篇于其上,内有句云:'有如月氏天马将腾空,明皇羲象欲搏贼。惊鸢跕跕坠水来,大鹏矫矫待风击。羊肠九径让盘纡,太华三峰嫌修饰。钟乳累累垂玉带,醴泉涓涓涌石隙。'"见《南洋商报》1934年9月1日第15版。

Dr. Nazrin Shah 路旁，北纬4.5662409°，东经101.1143285°，为凿山为窟修建而成，共三层。如今为"怡保三洞"之一①，"胜景出乎自然，却深具鬼斧神工之妙。其间巉岩陡峙，石乳玲珑"②，也是著名的旅游景点。

据该庙特刊云："南天洞（南道院）立基于一八七九年，依道教传统尊奉道教为主座。历来威灵显赫，香火鼎盛。开山祖师为龚善德道长（公元一八七九至一九一四年）……"③是否1879年建立已无确切证据，但开山祖师龚善德道长原为广东惠州归善县（今惠州市惠阳区）客家人，南来怡保弘扬道教。岭南道教源自罗浮山，罗浮山道脉源远流长，其两千多年的道教历史，铸就了岭南道教祖庭。历代皆有著名的道士在罗浮山有过修行活动。因此罗浮山成为岭南第一道教圣地，号称"十大洞天"之七。但龚道长到底是由何处出家，师承何派，已不可知。

龚道长留存的文件，有手抄本《率性阐微》，该书署名"素阳子"，先后有道光、同治、光绪刻本，道长所抄原本是哪个刻本已不可得知。该书是民间教派青莲教的水祖彭德源的著述之一。《正宗祖派源流全部》"第十四代彭水祖小传"云：

> 祖讳依法，原讳德源，字超凡，号浩然，又号天一老人……祖著有《秘密真机》《万莲归宗诗叙》《指玄篇注解》《心印经注解》《观音本愿真经》《超凡宗旨》《率性阐微》《破迷宗旨（篇）》《悟性穷源》《观音心经注解》《十六条规》《四大条规》《三元条规》《十六年词章》等书。……普传天下，大展宗风。④

马西沙认为青莲教带有浓厚的反抗现政权政治色彩。⑤濮文起从青莲教内部组织来看，它与天地会的内八堂、外八堂极为相似，认为受以反清复明为宗旨之天地会影响，反映了鸦片战争后北方白莲教系统的民间宗教，与南方天地会系统的相互渗透与融合。⑥可知龚道长深受青莲教派的影响。这为当地传说他是因为太平天国事件而举家南迁马来半岛的说法，

---

① 其他两个是霹雳洞、三宝洞。
② 《怡保市升格为自治市》，《南洋商报》1962年5月30日第2版。
③ 《马来西亚吡叻州怡保南天洞（南道院）创立120周年纪念特刊》，怡保南天洞，1988年，无页码。
④ （清）彭德源：《正宗祖派源流全部》，清宣统三年（1911）刻本。转引自杨净麟《青莲教祖师著述新考》，《四川大学学报》2009年第1期。
⑤ 马西沙、韩秉文：《中国民间宗教史》，人民出版社1992年版，第1133页。
⑥ 濮文起：《中国民间秘密宗教》，浙江人民出版社1991年版，第108页。

可作一注脚。

庙里现存道长手抄之《太上老祖乩下灵方有救灵感》，其实就是岭南地区流传的《博济仙方》，比较广东图书馆藏的民国八年（1919）季春重镌广州守经堂板存者，发现二者内容一致。文首曰：

> 太上纯阳孚佑吕帝君（黎琦修序：玉封玉清内相金阙，选仙孚佑帝君，加封无量仁慈大帝，）持降于粤东城西蕴善坛也。曾前降方五科于北省，今则降此三百于南岭。缘粤东乃斗牛宿，度所属与别省地土既殊，故方剂调用，不得不另为分别，所谓用药谨慎，诚如用兵也。遍阅各签方之妙用，无非指善扶危，降药者以愈身体有形之病，不降药者，乃治心性无形之病。是吕帝君以神道设教，欲世人省身修德，同证善道，脱离疾苦。其济世度人之心，固无微不到，亦济世度人之德，诚无处不被也。凡欲求方者，须依下列十则，诚信祈祷，勉力于善，方有效验。天道福善罚恶，闲时不烧香，急时抱佛脚，反归咎于方剂之不灵，则自惑之甚矣。求方者祈悟之。（弟子黎琦修薰沐敬序。太和洞弟子陈绍修募刊）[1]

《博济仙方》共有吕帝灵签一百条，吕帝仙方男科一百方，吕帝仙方妇科一百方，吕帝仙方幼科一百方，吕帝仙方外科一百方，吕帝仙方眼科五十二方。末附求方十则。但是南天洞手抄本中的药方少于此书。可能道长所依照的是早期流行的手抄本，所以没有刻本的数量。

流传于民间的药签或贯以某神明的名字，或贯以名医名字，或贯以宫庙名字。大多数药签直称"仙方"或"神方""灵方"，如吕祖仙方、博济仙方、吕祖神方、观音灵方，披上一层神圣的外衣。有的药签分"男科""女科""外科""目科""幼科"等不同科目，善男信女可根据性别或所患的疾病有针对性地占取。关于药签是如何产生的，民间多托于神明飞鸾阐化，或名医生前制作，使药签披上一层神圣的外衣，以吸引信徒。[2] 不过不可否认，行医对道教吸引信众有很明显的作用。在19世纪末缺医少药的怡保，龚道长借药签行医，也是扩大信众的有效手段。

除了医病，龚道长还以法术闻名。当地有关龚道长的神通传说蛮多，至

---

[1] 王丽英：《广州道书考论》，华中师范大学出版社2010年版，第194页。括号内文字为《博济仙方》有，而南天洞保存者无。

[2] 林国平：《药签与吕祖药签初探》，吴光正主编《八仙文化与八仙文学的现代阐释：二十世纪国际八仙研究论丛》，黑龙江人民出版社2006年版，第395页。

今仍然流传。龚善德的堂侄孙龚道明校长说,以前南天洞前有放生池,经常有小顽童来偷捉乌龟等动物,龚道长好言相劝反而被骂,于是他念念有词,池边的一棵大树慢慢倒向他们,吓得他们没命地逃,过后大树又渐渐恢复原状。在龚道长羽化当晚,自己知道寿命将终,就把所有亲戚全部叫来,说他将在某个时辰羽化而去,要他们不要伤心,说完就爬上后洞的"一百级",时辰一到亲人上去时,发现他已经大化而去。另一传说,是吉打州某次发生福建与潮州人冲突事件,福建人请了泰国和尚施法,潮州人很吃亏,三番四次来邀请龚道长,都被他拒绝,最后不忍心才勉强答应,以一招"五雷掌"把泰僧打败。事后获得潮州人献赠园丘地。①

除了上述手抄本之外,光绪乙巳年(1905)龚道长还在二三楼上的木门板上,用毛笔写有《行道百字训》《孝弟忠信礼义廉耻八劝》八首、《修道法例普度贤良》三十首等,以及亲手绘制的壁画多幅。其中《行道百字训》:

> 辨道依规矩,慈悲化四方。谦和兼信实,俭让与温良。敷祖根宜固,遵(尊)师本莫忈(忘)。待人敦利益,处己惕疏狂。切忌争功果,尤嫌论短长。慎高休执拗(拘),人我勿分张。受谤言须谨,知几事要藏。三千功积满,八百行参详。引众登仙境,调贤选佛场。慈航来普渡,位位列天堂。

该文五字一句,内容涉及儒家的谦和俭让温良,尊师敬祖;道教为人处世的淡然态度,和"三千功圆,八百果满"的思想。最后一句"慈航来普渡",则是指道教女仙慈航道人。可知龚道长心目中,儒家的基本原则和道家的修行是并行不悖的。

二 龚道长的弟子及继承人

龚道长是火居道士,有妻子及两个儿子。1914年羽化后葬在南天洞后山。1973年坟墓合葬重建,墓碑云:"龚公、黄氏、张公合之坟墓。"黄氏可能就是其夫人,张公可能就是1957年去世的道士张理如。

龚道长和继任主持都曾收有弟子,他和后任主持之弟子皆记录下来。南

---

① 李永球:《龚善德创建南天洞》,《星洲日报》2009年5月17日,"田野行脚"专栏。

天洞现存一小册子，封面写"龚善德奉令"，记录了他及后任南天洞主持收弟子的情况。小册子首云："太上老君天道宏开普渡凡民大吉大昌道法高强进道门人上表姓名道号订明"，下有诗曰：

> 善教源流古至今
> 道法五千渡凡民
> 传授真经开觉路
> 明心见性大丹成

该诗历代著述皆无，应为龚道长所作。"善教"指道教。"五千"指老子《道德经》五千言。"觉路"为佛教用语，谓正觉的道路，即菩提之道。"明心见性"本是佛教禅宗用语，指摒弃一切世俗杂念，彻悟因杂念而迷失了的本性。阐述了龚道长对道家思想的理解。"大丹"泛指各种炼成的丹。《正一经》云："龙虎山中炼大丹，六天魔魅骨毛寒。"

小册子记录了宣统三年（1911）八月初六卯时上表内容："张贵长，道号明心，年七十九岁，八月十四日卯时生 是广东惠州归善□下輋人氏；黄丁，道号明真，年卅卜8岁，丁丑年（1877）六月二十四日寅时生，是归善县坑子人氏；黄昌，道号明善，乂十乂岁，戊辰年（1868）四月初六酉时生；罗石崇，道号明行，年卅卜8岁，丁丑年（1877）十一月十九日申时，广东连州人氏。"从这几个人的年龄看，分别是79岁、35岁、44岁、35岁。籍贯看，前三人都是惠州归善县人，和龚道长是同乡，归善县是客家人为主的县，① 道长所来淡水村是圣堂约堡下辖的客家为主的村，坑子亦是。但张贵长来自"□下輋人氏"，"輋"即"畲"，如今惠阳区亦有一定数量的畲族，但在清末的时候，这些畲族和客家是难以区分的，他与龚道长是同乡。广东连州亦为客家县。

在1913年的上表中，龚胜发号纱胜，1869年出生，是广东博罗人氏；赖纱字常明，1892年出生，是广西梧州岑溪西乡潲沙江人氏。广东博罗县有大量的客家人，清朝曾发生严重的"土客"械斗。梧州岑溪是桂东南客家县。1929年上表的杨法汉，道号至汉，1884年生，是广东东莞清溪人氏。清溪是

---

① 归善县客家人多居在高潭、安敦、多祝、白花、梁化、新庵、稔山、平山、良井、永湖、麻溪坑、淡水、镇隆、龙岗、坪山等山区、半山区。参见《惠阳文史资料》第9辑，广东惠阳印刷厂，1995年，第99页。

著名的客家县，客家人口和村庄占 70% 以上。① 1932 年上表的罗华，道号理庆，1891 生，广东鹤山人氏。鹤山县从明清之际客家人就已经从嘉应州和惠州等地迁入。② 如今依然有 7 万多人讲客家方言。③ 1940 年上表的郑方，道号理吉，广西玉林州北流人，北流县亦有相当多的客家人，从他自述来自"北流县隆盛墟"来看，他亦为客家人。所以从方言群的角度来看，怡保有数量不菲的客家人，南天洞就吸引了这部分人来参拜。

依据南天洞自述，第二任主持聋（龚）声道长（1915—1924），代任主持黄丁道长（1925—1926），赖钞卿道长（1927—1928），第三任主持杨至汉道长（1929—1951），第四人主持郑理吉道长（1952—1988 年 4 月 5 日）。④ 除了上述记录的道士外，1957 年去世的张理如道长是福建古田人，而古田则是福建的客家地区。1950 年的时候，有人去南天洞参访，说"院里有个老道士，是嘉应州人，说着一口我不大懂的客话，他有一个徒弟，一律留着全发，拖着道袍；另外一个烧火道人是就近山庄里雇来烧饭的，倒不是一个道人打扮"云云。⑤ 可知那个时候道长应该是嘉应州人，虽与南天洞文献记载有异，但却证明是客家人。

从上述可证，南天洞一直坚持着客家主持和收弟子的传统。而近代的拜上帝会的基本群众是客家人，太平军的骨干力量和基本成员是客家人，太平天国起义的领导核心分子也主要是客家人。太平天国革命就是一场以客家人为主体的农民战争。⑥ 因此，龚善德因参加太平天国革命失败后，为躲避清朝政府的通缉而南来，是完全有可能的。

最后一任道长郑理吉生于公元 1919 年，祖籍中国广西省，出生穷乡僻壤，父亲是一名农夫，其父育有四子，而他排行最小，是家中幼儿，年少时则苦尝"生离死别"之痛，当时其兄长不幸逝世，二哥逃兵役而远赴南洋，三哥却被当时政府抽壮丁做苦工。他也逃到南洋投奔二哥，于胶园割胶。一日在其割胶之际，他抛下工作而独自一人悄然从华都牙也石门栏步行至金宝，

---

① 张磊编著：《东莞历史文化名城》，中国戏剧出版社 2005 年版，第 164 页。
② 周大鸣、吕俊彪编著：《珠江流域的族群与区域文化研究》，中山大学出版社 2007 年版，第 240 页。
③ 鹤山县县志编纂委员会编：《鹤山县志》，广东人民出版社 2001 年版，第 625 页。
④ 《马来西亚吡叻州怡保南天洞（南道院）创立 120 周年纪念特刊》，怡保南天洞，1988 年，无页码。
⑤ 梦笔：《怡保南天洞的开山祖》，《南洋商报》1950 年 9 月 18 日第 9 页。
⑥ 钟文典：《客家与太平天国革命》，载韦生理主编《晚晴文存》，广西人民出版社 2002 年版，第 212 页。

然后再由金宝到怡保务边路之南天门。由于"奇缘巧合"之下，在南天洞（当时称为南道院），他"邂逅"了该洞第三任主持杨至汉道长，于是得蒙杨道长当时收留栖身洞内，朝夕吃斋念经敬奉太上老君，晨钟暮鼓，穷其一生五十年钻研"修道成仙"之理。

郑理吉失踪了，其二哥郑利自然是着急，于是召集胶园内之"乡亲父老"四处找寻，结果是一无所获，悲痛之余，以为其弟在胶园操作时被经常出现之老虎吃掉矣！事隔十年余，虽然有人看到貌似郑理吉的道士出入南天洞，然而，郑利当时已举家返回中国大陆故居，无法与其弟再"缘悭一面"！不过，直到郑理吉道长接任南天洞第四任主持之后，曾经写信与身居中国的二哥郑利联络，从此经常汇款予乡下的侄儿。① 郑道长的经历，也是1949年前后大马华人与祖国亲人相互隔绝的大历史的缩影。

三 南天洞道教的衰落

郑理吉道长羽化后，并未有弟子继承衣钵。虽然他晚年时，曾收过一名年少之"俗家弟子"为徒，以期能继承其南天洞主持之位，而该名徒弟姓林，住在离怡保四英里之新邦波赖新村。然而由于该名"不肖徒"半途离"洞"出走，一去不回，直至其师父郑道长在怡保中央医院咽下最后一口气时，该名徒儿仍未见归返侍候在道长病床旁，终使到郑理吉道长辞世之后连最后唯一的徒弟没有真正继承其衣钵，接任南天洞第五代主持。

不过维持南天洞运转的，是该洞于1973年，依政府谕令，成立保管委员会管理。南天洞自此则为公产。郑道长虽然名为主持，但实际上仅仅负责襄理法事。而该洞寺之建设发展则交由以邓安杰为首之保管委员会处理。据洞内文件云："本委员会之意旨：（一）维护华人传统性、道德、宗教、信仰；（二）增添地方上风光景色，使本洞成为旅游佳境，以供人们寻幽探胜，享受大自然之乐。同年临近锡矿崩塌，本洞被泥水湮没，损失惨重。吾人等，即负起重修责任，清理山东，填补潭泽，扩张神坛，建化宝炉，筑斋菜馆，塑青牛、作瑞狮、造牌楼、雕青龙、书彩凤，以壮丽观也。"要将南天洞打造成旅游胜地。但是对于继承人的培养，却没有做好。致使郑道长羽化后，只能由庙祝蔡明先生主持（1988年4月5日至今）。

---

① 《超过百年南天洞 第五代没有传人》，《民生报》（怡保）1988年4月23日第6版。

南天洞由清末创建、道士主持的道观，到一百年后没有道士，道教的色彩愈发淡薄，民间信仰的内容愈来愈多。一方面，没有道士做正本清源的工作；另一方面，面对民众的信仰需要，民间神祇越发增加。如今南天洞所奉神祇主要是五位：

| 关帝 | 吕祖先师 | 太上老君 | 玄天上帝 | 玉皇大帝 |

五位主要神祇，太上老君是主神，这是道教三清之一，玄天上帝即道教的真武大帝，也是客家人所供奉的神祇之一。而吕祖先师就是吕洞宾，也就是前述《博济仙方》里说的"太上纯阳孚佑吕帝君"，和玉皇大帝同为道教神祇，关帝就是关羽。这些都是华人所广泛信奉的神祇。在二层，还供奉有很多女神。以碧霞元君为中间，右手依次为"林奶天后、王母娘娘、水母娘娘、后土娘娘、传教娘娘、目连佛祖、火山圣母、七姐仙姑"，左手依次是"李奶天后、杨地天后、圣母娘娘、何大仙姑、护法娘娘、护法圣母、修道圣母、保胎娘娘"。这里"林奶天后"，应该就是我们一般所谓的"妈祖"，"水母娘娘"有不同版本，其中发源于泗州的是影响最大的，主管洪涝。① 目连是佛祖十大弟子，不知为何和女神放在一起。"护法娘娘、护法圣母、修道圣母"则不知来历，"火山圣母"应该主管火，"七姐仙姑"，是部分已婚女人信奉的女神，流行于今天珠海地区。传说"仙姑常庇佑，七姐永扶持"，供之可扶助妇女消灾解难。② 这些女神多数已经不是道教神祇了。附会妇女的日常需要，尤其是"保胎娘娘"，更可见其神祇的世俗性。不过，与宗教性的道教的距离就愈加远了。

结论

"南道院"现存的文物较少，在创始人龚善德道长创建一段时间后，丘逢甲和王恩翔南来，两人都留下了有关南道院的诗歌。王恩翔的诗歌为："开行七石唤车停，笙鹤云中集万灵，洞府约寻南道院，红毛楼角海山青。"他有自注："英路程以三里半为一石，南道院石洞玲珑，尤为奇绝。"③ 二人的记述

---

① 水母娘娘的传说，可见［法］禄是遒《中国民间崇拜 道教仙话》，王惠庆译，上海科学技术文献出版社2009年版，第86页。
② 黄金河：《文化三灶》，中国戏剧出版社2005年版，第249页。
③ ［新加坡］李庆年编：《南洋竹枝词汇编 中国以外唯一竹枝词汇编》，今古书画店2012年版，第14页。

就为我们保存了 1900 年时南道院的景物描写，为我们认识当时的霹雳州的道教传播提供了参考资料。当然，二人的记述虽然并不全面，但都是我们了解近代中国人认识马来半岛的绝好素材。从这个意义上说，丘逢甲的诗歌不仅有文学意义，也具有史学价值。

（原文刊载《韩山师范学院学报》2017 年第 4 期；
　　　　作者单位：中国社会科学出版社）

从八景与八咏诗看丘逢甲
早年眼中的台湾景象

陶原珂

丘逢甲在年轻时期曾以成系列的景物诗描写过台湾,从多个侧面构成他心目中的台湾景象,表达了他年轻时对台湾景象的客观印记、情感联系和诗意情怀。细加辨读,有助于我们把握他心目中的台湾景象和爱台情感。

以《台湾县八景》和《瀛壖八咏》为代表的台湾景象诗,按《丘逢甲集》的编年标记,作于1893年至1894年(光绪十九年、二十年,癸巳、甲午,时年30岁至31岁)①。

一 自定八景之咏

先看《台湾县八景》(台中八咏),由以下八首五言绝句组成。

其一,《瑶峰晴雪》:山意晚生寒,阴岭雪微积。寻梅晓出城,云间一峰白。

其二,《皱山朝霞》:山灵抱奇气,光焰作霞彩。东风吹不散,捧日照炎海。

其三,《度山观海》②:山与卧龙埒,奇观接混茫。何人挥羽扇,筹策奠南洋?

其四,《大墩眺月》:不尽秋宵兴,登临云影开。万家忧乐意,移照上心来。

其五,《双溪渔火》:欲见渔村路,双溪薄暮天。西风明灭影,红出

---

① 广东丘逢甲研究会编:《丘逢甲集》,岳麓书社2001年版,第40页。
② 题注:邑尊云山肖卧龙岗,时范继庭为台湾县令。

荻花边。

其六，《梧汉归帆》：归舟乘晚潮，港近西风猛，樯鸟迎客来，片片斜阳影。

其七，《鸳湖问荷》：地埒湖州胜，人吟工部诗，水光山色里，香满欲开时。

其八，《龙井品泉》：汩汩度山阴，客来秋正深，贪廉不在水，自在使君心。

据康熙三十五年（1696）编的《台湾府志》所记，清代台湾八景有六景在台湾县治范围内（属台南），然而，丘逢甲《台湾县八景》所写八景如括注所说，咏的是他所见于台中的景象，而不是府志所载八景。其中所写八景，为丘逢甲自选自定的诗意景象，而未见文献记载，难以确定所指。

其一，清代刘璈《巡台退思录》① 有言："台湾星分斗宿，地本瀛寰，鹿耳鲲身，作南天之砥柱，瑶峰琼岛，俨东海之蓬莱。"描述了台湾峰峦岛屿的整体印象。按今日台湾族群划分，原住民高山族所有9民族中并没有瑶族，"瑶峰"当不指瑶族聚居地的山峰，也不见于晚清人编《台湾府志》② 所载的几十座山峦。故按诗意品鉴，"瑶峰"当指诗人所见如美玉般的山峰，诗中所写"晚生寒"的山景为"云间一峰白"，正是给人如美玉之感。

其二，台湾的玉山山脉纵贯全岛，主要构造是由地球表面的亚欧板块和太平洋板块碰撞形成的褶皱，故此褶皱为台湾各山的主要地貌特征。如此看来，"皱山朝霞"亦为诗人所实见台湾有代表性的山峦景观特点。此诗的视角特点是观山与观海相衬，山灵奇气与日照炎海共同构成岛上山形浴于海洋霞光的壮丽景观。

其三，"度山"疑为台中"大度山"的简称，今大度山仍为观赏夕阳、夜景之地③，位于台中市辖区的大肚山台地，故山名又称"大肚山"。台湾现代诗人余光中有《大度山》诗作和诗集。丘逢甲此诗似有取大尺度测度山势之意："山与卧龙埒"即谓"山势如同（诸葛）卧龙（先生）一般肖像"，故末句想象到"某人挥羽扇，筹策建基南（边）洋（面）的军事"。此诗以观测山形而勾连出对海面的想象。

---

① 朱景英、黄逢昶、刘璈、黎景嵩著，钟启河、喻几凡、廖芳芳校注：《海东札记台湾杂记巡台退思录台海思痛录》，岳麓书社2011年版。
② 蒋毓英撰，陈碧笙校注：《台湾府志校注》，厦门大学出版社1985年版。
③ 黄嘉佩著：《台中的瑰宝——大度山》，陈育芳译，《康百视杂志》2003年9月号。

其四,"大墩"即"大土堆",虽然或指地名(台中市今有"大墩村"),但是,诗中有"登临"之辞,意谓诗人有具体的登高临月行为,故此"大墩(大土堆)"也当是诗中的实体景观,登临其上可观察"万家忧乐"。

其五,台湾北部基隆河支流的上游发源于阳明山山脉,于台北市士林区称内双溪(包括内厝溪、内双勾溪),与菁礐溪(碧溪)会合后流经台北市北投区和市林区,称外双溪(包括石角溪、新安溪),由双溪口进入台北盆地,再与磺溪(紫明溪)会合而流入基隆河。今台北市士林区有"内双溪公园"。从诗题"渔火"的景象斟酌,所写双溪当有较宽的水域,故应是靠近基隆河的外双溪夜景。但是外双溪的地理位置属于台北,而非台中,故需存疑。

其六,台中县有梧溪镇靠海峡,故诗题"梧汉"疑指梧溪男子。诗句"樯鸟迎客来"之"客",当谓梧汉久归如客之意。这与全诗写一幅晚潮斜阳沐浴于港风中的景象相合,也是表达直观的具象为主要诗意特征的。

其七,题下有注:"在县东,仙根有别业曰樵隐山庄,著有鸳湖诗,故云。"据此,诗题所说"鸳湖"是有确指称名的地点,在台湾县东部。然而,据今日台湾岛旅游网,台湾鸳鸯湖位于新竹县与宜兰县交界地的丛山中,与此注所定位差距较大。故此"鸳湖"所指恐怕是因清代(李)仙根的樵隐山庄著有鸳湖诗而得题的。鸳湖(或鸳鸯湖)自宋以后渐成为诗人寄托悠情的一种意象,尤以浙江嘉兴的鸳鸯湖甚有名,查《四库全书》可得几十首以"鸳湖/鸳鸯湖"为题的诗作。杜工部没有专写鸳鸯或鸳湖的诗作,也不见有专写荷花的作品,不过其长诗《壮游》有"剑池石壁仄,长洲芰荷香"句,或与丘逢甲此诗"水光山色里,香满欲开时"的意绪相近,山景水色与荷香通感一体。

其八,诗题中的"龙井"并非茶名[①],而是地名(今有龙井火车站、台中龙井初中,3号国道有"龙井"出口接136县道),在大度山地域内,诗中指明位于"大度阴",即大度山西北麓。诗中主要写作者对此地龙井泉汩汩之水的情感想象,为客自在自得而品泉水之心,但并非由目至景观引发的想象。

总体看来,丘逢甲的《台湾县八景》(台中八咏)所指"台湾县",当是新台湾县,不是台南原称,而是台中之附廓县。不过,八首诗所咏八景并非都在台中,"双溪、鸳湖"都在台湾东北地区,离台中较远。逢甲自己认定的八景,以自己亲身观感为依据,有的景观名称未必有确指地名(如"皱山观霞、梧汉归帆"),个别景观(如"龙井品泉")并非目至景象,然而,这八景诗都有共

---

① 据百度搜索,龙井茶并不在台湾十大名茶(阿里山高山茶、宝贵牡丹茶、优游吧斯极品青心乌龙茶、优游吧斯极品金萱乌龙茶、冻顶茶、包山种茶、东方美人茶、阿里山珠露茶、高山茶、日月潭红茶)之列。

同的感性特点,都以具象感知为依托来展开想象。而作为组诗,其组成上有层次之别:其一、其二写台湾山峦的总体印象,其三、其四、其五、其六、其七则分别描写不同的视觉景点,最后一首写泉水景点的体觉感受。

二 府志八景之咏

再看以《瀛壖八咏》题名的台湾八景组诗,由以下八首七言绝句组成。

其一,《东溟晓日》:朝曦潋滟拥东溟,射出毫光万点星;瀛海扶桑真咫尺,烛龙从此好长暝。

其二,《西屿落霞》:孤鹜齐飞句有神,丹霞一缕袅澎津;散来余绮真堪爱,风景依稀落浦晨。

其三,《安平晚渡》:红毛城外海天浮,万里征帆一望收。好是月平风定后,有人天际识归舟。

其四,《沙鲲渔火》:隔江渔火列星星,照到龙宫睡不成。蟹舍鸥村烟漠漠,灯光帆影不分明。

其五,《鹿耳春潮》:铁弩三千射未回,银山十二拥成堆。余声昼夜冲沙岸,知是春潮带雨来。

其六,《鸡笼积雪》:炎消瘴海玉楼寒,三伏全无暑气干。盈尺漫言丰稔兆,有人穷巷卧袁安。

其七,《澄台观海》:扁舟破浪记曾来,利济生平挟壮才。此日登临增感慨,防山防海要徘徊。

其八,《斐亭听涛》:微似楼头振笛笙,俄如海底吼鲲鲸。夜来午枕听无倦,瘦竹幽亭一味清。

按,清康熙三十五年(1696)高拱乾编纂的《台湾府志》与康熙五十一年(1712)周元文编纂的《重修台湾府志》都记有台湾八景,其次序和称名相同,而与丘逢甲《瀛壖八咏》诗所咏的八景称名次序和用字略有出入,依次为:安平晚渡、沙鲲渔火、鹿耳春潮、鸡笼积雪、东澳晓日、西屿落霞、斐亭听涛、澄台观海[①]。这八景中,除北部的"鸡笼积雪"之外,其他七处

[①] 周元文:《重修台湾府志》(康熙五十一年),高贤治主编《台湾方志集成·清代篇:第一辑(2)》,台湾宗青图书出版有限公司1995年版,第284页。

都落在台湾县（今属台南）治所之内。《台湾府志》编纂者高拱乾还按此次序和称名（只是"鲲"作"崑"），写作了《台湾八景》① 五言律诗八首，今录如下，以便对比。

《安平晚渡》：日脚红彝垒，烟中唤渡声。一钩新月浅，几幅淡帆轻。岸阔天迟暝，风微浪不生。渔樵争去路，总是画图情。

《沙崑渔火》：海岸沙如雪，渔灯夜若星。依稀明月浦，隐跃白苹汀。鲛室寒犹织，龙宫照欲醒。得鱼烹醉后，何处晓峰青。

《鹿耳春潮》：海门雄鹿耳，春色共潮来。二月青郊外，千盘白雪堆。线看沙欲断，射似弩齐开。独喜西归舶，争随落处回。

《鸡笼积雪》：北去二千里，寒风天外横。长年绀雪在，半夜碧鸡啼。翠共峨眉积，炎消瘴海清。丹炉和石炼，漫似玉梯行。

《东溟晓日》：海上看朝日，山间尚晓钟。天开无际色，人在最高峰。紫阁催妆镜，咸池骇浴龙。风流灵运句，灼灼照芙蓉。

《西屿落霞》：孤屿澎湖近，晴霞返照时。秋高移绛树，海晏卷朱旗。孙楚城头赋，刘郎江上时。淋漓五色笔，直欲补天亏。

《澄台观海》：有怀同海阔，无事得台高。瓜忆安期枣，山驱太白鳌。鸿濛归紫贝，腥秽涤红毛。济涉平生意，何辞舟楫劳。

《斐亭听涛》：岛居多异籁，大半是涛鸣。试向竹亭听，全非松阁声。人传沧海啸，客讶不周倾。消夏清谈倦，如驱百万兵。

按丘逢甲《瀛壖八咏》的次序来看，第一首《东溟晓日》与府志景名同，而丘逢甲《瀛壖八咏》的诗题，虽然个别字与其有出入，却可以看出所指景观相同。然而，与高拱乾的《台湾八景》相比较，却可以看到丘逢甲创作八景诗自有一番情怀和想象。

其一，丘作《东溟晓日》前两句写海面"朝曦潋滟"的视觉景观，第三句写由此印证"瀛海扶桑"咫尺近的认识，第四句写烛明自然被朝曦替代的想象。其中，首句用"东溟"以别于"东海"，指向明确在台湾东边海面；"扶桑"亦当指视觉之日出处，而非观念上之日本。与高作《东溟晓日》相较，丘作从视觉景观到认识和想象，致思路径清晰，而高作视点游移于观日叙事、景观、观者、联想之间，表意致思较为凌乱。

---

① 高拱乾：《台湾府志》（康熙三十五年），高贤治主编：《台湾方志集成·清代篇：第一辑(2)》，台湾宗青图书出版有限公司1995年版，第223页。

其二，丘作《西屿落霞》起句以王勃《滕王阁》名句"落霞与孤鹜齐飞，秋水共长天一色"的意象领括全景，第二句接丹霞之下的江海澎湃景观，以添其壮，第三句写其余绮渐变之思，引发后接洛浦宓妃之情景想象。[1] 与高作《西屿落霞》相较，丘作没有地点定位，但是视觉景观与用典想象自然一体，而高作虽有"孤屿澎湖近"的明确地点定位，视点却比较散，"孙楚城头赋，刘郎江上时"用典亦逊，再加上个人意趣，则离视觉景观更远了。

其三，丘作《安平晚渡》首句与高作首句都是定点景观之地，然而，丘作接下来三句却有诗人以意逆景的意味，表面写风平浪静、万片帆影的开阔景象，却隐伏海上时有危机的潜在想象。高作则是较为纯静的客观景象描写，以画图意境收览眼前所见。

其四，丘作《沙鲲渔火》与高作有两点差异：一是文字上丘作诗题写作"沙鲲"，高作写作"沙崑"，而今日所说台湾八景则通用"沙昆"，"崑"字通常只用于"崑崙"；二是景观上丘作写的是"隔江渔火"，高作写的是"海岸"渔灯，可能是因为此景点处在某江出海口之故。然而，都因渔家灯火不分明，两者的想象指向却大体一致，丘作想象的是龙宫蟹舍，高作想象的是鲛室龙宫，只是多了一个"鱼烹醉后"的联想结尾。

其五，丘作《鹿耳春潮》以声色通感打通景象与想象，使雪山银包、弩箭浪声、春潮与知觉想象高度融汇一体，体现出绝句精练之长。同样写雪山包、弩浪声、沙岸，高作却给人散点描绘之感，最后"独喜"二句添加诗人意趣，更给人五律过长之感。

其六，丘作《鸡笼积雪》写的是"三伏"鸡笼积雪炎消无暑的观感，与高作所写"寒风天外横"的季节不尽相同。丘作与他自己《台湾八景》前五首纯写景观的诗作不同，只用前两句写景观，后两句思辨"兆丰年"的说法，"卧袁安"是借东汉直臣袁安困雪高卧之典说事，似乎意谓此地另有积贫景象。

其七，丘作《澄台观海》与高作都写登台地而感兴平生，可见"澄台"本身并非景观，而所兴起的感兴则随人而异。高拱乾虽知"有怀同海阔"，自身却是"无事得台高"，故此独持闲适之兴；丘逢甲却道出了"防山防海要徘徊"的忧台之兴感。

其八，丘作《斐亭听涛》前三句写听涛，从微响到吼声再到枕听，都是写听觉景观，末句才写瘦竹斐亭之清雅品味。据说此斐亭有丛篁环植，翠色猗猗，康

---

[1] 台湾未闻有水滨之洛浦地，而东汉张衡《思玄赋》有"召洛浦之宓妃"句，故末句洛浦据此释之。

熙间由观察高拱乾所建，取意于《诗经·卫风·淇奥》"有匪（斐）君子"句。奇怪的是，高作却并不写此亭周围环境，前六句以旁观者角度写来客听涛感受，只是结尾二句"消夏清谈倦，如驱百万兵"写出自己对斐亭的自得之意。

总的来看，《瀛壖八咏》前五首集中写眼见实景，后一首写耳闻之声，都属具象景观，第五首还融通感于景象描写中，因而显出整体凝练的风格面貌。这与高作散点描绘、略附时兴的诗风明显不同。其中丘作六、七两首更透露出诗人的社会人格取向和忧台的思虑。

丘逢甲固然还有其他描写台湾景观的零散诗作、诗句，然而这里探析他甲午战前所作八景八咏，并非一时兴感的描写，离他20岁作《台湾竹枝词》①已10年，诗作技巧相当成熟，是另外两组有关台湾的观察、联想和写作实践。其中台湾的山水美景与其爱台情感相融汇，因感时势而触景萌生体察民情与忧台的感慨，体现着甲午战前丘逢甲的台湾景象情怀。

（作者单位：广东省社科联）

---

① 《台湾竹枝词》由100首七言绝句组成，《丘逢甲集》存40首，录于此。"唐山流寓话巢痕，潮惠漳泉齿最繁。二百年来蕃衍后，寄生小草已深根。/东宁西畔树降旂，六月天兴震叠师。从此东周遗老尽，更无人赋采薇诗。/印收监国剧堪嗟，泪洒孤坟日已斜。城北城西千万树，哀魂应化杜鹃花。/北园荒草几经春，监国不亡国岂沦？若究祸端肇亡国，九原应怨董夫人。/自设屏藩障海滨，荒陬从此沐皇恩。将军不死降王去，无复田横五百人。/师泉拜后阵云屯，夜半潮高鹿耳门。如此江山偏舍去，年年荒草怨王孙。/馆娃遗址并禅栖，云水僧归日已西。话到兴亡同坠泪，可能诸佛尽眉低。/鼾睡他人未肯容，开山新议达宸衷。荒山逐渐开硗确，草草何能便浚封。/教士都凭器识先，海东旧院剧云连。岱云去作三山雨，灯火荒凉四十年。/峰头烈焰火光奇，南纪岗峦仰大维。寄语佛徒休太热，出来终有冻流时。/菊满东篱花满池，少寒多暖鹭洲诗。星轺不到鸡笼岛，寒彻罗衣总未知。/浮槎真个到天边，轻暖轻寒别有天。树是珊瑚花是玉，果然过海便神仙。/水仙宫外水通潮，潮去潮来暮又朝，几阵好风吹得到，碧桃花下听吹箫。/任他颜然照银泥，一样朱唇黑齿齐。蝤首蛾眉都易事，教人难觅是瓠犀。/竹边竹接屋边屋，花外花连楼外楼，客燕不来坭滑滑，满城风雨正骚愁。/牛车辘辘走如雷，日日城东去复回，红豆满车都载过，相思载不出城来。/番社曈昽曙色开，枪雷箭雨打围回，黍罂酒热朝餐早，手擘奇柑煮鹿胎。/门阑惨绿蜃楼新，道左耶稣最诱民。七十七堂宣跑拜，痴顽礼拜泰西人。/竹子高高百尺幡，盂兰胜会话中原。寻常一饭艰难甚，梁肉如山饷鬼门。/罂粟花开别样鲜，阿芙蓉毒满合天；可怜驵侩皆诗格，耸起一双山字眉。/大东门接小东过，裘艳衣香羡此多，闻说花田重征税，花排花串价增高。/盘顶红绸里髻丫，细腰雏女学当家，携篮逐队随娘去，九十九峰采竹芽。/相约明朝好进春，翻新竹样到衣裳，低梳两鬓花双插，要斗时新上海妆。/唱罢迎神又送神，港南港北草如茵。谁家马上佳公子，不看神仙只看人。/一剑霜寒二十秋，大王风急送归舟。雄心尚有潭边树，夜夜龙光射斗牛。/铁笛吹来竹外烟，梅花消息素怀牵。瑶台芳讯来何暮，惆怅溪桥欲雪天。/为怜归燕一开门，斜日红棉易断魂。燕子自又人自独，此情消得几黄昏。/好吟应是太痴生，笔墨因缘记不清。谁把四弦弹夜月，新词唱遍赤崁城。/鲲鯓香雨竹溪孤，海气笼沙罨画图。衬出觉王金偈地，斑去花蕊绿珊瑚。/番样花开又一年，不寒不暖早春天；开正复喜开春宴，赢得诗狂更酒颠。/新岁尝新荐瓜，春风消息与儿家。绿磁正汲南坛水，一树玫瑰夜点茶。/晚凉新曲按琵琶，茉莉花开日已斜，一担香风满城送，深宵散作助情花。/半种花园半种田，儿家生计总由天。楝花风后黄梅雨，满地珍珠不计钱。/黑鸡惊兆大小洋，草鸡亲手辟洪荒，一重苦雾一重瘴，人在腥风蜒雨乡。/红罗检点嫁衣裳，艳说糖团馈婿乡。十斛槟榔万蕉果，高歌黄竹女儿箱。/贺酒新婚社宴罗，双携雀嫂与沙歌。鼻箫吹裂前峰月，齐叩铜镮起跳歌。/白露满天蝙蝠飞，寒阶枯坐水生衣，竹丝闻烧绕三丈，心烬待郎郎未归。/生平未睹此中天，好向居人叩末颠。遍地槟榔传几代，从今乞为话便便。/一年天气晴和来，四序名花次第开。手把酒杯酹徐福，如今我辈亦蓬莱。"

论丘逢甲新派诗人与新学先驱双重身份成就的生命新境界

王晓晓　姚则强

从1895年秋内渡居潮至1906年夏赴广州任两广学务公所公职,丘逢甲在成为领导岭东新学先驱的同时,也以丰硕的诗歌作品被誉为"诗界革命一钜子"。诗作既记录了兴办新学教育饱经风霜的冷暖人生,也呈现了他作为新派诗人从思想观念到创作实践的丰厚实绩。在丘逢甲的精神世界和文化追求中,形成了新派诗人与新学先驱双重身份的契合共生,造就其"新运开三世,雄心遍五洲"[①]的生命新境界,可谓诗意新殊,雄健天下。

本文试探讨岭东时期的丘逢甲,如何以"新派诗"的内容形式和新学教育实践思想,达成新派诗人与新学先驱双重身份所成就的新境界。正如其在《说剑堂集题词为独立山人作》中君子自道"直开前古不到境,笔力纵横东西球"[②]。所谓"开前古不到之境",为"新"境是也;使得"笔力"达到"纵横东西球",此"健"境是也。所以,本文仅就"新"和"健"的两个向度进行探索,求教于学界同人。

一　直开前古不到境:"新"的境界

"新"的境界基于突破传统旧思想的藩篱,学习和引进科学的观念和思想,体现在丘逢甲的"新派诗"创作中是多使用新名词、新观念及诗歌形式与内涵的求新求变;在新学教育实践中,则体现在通过引进新的教育课程模式,宣传新思想,突破科举体制下传统教育,推广新式实用型的育人模式。

---

① 广东丘逢甲研究会编:《丘逢甲集》,岳麓书社2001年版,第463页。
② 同上书,第300页。

1868年，黄遵宪一语"我手写我口"①开始"新派诗"的实践，1891年撰写《人境庐诗草自序》中更提出诗应表现"古人未有之物、未辟之境"②。丘逢甲在其《跋》中评价"变旧诗国为新诗国，惨淡经营，不酬其志不已，是为诗人中嘉富洱；合众旧诗国为一大新诗国，纵横捭阖，卒告成功，是为诗人中俾思麦"③。可见，在参与新派诗创作中，丘逢甲就标榜其"新"的重要性。

首先是使用新名词、新事物，宣传新观念、新思想。丘逢甲的时代是"睁眼看世界"的时代，但其并未简单地滥用新词，而是吸取了当时如"民主、民权、地球、火车、电轮"等反映新思想的新词语，阐述科学及民主理论。

其次是诗体形式上多有杂言体、歌行体等。如"太阴黑、耀灵匿，天上风云惨无色。飞虎伏、神龙蛰，龙化为松虎化石。……"④从三字一句到十三字一句不等，偶有押韵或押韵脚。另有数量不少的组诗，即多首诗连缀成篇，又每首独立成章，扩大了诗歌的表现功能。如《澳门杂诗（十五首）》《西贡杂诗（十首）》《将之南洋，留别亲友（八首）》等。

再次是通俗化、口语化、散文化倾向突出。如《晨起书所见》，写晨起见到"老鸦"来庭树上夺取鸟雀"充朝饥"，但"一雀嗓未已，百雀噪而随"⑤。单用生动有趣的画面写出团结抗敌的深意和道理。又如《嗟哉行》中，"钢是铁所为，铮铮抑何美！安知经火炼，竟化柔绕指。……"⑥语言直白，形式错落，散文化特征明显。

最后是学习运用和吸收民歌的精华。"粤调歌成字字珠，曼声长引不模糊。"⑦丘逢甲不但赞美民间歌谣的精练和优美，也表达了积极汲取民间歌谣作为新派诗的诗歌资源的态度。在《送潮州诸孝廉公车北上》用潮谚"凤啸湖平，带出公卿"入诗"西湖波定凤凰鸣"⑧，朗朗上口，通俗易懂。又如其《东山松石歌和郑生》《韩祠歌同夏季平作》《东山酒楼放歌》等，都明显带有民间歌谣的影响和倾向性。

---

① 黄遵宪著，钱仲联笺注：《人境庐诗草笺注》，上海古籍出版社1981年版，第43页。
② 同上书，第1页。
③ 广东丘逢甲研究会编：《丘逢甲集》，岳麓书社2001年版，第815页。
④ 同上书，第369页。
⑤ 同上书，第502页。
⑥ 同上书，第291页。
⑦ 丘逢甲：《论山歌》，参见李树政选注《丘逢甲诗选》，广东人民出版社1984年版，第72页。
⑧ 广东丘逢甲研究会编：《丘逢甲集》，岳麓书社2001年版，第256页。

"新意境"大体上可理解为梁启超《夏威夷游记》中所谓的"欧洲意境"①。即要求在诗中表现西学的新知识、新观念，进而达到新的审美境界。这意味着在题材、意象等方面要开拓新的空间。尽管丘逢甲未能完全突破旧体诗的藩篱，但其在形式和方法上做了积极的尝试和探索，创作了数量可观的"新派诗"。可以说，丘逢甲的实践适应了时代的要求，"以旧风格含新意境"，进而推动了"新派诗"的发展。

至于在新学教育实践中的"新"的境界，是体现在丘逢甲以新的教学方式内容，向青年学生宣传新思想，打破封建传统教育模式，以全新的"中西合璧"教育模式开创岭东新学之风。

1895年秋内渡后的丘逢甲，呈请"归籍海阳"，一心寻求救国救民的道路，重新回归杏坛。1896年，聘为韩山书院山长的丘逢甲开始进行教育改革，"以实学训士"②，授课之外兼讲科学。然"被目为异端"③，岁末，被迫辞去韩山书院教职。1897年春，丘逢甲担任潮阳东山书院山长，兼任澄海景韩书院主讲。以"新思潮及有用之学课士"④；课余，则凭吊忠魂，纪念先贤，言传身教，激励学生勤学立志。

在旧式书院授课讲学中，丘逢甲深感传统旧式教育已成为国族发展的羁绊，要兴中国启民智，就必须吸取西学加以改革。于是，1899年冬，丘逢甲着手创办岭东同文学堂，开启岭东地区新学先风。

在教学内容上，丘逢甲大胆突破传统，"以中学为体，西学为用；中学为纲，西学为目"⑤。在《岭东同文学堂开办章程》中规定：学堂以"昌明孔子之教为主义，读经读史，学习文义均有课程"⑥；而西学则是"学其有用之学"——开设格致、化学、生理卫生与算学等西方的自然科学。学堂开设"兵式体操"课程，以增强学生体质。又借径东文，精辟地阐明西文与东文学习的顺序。丘逢甲创新了"中体西用""中学为体"，实质上是强调"经世致用"与"古为今用"，继承发扬孔孟之道，学好国粹精髓等优秀的传统文化；而"西学为用"则是学习和吸收西方先进的科学知识与思想，为强国救国而服务。其鼓励学生"学有中西汇乃通"⑦，洋为中用，启迪学生通过博览古今

---

① 参见梁启超《夏威夷游记》，《饮冰室合集》（第7册），中华书局1989年版，第189页。
② 丘逢甲：《岭云海日楼诗抄》，安徽人民出版社1984年版，第471页。
③ 同上书，第488页。
④ 同上。
⑤ 广东丘逢甲研究会编：《丘逢甲集》，岳麓书社2001年版，第784页。
⑥ 同上书，第785页。
⑦ 同上书，第438页。

中外的知识来广增见闻。

在教学方式上，丘逢甲采用现代分班教授的方法，因材施教，坚持"以欧西新法教育青年，以革命维新鼓舞士气"①。其以勇士的魄力坚决向封建传统教育制度与模式发起挑战，以坚毅的韧性为实现振兴中华而改革教育教学的伟大抱负不懈努力。

在创办新学之时，丘逢甲还于1904年在镇平县创办"镇平初级师范传习所"，设立"自强社课"，筹办"员山""城东"两所家族学堂，尔后又创办县立中学堂等。此外，他还积极在地方创办女子小学，重视女子的新思想新文化教育。正是因为有了丘逢甲的悉心培育与精心指导，岭东掀起办学高潮，传播近代民主新思想蔚然成风。

二　笔力纵横东西球："健"的境界

"健"的境界，导向在丘逢甲新思想中抵制日统治的反抗精神，特别具有政治的雄伟韬略。在"新派诗"中，主要体现在内容和气韵层面上多呈现为沉郁雄健、真挚豪迈的风格，处处表达其革新救亡的精神追求；在新学教育实践中，则表现其对于旧的教育体制和旧势力的突围和反抗，特别在"辞官办学"上所体现的"民间意识"和自主办学的独立意识，更是体现其笃信执着的担当意识和忧国忧民的时代使命感。

在"新派诗"上，因为时代危机与个人危机重叠，丘逢甲事实上通过"新派诗"创作寻找到解决时代危机的手段和个人危机的方法。这种解决危机和安顿心灵的过程，使其诗作呈现出了沉郁悲壮而浑融的雄健风格。在台举事抗日失败内渡后，壮志未酬又离乡背井，丘逢甲有深刻的英雄末路的心绪，"丈夫生当为祖豫州，渡江誓报祖国仇，中原不使群胡留"②。诗人的抱负和气概不容置疑，读来英气逼人。

丘逢甲的"新派诗"富有"健"的境界，落实在其诗歌创作实践中，也体现在他的诗歌创作理论追求上。

首先，"贵真"的题材内容。作诗要表现真性情，反映现实生活，"诗无

---

① 丘逢甲：《岭云海日楼诗抄》，安徽人民出版社1984年版，第490页。
② 广东丘逢甲研究会编：《丘逢甲集》，岳麓书社2001年版，第386页。

今古真为贵"①,"惟山如诗贵真面"②,在写给邱菽园的信中,丘逢甲更直接阐述:"尊论谓诗贵清、贵曲,弟再参一语,曰贵真。"③ 对丘逢甲而言,诗歌正是他借以抒情言志,表达真性情的媒介,更是其以真性情塑造雄健风格的载体。④

其次,雄直的诗风。"岭南论诗派,独得古雄直。混茫接元气,造化如镌刻。百年古梅州,生才况雄特……我欲往从之,自愧僵籍溼。"⑤ 身为梅州人的丘逢甲,虽然出生在台湾,但依然深谙岭南诗歌风格,推崇"雄直"诗风。⑥ 其诗歌理论与创作更是力倡奋发图强的精神,鼓人壮志,充分展示国人反抗侵略、坚忍不拔的民族精神。⑦

最后,以"重开诗史作雄谈"⑧ 作自我期许,丘逢甲的诗歌真切地反映了晚清的动荡局面,呈现时代的新气象与精神,履行"诗史"的实践。"四千年中中国史,咄咄怪事宁有此?与君不见一年耳,去年此时事方始。谓之曰战仍互市,曰和而既攻其使。"⑨ 丘逢甲目击时艰,痛心疾首,在诗中记录了国门被迫打开,列强肆意掠夺后所呈现的晚清窘迫局面。正如张永芳所言:"(丘逢甲)以内地的变化来反映门户的开放,似比直接描写海外风物,更能令人真切地感受到海通以来时局的演变。"⑩

"治诗如治民,刚柔合乃美。"⑪ 尽管背负国恨家仇,身处岌岌可危之乱世,但丘逢甲依然心存信念,要努力为保国保种做出自己的贡献。正是基于"治诗"与"治民"的共同情怀,才成就了丘逢甲的诗歌自信和生命自信。在《庐山谣答刘生芷庭》中,丘逢甲显示了雄心壮志,自为大宗,自封始祖:"九十九峰发霞焰,手持芙蓉哦新诗。要令海国变风雅,开山初祖天人师。"⑫

在《饮冰室诗话》中,梁启超这样论述当时的"诗界革命"代表人物:

---

① 广东丘逢甲研究会编:《丘逢甲集》,岳麓书社2001年版,第438页。
② 同上书,第195页。
③ 同上书,第793页。
④ 参见赖晓萍《丘逢甲潮州诗研究》,硕士学位论文,台湾逢甲大学,2002年,第130页。
⑤ 广东丘逢甲研究会编:《丘逢甲集》,岳麓书社2001年版,第295页。
⑥ 参见吴锦润《剑胆琴心流千古——论丘逢甲诗歌理论和创作风格》,见吴宏聪、李鸿生主编《丘逢甲研究》,1984年至1996年专集,广东人民出版社1997年版,第391页。
⑦ 参见焦福维《丘逢甲诗歌研究》,硕士学位论文,西北师范大学,2009年,第34页。
⑧ 广东丘逢甲研究会编:《丘逢甲集》,岳麓书社2001年版,第521页。
⑨ 同上书,第508页。
⑩ 详见张永芳《丘逢甲与诗界革命》,《辽宁师范大学学报》(社会科学版)1990年第1期,第46页。
⑪ 广东丘逢甲研究会编:《丘逢甲集》,岳麓书社2001年版,第403页。
⑫ 同上书,第193页。

"吾尝推公度、穗卿、观云为近世诗家三杰,此言其理想之深邃闳远也。若以诗人之诗论,则邱仓海其亦天下健者矣。"接着,他又说:"(丘逢甲)盖以民间流行最俗最不经之语入诗,而能雅驯温厚乃尔,得不谓诗界革命一钜子耶?"① 梁启超的论述还注重其语言形式的革新追求,但从丘逢甲"新派诗"的核心内容看,不论是感时愤世的抒怀之作,还是议政论事的诗史之作,抑或羁旅乡愁的爱国之作,几乎都是蕴藏着一个觉民启智的深刻时代内涵,一种欲力挽狂澜于国族危难之中的英雄情怀。书生救国,力兴教育,知其不可为而为之,其君子也。正如江山渊所说:"诗本其夙昔所长,数十年来覆颠顿于人事世故家国沧桑之余,皆足以锻炼而淬砺之。其所为诗尽苍凉慷慨,有渔阳三挝之声,如飞兔腰衰绝足奔放,平日执干戈、卫社稷之气概,皆腾跃纸上。"②

而"健"的境界在新学教育实践上的体现,为觉民启智而树人立国,丘逢甲从台湾时期就决意投入新学教育实践,内渡后更在岭东寻找到新学教育的同路人,不断突破旧传统和旧体制的制约,为岭东新学注入新的思想动力。③ 因为旧势力的干扰,也使得丘逢甲的新学教育实践更多呈现了对旧体制的反抗性。

在《乡土情怀与民间意识——丘逢甲在晚清思想文化史上的意义》中,陈平原阐释了丘逢甲"归籍海阳"所体现的认同危机,及"辞官办学"所隐含的改革思路,兼论其诗歌创作与教育实践,突出其"乡土情怀"与"民间意识"在晚清思想文化史上的意义。陈平原认为"办学与吟诗"是贯穿丘氏一生的两大嗜好,潮嘉时期(1895—1906)的诗风慷慨苍凉,无愧梁启超"诗界革命一钜子"的期许;办学则追求独立自主,超越时贤兴起人才的思考。④

丘逢甲早年进士及第,便无意仕途,1889年回台后更谢绝当时主政台湾的唐景崧从政的邀请,毅然以讲学育才为职责,任崇文书院、衡文书院、罗山书院主讲直至1894年中日甲午战争爆发。其间主要讲授中外史实及西方新知识、新思潮。1895年中国战败割台,丘逢甲弃笔从戎组织义兵抵抗日本侵

---

① 梁启超:《饮冰室诗话》,人民文学出版社1959年版,第30页。
② 丘逢甲:《岭云海日楼诗抄》,安徽人民出版社1984年版,第466页。
③ 详见徐博东、黄志平《丘逢甲传》(增订本)第一章第三节"联捷进士,服务桑梓"、第三章"锐意新学,培育英才"相关论述,九州出版社2011年版。
④ 陈平原:《乡土情怀与民间意识——丘逢甲在晚清思想文化史上的意义》,《潮学研究》(第8辑),花城出版社2000年版,第16页。

台，失败后内渡。1897年主讲潮州韩山书院，于旧制书院介绍东西方文明，被顽固势力"目为异端"，年终愤而辞去。次年主讲潮阳东山书院，后兼澄海景韩书院主讲，至1899年冬辞，独立谋办新式"岭东同文学堂"。至1903年冬，因"岭东同文学堂"宣传新思想，学生响应上海爱国学社鼓吹种族革命之号召，地方守旧势力借端捣乱，辞去教职赴广州发展新式教育。至1906年正式就任两广学务公所职务，其间多次回乡倡办"初级师范传习所""创兆学堂""镇平县立中学堂"等新式学堂。①

如陈平原所言"丘氏之办学，有两点最为值得注意，一是游说南洋华侨捐资，一是主张摆脱官府控制"②。在无意间点明了丘逢甲民间独立兴办新式教育的可能性和意义。这也无愧于丘逢甲作为近代新学教育家对于新学教育的积极探索和实践。从史料记载可以看出，丘逢甲的新学教育实践进行得并不顺利。但他似乎一早就做好了打持久战的准备。在《创设岭东同文学堂序》中，他说："神州大局，岂遂藉此挽回？然蚁驮一粒，马负千钧，各竭力所得为，亦我同人不得已之志之可共白者也。"③ 面对这样的细水长流，也许他心中早埋下火种，期盼来日"星星之火可以燎原"。所以其凭借一己之良心与学识，"归而讲学于郡邑"，起码还可"以其学说陶铸当世人才"，并且影响一时一地之"人心风俗"。④ 丘逢甲在新学教育实践中表达了与"新派诗"同样的坚毅雄健的精神气质，在几乎万劫不复的现实困境中步履维艰，然而毫无难色、艰苦卓绝。

综上所述，丘逢甲终其一生从事诗歌创作和教书育人工作，从一介书生到教书先生，组建"台湾民主国"抗击日寇的民族英雄，再到"归籍海阳"重回教书育人的民间岗位，在颠沛流离中总有一种处波澜而不惊的从容淡定。那是因为其教育救国、觉民启智的背后巨大的国家民族意识。丘逢甲一方面不断尝试和探索近代中国教育的新式模式；另一方面以"横贯东西"的文化眼界与实践取向，开拓了中国近代诗歌的新样式与新发展，使得新派诗人与新学先驱的双重身份互动相生，其生命新境界也突出体现在"新"与"健"的境界中——其新派诗创作从诗歌形式及内涵凸显求新求变；教育实践中突

---

① 参见徐博东、黄志平《丘逢甲生平大事简表》，《丘逢甲传·附录》（增订本），九州出版社2011年版，第225—257页。
② 陈平原：《乡土情怀与民间意识——丘逢甲在晚清思想文化史上的意义》，《潮学研究》（第8辑），花城出版社2000年版，第28页。
③ 广东丘逢甲研究会编：《丘逢甲集》，岳麓书社2001年版，第780页。
④ 陈平原：《乡土情怀与民间意识——丘逢甲在晚清思想文化史上的意义》，《潮学研究》（第8辑），花城出版社2000年版，第16页。

破科举传统教育模式，身体力行，兴办新学。同时，其诗歌创作古直雄健，不单单体现了其所处时代救亡图存的英雄情结，也体现其诗史留名的人生抱负；在新学教育实践中，不为传统旧势力所左右，坚定地推动岭东地区的新学教育。从办学理念，教学管理，甚至经费、师资等教学资源的新学教育具体落实中，丘逢甲殚精竭虑，坚定不移，如其在《答梁诗五函》中所言"……吾道益孤。'我瞻四方，蹙蹙靡所聘'，唯有竖起脊梁，守定宗旨为之而已"[①]。

（作者单位：韩山师范学院经济与管理学院）

---

① 广东丘逢甲研究会编：《丘逢甲集》，岳麓书社2001年版，第801页。

丘逢甲潮汕诗歌地图之潮阳

翁佳茵

丘逢甲是我国近代著名的爱国诗人，自 1895 年内渡起，先后在广东潮州、汕头等地兴办教育、倡导新学。1898 年至 1899 年，丘逢甲在潮阳县（今汕头市潮阳区）东山书院担任掌教，在此期间，游览了潮阳地区的山山水水，写下了不少诗篇。

2016 年 7-8 月，我和几位同学在孔令彬老师的带领下，就丘逢甲在潮汕地区写下的诗歌（有具体地点描述的诗）进行课题研究、实地考察，并制作诗歌地图。我个人负责的地区主要是汕头市区及潮阳区两个地方，由于丘逢甲所写的诗歌多在潮阳区，故而就该地区的诗歌进行具体地点分析。以下是我在《丘逢甲集》①中摘录下来的潮阳诗歌及部分注解：

一 潮阳东山 共 27 首诗

《东山木棉花盛开，坐对成咏（三首）》（作于 1899 年春。东山，在潮阳县东二里，今有潮阳东山风景区）

《乞眉仙作东山丝竹图（三首）》[作于 1899 年。萧眉仙，号树人（寿仁），亦称眉山人、眉先生，潮阳棉城人，诗人、画家，潮阳西园的设计者②]

《东山春思（二首）》（作于 1899 年春）

《潮阳三生歌》（作于 1899 年。"潮阳三学士"指陈秀升、郭经、郑浩三人。陈秀升，字钟毓，潮阳贵山都华美、今贵屿人。郭经，潮阳贵山都坑仔、

---

① 黄志平、丘晨波主编：《丘逢甲集》，岳麓书社 2011 年版。
② 萧眉仙介绍主要出自潮阳《萧氏族谱》。

今贵屿人。郑浩，字义卿，今潮阳棉城人，曾师从丘逢甲）

《东山松石歌和郑生》（作于1899年。郑生，应为郑浩，《潮阳三生歌》中写道："郑生步月昨过我，手持东山松石歌。"）

《东山秋晚》（作于1899年秋）

《东山感秋词，次康步崖中翰题壁韵（八月初六夜作，六首）》（作于1899年秋。康咏，字步崖，号漫斋，福建长汀人，1892—1893年受聘潮阳东山书院山长，从事讲学）

《东山寄怀南海裴伯谦县令（二首）》（作于1901/1902年①。裴景福，字伯谦，曾为潮阳县令，后调南海）

《东山感春诗，次己亥感秋韵（六首）》（作于1901年春）

《四月十六夜东山与台客话月》（作于1901/1902年）

《四月十七夜东山半山亭望月放歌》（作于1901/1902年）

二　东山酒楼　共8首诗

《与季平、柳汀饮东山酒楼（四首）》（作于1899年。夏同龢，字用卿，又字季平，号狮山山人。贵州人。中国近代法政的开拓者、教育家、书法家和社会活动家。庄学忠，字柳汀，上海人，举人出身。东山酒楼，旧潮阳东山，今佚）

《东山酒楼次柳汀韵》（作于1899年）

《端阳日②与季平饮东山酒楼（二首）》（作于1899年夏）

《东山酒楼放歌》（作于1899年夏）

三　东山书院　共3首诗,2联,1文稿

《韩祠歌同夏季平作》（作于1899年。潮阳韩祠，在东山灵威庙西，祀韩昌黎韩愈。后改为东山书院，今潮阳第一中学。1898—1899年，丘逢甲在此

---

① 《丘逢甲集》中卷八分为"辛丑、壬寅稿（1901、1902）"，诗中无具体注释为哪一年所作，故记为"作于1901/1902年"。下同。

② 即端午节，为每年农历五月初五。据《荆楚岁时记》记载，因仲夏登高，顺阳在上，五月是仲夏，它的第一个午日正是登高顺阳好天气之日，故五月初五亦称为"端阳节"。

担任掌教。潮阳一中内至今留有三圣泉、望仙桥、文马碣、沁园词牌等古迹）

《东山景贤楼（题壁）》（作于1899年春。旧东山书院内有景贤楼。1898至1899年，丘逢甲在此担任掌教）

《东山书院联（二首）》① （此二联作于1899年春，发表于新加坡《天南新报》1899年6月24日）

《重修东山韩夫子祠及书院启》（此文写于1899年秋，是替潮阳县令裴伯谦代拟的一篇文稿）

《东山谒韩祠毕，得子华长句，次韵寄答》（作于1901/1902年。钟颖阳，字子华，号藕华，广东蕉岭人，秀才）

四 东山双忠祠、大忠祠 共14首诗,3篇文稿

《潮阳东山张、许二公祠为文丞相题沁园春词处，旁即丞相祠也，秋日过谒，敬赋二律》（作于1898年秋。潮阳东山双忠祠，又名灵威庙，祭祀张巡、许远两将军；宋文天祥率兵勤王进驻潮阳时曾有来拜谒，并题《沁园春》词记之。后人感念文天祥的忠烈正气，于双忠祠左侧续建大忠祠以祀，今佚。今潮阳棉城有塔馆双忠祠、双忠行祠，同样祭祀张、许两将军，双忠行祠门前有马塚。另有文马碣在今潮阳一中）

《说潮（五古）（二十首其十）》（作于1898年春）

《拜大忠祠回咏木棉花（二首）》（作于1899年春）

《祝文信国公生日，得伯瑶风雨中见怀诗答寄，迭前韵（二首）》（作于1899年夏。伯瑶，萧镈常，广东潮阳人，清生员）

《乞夏季平重书文信国〈沁园春〉词，并拙作双忠庙联语（二首）》（作于1899年。夏同龢，字用卿，又字季平，号狮山山人，贵州人。中国近代法政的开拓者、教育家、书法家和社会活动家）

《己亥五月二日东山大忠祠祝文信国公生日（五首）》（作于1899年夏）

---

① 联一，上联"东下即天险长江，淘不尽千古英雄，闲气钟人，伏处在草庐，谈道读书，海滨大有无双士"。下联"山中知圣朝甲子，待养成一门将相，奇才应运，肃清遍寰宇，经文纬武，儒行终行大九州"。联二，上联"韩山前岁，东山今岁，太似奉祠官，与我公香火有因缘，纵云道统，非后学所敢轻言，挽百川已倒狂澜，借日月末光，儒林传中，或许经师留一席"。下联"唐代双忠，宋代三忠，都成人样子，愿诸生文章兼气节，更以功业，补前贤未申大志，畀九州无忘共主，仡风云际会，河汾门下，不妨将相各千秋"。

《重修潮阳大忠祠启》（本文作于1899年。潮阳大忠祠祭祀文天祥，由于年久失修，潮阳当地郡守生员等集资修复。竣工前夕，为恳请上司及当代名贤留题联匾，丘逢甲为潮阳县令裴景福代拟此文）

《东山寿忠社缘起》［本文作于1899年夏，时逢丘逢甲在潮汕兴学育才。6月9日（农历五月初二）是文天祥663周年诞辰，丘逢甲与几位好友在大忠祠举行祝寿活动，将所为诗文名之曰《寿忠集》；东山书院的学生"思赓续其绪"①，倡立一个纪念文天祥的民间文学团体，取名"寿忠社"，请丘撰文，叙述缘起］

《重修潮阳东山大忠祠记》（本文写于1900年2月。1988年7月，潮阳工人掘地建房时挖到此碑，同年8月《汕头特区报》刊登此文）

五　潮阳萧氏　共11首诗

《西园作（二首）》（作于1899年潮阳萧氏西园，位于汕头市潮阳区西环城路，原主人为清末爱国实业家萧钦。萧钦②，字鸣琴，号挥五，人称"钦太爷"，潮阳棉城人，是近代大潮商中一位著名的代表人物。因热心公益，受封知府衔，后又诰封荣禄大夫。见于《潮阳县志》及《萧氏族谱》）

《西园重见诗畸刻本，为之黯然》（作于1899年。《诗畸》是唐景崧在台湾期间和同人等一同编印的诗集，里面有丘逢甲不少诗作及对联）

《西园小集，叠韵酬萧墀珊（永声）萧琼珊（永华）两上舍，兼简眉山人》［作于1899年。萧永声，字墀珊；萧永华，字琼珊，广东潮阳人，秀才，均为萧挥五之子。两上舍，指两位监生。萧眉仙，号树人（寿仁），亦称眉山人、眉先生，潮阳棉城人，诗人、画家，潮阳西园的设计者］

《萧氏西园雅集作（四首）》（作于1899年）

《月夜与季平饮萧氏台》（作于1899年。夏同龢，字用卿，又字季平，号狮山山人，贵州人。中国近代法政的开拓者、教育家、书法家和社会活动家。萧氏台，应在西园内，具体地址不详）

《萧台宴月和季平》（作于1899年）

《夏夜与季平萧氏台听涛，追话旧事作》（作于1899年）

---

① 选自《东山寿忠社缘起》。
② 丘铸昌《丘逢甲交往录》一书认为萧钦、萧鸣琴、萧挥五分别为不同的人，笔者在萧氏后人处得到的《萧氏族谱》内找到证据证明为萧钦一人。

六 莲花峰 共 1 首诗

《莲花山吟》（写于 1898 戊戌年间。莲花山，又名莲花峰，在今汕头潮阳东南，位于潮阳区海门镇，紧靠南海。传说文天祥曾在此迎望宋帝，留下"终南"二字，现为潮汕旅游风景之一）

七 灵山寺 共 10 首诗

《游灵山护国禅院作（十首）》（写于 1899 己亥年。灵山护国禅院，又名灵山寺，位于广东省汕头市潮阳区铜盂镇。唐僧大颠所建，因大颠与韩愈的交往而闻名。主要有舌镜塔、留衣亭、拔木坞、写经台、白石槽、千业果等胜景）

八 和平里 共 11 首诗

《和平里行（有序）》（作于 1899 年。潮阳和平里宋大峰风景区，位于 324 国道和平路段北侧，主要祭祀北宋高僧大峰，潮阳人民感激大峰为潮阳人民兴建虹桥——今和平桥，因而纪念他。南宋末年，文天祥败走潮阳，路经此地，留下"和平里"三个字）

《次韵答马竹坪孝廉》（作于 1899 年。马竹坪，名兆麟，诏安人，时馆和平里）

《虞笙寄和予和平里诗，次韵答之》（作于 1899 年。林伯虔，揭阳人。原名凤翔，字钦甫、虞笙，号虞道人；光绪十七年举人。自编有《林虞笙印谱》）

《林氅云郎中（鹤年）寄题蠔墩忠迹诗册，追忆旧事，次韵遥答（八首）》（作于 1900 年，林鹤年，清末著名诗人、茶商，字氅云，又字谦章，号铁林，福建安溪人）

九　东岩古寺　共 8 首诗

《游白牛岩（二首）》（作于 1899 年。东岩古寺，位于汕头市潮阳区新华大道。自东岩山而下包括卓锡寺、石岩寺、金顶寺。卓锡寺原称白牛岩石，系大颠和尚于唐贞元年六年（790）拓建，又名"东岩卓锡"。金顶寺建于南宋。石岩寺建于明代。"潮阳八景"之一）

《游东岩叠韵答柳汀》（作于 1899 年。庄柳汀，名学忠，江苏人，孝廉）

《游白牛岩用前游韵（二首）》（作于 1899 年春）

《白牛岩次季平韵》（作于 1899 年。夏同龢，字用卿，又字季平，号狮山山人，贵州人。中国近代法政的开拓者、教育家、书法家和社会活动家）

《金顶寺赠僧能意（二首）》（作于 1899 年。能意，应为金顶寺内僧人，具体不详）

十　西岩海潮寺　共 5 首诗

《塔山雨归》（作于 1899 年春。潮阳的塔山即西岩，位于棉城西郊。南麓的"海潮古刹"，又称"西山海潮岩"，乃潮汕首屈一指的古刹。岩故有塔，故又名塔山）

《游西岩作（二首）》（作于 1899 年）

《游西山海潮岩用前游韵（二首）》（作于 1899 年）

十一　双髻山　共 2 首诗

《游双髻山（二首）》（作于 1899 己亥年。双髻峰，即曾山，潮阳八景之一的"龙首环青"，位于汕头潮阳区金浦街道。曾山古寺在双髻山麓，始建于宋朝，称双髻庵；清乾隆年间邑人郑之桥为之题匾"曾山古寺"，故改称。从寺后山径可登双髻峰）

十二　岩泉义士祠　共 2 首诗

《岩泉义士祠》（作于 1898 年。岩泉义士祠，指黄石斋祠，为明邑幕僚义士黄安建，在旧潮阳县内，现不详）

《说潮（五古，二十首其十五）》（作于 1898 年）

十三　东山紫云岩、水帘亭　共 1 首诗

《水帘亭》（作于 1898 年。紫云岩，在东山之巅，岩下为水帘亭）

十四　沙陇　共 1 首诗

《沙陇过郑太史邦任》（作于 1898 年。沙陇，今广东汕头潮南区陇田镇。郑邦任，字熙绍，号莘吾。广东潮阳县沙陇人，进士出身，藏书家，教育家）

另有诗中出现多个地址的诗歌三首：
《风雨中与季平游东山，谒双忠、大忠祠，兼寻水帘亭、紫云岩诸胜，迭与伯瑶夜话韵（二首）》（作于 1899 年。潮阳东山双忠祠，祭祀张巡、许远两将军；宋文天祥率兵勤王进驻潮阳时曾有来拜谒，并题《沁园春》词记之。后人感念文天祥的忠烈正气，于双忠祠左侧续建大忠祠以祀。今佚。紫云岩，在东山之巅，岩下为水帘亭。夏同龢，字用卿，又字季平，号狮山山人，贵州人。中国近代法政的开拓者、教育家、书法家和社会活动家。伯瑶，萧镇常，广东潮阳人，清生员）

《东山重修景贤楼大忠祠，次第落成，喜而有作》（作于 1900 年。大忠祠，潮阳东山旧有大忠祠，祭祀文天祥，在东山书院附近。旧东山书院内有景贤楼。1898—1899 年，丘逢甲在此担任掌教）

结论

综上可见，在潮阳东山书院期间，丘逢甲一共去了东山书院（韩祠）、双忠祠、大忠祠、东山酒楼、潮阳萧氏西园、萧氏台、莲花峰、和平里、灵山寺、东岩古寺、西岩海潮寺、双髻山、岩泉义士祠、紫云岩、水帘亭、沙陇等16个地方，写下了一百零六首诗、两副对联、四篇文稿，其中有27首只点明是在东山写的诗。一共与夏同龢（季平）、萧鍑常（伯瑶）、庄学忠（柳汀）、李伯质（士彬）、康咏（步崖）、裴景福（伯谦）、马兆麟（竹坪）、林伯虔（虞笙）、林鹤年（氅云）、郑邦任（熙绍）、钟颖阳（子华）、萧钦（挥五封翁）、萧永声（墀珊）、萧永华（琼珊）、萧眉仙、陈秀升（钟毓）、郭经、郑浩（义卿）、郑国钧等19人交往。

丘逢甲在东山书院担任掌教，他的足迹遍布潮阳东山附近的大小名胜，其中大部分属于"旧潮阳八景"以及寺庙、祭祠类。特点主要概括为以下四方面：

（1）跟随韩愈和唐僧大颠交往的路线。丘逢甲去过潮州的韩文公祠和叩齿庵，后又到潮阳的灵山寺、东岩古寺。白牛岩寺（东岩古寺内，今东岩卓锡寺）和灵山寺是大颠陆续在潮阳兴建的寺庙。

韩愈和大颠的交往多发生在灵山寺，灵山寺内的景点大多是因为两人的交往而出现或出名，如因为韩愈的建议，大颠手植荔枝树，称之为千丛果，至今，潮阳民间仍有"灵山荔果，有食无'帕'"①的佳话。又如韩愈即将离开潮州，大颠送其至山门，依依惜别之际韩愈脱下官服相赠，于是有了"留衣亭"。

丘逢甲在灵山寺写下了《游灵山护国禅院作（十首）》，如"惟应一勺灵泉水，曾照元和太守来"②、"便访山僧亦偶然，何曾同证石头禅"③ 等多次写到大颠和韩愈的友谊，灵山寺至今还有"有客皆韩愈，无僧不大颠"的楹联。

（2）跟随文天祥的脚步。文天祥抗元的故事随着一首《过零丁洋》让我

---

① 意思是灵山的荔枝只能现摘现吃，不能带回家，一旦带回家就会化为乌有。
② 《游灵山护国禅院作（其二）》。
③ 《游灵山护国禅院作（其三）》。

们耳熟能详，文天祥率军来到潮阳时，先是到双忠祠①前献马、作《沁园春》②词，留有"文马碣"③和"马塚"，后又到莲花峰远眺帝舟，留下"终南"二字，西征经过蠔坪（今潮阳和平）又感慨乡民的淳朴留下了"和平里"三个大字。

丘逢甲在文天祥之后，一再去双忠祠进香，又与邑人筹款重修大忠祠④，故而有《重修潮阳东山大忠祠记》一文；走访了莲花峰，欣赏了"和平里"三个大字，见证了北宋僧人大峰与南宋文信国公的神交："莲花峰头望帝舟，双忠祠前吟古愁。日星河岳浩然气，大笔更向蠔墩留……大峰北宋公南宋，凄凉君国弥增恸。此桥曾过勤王师，斜日寒潮满桥洞。"⑤

（3）祭拜先贤。古代的外放官员到一个地方都需要先到当地有名的先贤庙宇、墓碑之类祭拜，古代的文人也多承袭了这种习俗，丘逢甲也不例外。来到东山书院，他先是到附近的双忠祠、大忠祠以及韩祠祭拜，写下了"前溪后溪海气黄，东山西山山色苍。临昆邑徙新兴乡，谁歆主者韩侍郎？辟佛不得来南方，其年元和国号唐。八千里路嗟潮阳，岭云不热关雪凉"⑥。后又到灵山寺、东岩古寺、海潮岩、曾山古寺⑦、岩泉义士祠等"独拜秋衙老树旁"⑧。

（4）与友人的交往。或是到友人家中做客，或是与友人出外游玩，丘逢甲与自己的朋友们相交甚欢，有在萧氏西园写下的 38 首诗⑨，如《西园作（二首）》，又有去沙陇见郑邦任前辈写的《沙陇过郑太史邦任》，还有在东山酒楼、紫云岩、水帘亭等地与友人唱和、书信往来写的诗，如《东山酒楼次柳汀韵》的"游迹待传文上石，边愁无计锈生刀。狂吟且共楼头醉，酒虎诗龙各自豪"。

---

① 祭祀张巡、许远双忠士。
②《沁园春·题潮阳张许二公庙》："为子死孝，为臣死忠，死又何妨。自光岳气分，士无全节，君臣义缺，谁负刚肠。骂贼睢阳，爱君许远，留得声名万古香。后来者，无二公之操，百炼之钢。人生翕长云亡。好烈烈轰轰做一场。使当时卖国，甘心降虏，受人唾骂，安得留芳。古庙幽沈，仪容俨雅，枯木寒鸦几夕阳。邮亭下，有奸雄若此，仔细思量。"
③ 在今潮阳第一中学。
④ 祭祀文天祥，今佚。
⑤ 选自《和平里行》一诗。
⑥《韩祠歌同夏季平作》。
⑦ 在双髻山。
⑧ 选自《岩泉义士祠》。
⑨ 丘铸昌《丘逢甲交往录》及《萧氏族谱》均有提及，本文只选题目或内容包含"西园"的诗篇，因此未集全。

从丘逢甲交往的人来看,大部分是潮阳本地的乡绅名士,有经商出身的善人萧钦和他的两个秀才儿子萧永声、萧永华,萧钦父子热心公益,曾经捐助大忠祠和东山书院景贤楼的重修①;1899年底至1900年初,丘逢甲与众人筹办汕头岭东同文学堂时,也得到了萧钦的大力支持②。后来在1909年,丘逢甲应萧永华的请求,为其母亲写了祝寿文《萧母姚太夫人七秩开一寿序》。

1899年3月,戊戌科状元夏同龢(贵州人)由天津乘海轮南下,到潮阳访丘逢甲,他们在西园、东岩、东山等处留下不少诗篇。五月初二,组织各界人士在东山大忠祠纪念文天祥诞辰663周年,由丘主持、夏主祭。事后把祝词及各界数十人纪念诗文结集,旨在振奋民气,奋发图强。丘逢甲和夏季平两人在潮阳留下不少的唱和诗篇,《萧台宴月和季平》《韩祠歌同夏季平作》等诗篇,且夏季平还为潮阳西园留下了不少题字,如1909年即宣统元年为"西园"补题的门匾至今还屹立不倒。

1899年八月初六夜,在东山书院景贤楼上,丘逢甲感时而发,连夜挥泪写成著名的《东山感秋词(六首)》③。梁启超在《饮冰室诗话》中说他特别酷爱《东山感秋词》,且称赞逢甲为"诗界革命一巨子"。

丘逢甲登东山谒双忠庙与大忠祠,又到县衙内谒黄义士祠④,通过参拜忠烈,寄托其雪耻复台壮志。1898年至1899年,他受聘东山书院山长。1900年、1901年为督导教事又曾到潮阳居留。在东山书院讲学期间,坚持发展新学,反对埋头八股,培植有用之才,"民智开、民气振才能强国",殷切寄望学生尽快成为强国人才,心急"栋梁材好惜迟生"⑤。此外,丘逢甲特别重视以先贤事迹教育激励学生,深入调查文天祥等在潮阳遗迹,联络各界筹备纪念文丞相诞辰,募款修葺大忠祠。1900年初,已经离开潮阳的他还为潮阳书撰《重修大忠祠记》。⑥

1901年3月,丘逢甲在同文学堂任上,到东山书院督导教事,逗留1个

---

① 1900年丘逢甲在《重修潮阳东山大忠祠记》中写道:"……捐廉为倡者,知潮州府事李士彬、知县裴景福。相与出赀则邑人庶吉士郑邦任、知府萧鸣琴……"萧钦,字鸣琴,因乐善好施御赐其"知府"的头衔。
② 岭东同文学堂历年捐款列明:庚子年萧挥五封翁捐银二首八十两。
③ 《东山感秋词,次康步崖中翰题壁韵(八月初六夜作,六首)》。
④ 黄石斋祠,又为岩泉义士祠,为明邑幕僚义士黄安建。
⑤ 选自《韩山书院新栽小松(四首)》其三。
⑥ 1899年底,丘逢甲已经辞去了东山书院主讲一职。

多月,"倦客重来拾坠欢"①。他对潮阳教育事业一往情深,当时郑浩、郭经、陈秀升号称"潮阳三学士",郑、郭经常求教于逢甲,受其影响先后东渡留日。

丘逢甲是我国近代著名的爱国诗人,他引领了潮汕地区新式学堂教育的发展,成为潮汕地区近代教育的主要功绩者,但是在今天的潮汕地区,却很少有人关注到丘逢甲其人、其事,甚至很多潮汕人根本就不知道有丘逢甲这么一个人物。他们只知道,是韩愈来到潮州整顿吏治、除鳄鱼兴教育,于是潮州山水都改姓"韩",他们只知道文天祥来过莲花峰,到过凤凰山,至今凤凰山处还留有其血脉。

仓海君的一生离不开两件事:一是光复台湾,二是教书育人。作为一名爱国志士,在甲午中国战败后,他挺身而出,组织义军抗倭守土;在兵败内渡后,仍不忘国耻,与维新派、革命派的领袖一同实践救国。丘逢甲教书育人,同样是为了洗刷国耻,"少年强则国强"②,如果没有优秀的强国人才来继承他们这一代人的宏愿,中国可能要永远沉沦在"两半"社会中,丘逢甲正是认识到这一点,才会如此重视潮汕地区的新学的发展以及对学生成才赋予了殷切的期盼。来到潮阳,这里的山山水水使他沉迷,流连忘返,但是,更让他沉醉其中的,是这里的人杰地灵:有韩愈驱鳄治乱提倡教育、唐僧大颠大肚能容促使儒释共存;宋有义举建桥造福百姓的宋大峰,又有抗元不屈的文天祥路过此地后浩然之气长留;明有义士黄石斋(黄安)等;在当时,还有萧挥五封翁慷慨解囊为国家抗击侵略提供金钱支持③,郑邦任、潮阳三学士等名人雅士,这里的风景迷人,这里的人文更迷人,更加坚定了仓海君那颗光复台湾、洗刷国耻的爱国心。

(作者单位:韩山书院首届国学班)

---

① 《东山寄怀南海裴伯谦县令(二首)》。
② 梁启超《少年中国说》。
③ 《萧氏族谱》所记载。

浅论丘逢甲抒情诗歌的盛唐之音

吴锦润

以近代诗人论,丘逢甲诗歌有其独特地位。诗人出生在台湾,有传奇色彩的人生经历。少年成神童,诗才颖出。而冠,早获功名成进士而不仕。及壮,遭遇甲午割让台湾国耻,愤起以血书报朝廷:"台湾士民,义不臣倭。"不果,而组织义军抗击日军侵台,失败而内渡返归祖籍镇平(今广东蕉岭县)。后热忱于教育革新,培养新秀。至晚年,支持孙中山辛亥革命,终于民国筹建期间。就诗人传世约二千七百多篇诗作看,无论甲午前期在台所作篇什,或归籍后的大量诗作,体裁多样,格调流畅高扬。就内容说,或于人际交往,或写家国山河,或叙师友聚离,或述亲朋情怀。就抒情方式言,善用比兴,多发自内心的"念台"情结,抒写对国家和民族未来的憧憬和自信。然抒情内容,力避伤时悲世之调,不事描叙,而多触景或就事而抒情言志,慷慨激昂而从容自信,锐意家国复兴,具有唐音特色,本文称之为"盛唐之音"。于此,至今学界专论无多。本文特此浅论,以为据此,有助于理解诗人生平出处,并窥其精神境界。下面借助古代诗歌批评的话语以及诗歌美学方面的视角,对丘逢甲诗歌特色作初步梳理,供方家赐正。

一

本文所讨论的问题,关系到"诗分唐宋"这个话题。这里说的"唐诗"和"宋诗"不是一个纯粹的文学史上唐代或宋代诗歌的概念。因为文学史上的唐代诗歌,是指中国古代诗歌经历了从上古时代的诗经、楚辞,再到汉乐府、南北朝包括隋朝诗歌,进入唐朝诗歌发展的鼎盛时期的诗歌。也就是说,文学史上的唐诗,是指整个唐朝诗人所创作的诗歌的全部。但是,"盛唐之音"是诗歌美学上的一个概念,或者说是一种特色。"唐音"在元代已是诗歌论坛上的一个批评术语。元代后叶杨士弘（伯谦）选唐诗1341首，编成《唐音》十一卷，旨在"审其音律之正变，而择其精粹"（见《唐音序》），分为"始音""正音""遗响"，书前姓氏之目，自武德至天宝末65家为初唐、盛唐诗，尔后至元和48家为中唐诗，由此至唐末49家为晚唐诗。这是文学批评史上，首次将唐诗发展阶段分为四个时期，即初、盛、中、晚，并提出"诗之道，惟吟咏性情，当求之音律"，然后"知其世道"。早在宋代严羽《沧浪诗话》已开分期之说，其"诗体"章，有初唐体、盛唐体、大历体、元和体、晚唐体的分法。明代中叶后，经前后七子的提倡和影响，诗坛大兴"宗唐"之风。高棅于洪武二十六年（1393）选编唐诗5769首，其凡例述其主旨，大略以初唐为正始，盛唐为正宗，中唐为接武，晚唐为正变、余响。这成为当时诗坛"宗唐""学唐"研读唐诗的重要选本。因此，《明史·文苑传序》："迨嘉靖时，王慎之、唐顺之辈，文宗欧（阳修）、曾（巩），诗仿初唐。李攀龙、王世贞辈，文主秦汉，诗规盛唐。"

近世，钱锺书于20世纪40年代著《谈艺录》，开首就以"诗分唐宋"论中外诗文之义，说："唐诗、宋诗，亦非仅朝代之别，乃体格性分之殊。天下有两种人，斯分两种诗。唐诗多以丰神情韵擅长，宋诗多以筋骨思理见胜。……曰唐曰宋，特举大概而言，为称谓之便。非曰唐诗必出唐人，宋诗必出宋人也。"又说："夫人禀性，各有偏至。发为声诗，高明者近唐，沉潜者近宋，有不期而然者。……一生之中，少年才气发扬，遂为唐体，晚节思虑深沉，乃染宋调。"这是从诗文风格乃至文艺美学而纵横之论。李泽厚著《美的历程》以"盛唐之音"为题专论盛唐时期的艺术风格特征。全书以美学或艺术社会学为视角，对中华古国文明以"匆匆迈步"的方式，作一次"美的巡礼"。全书共十章，其第七章题为"盛唐之音"，整章论述盛唐时期的艺术风格。"拿诗来说，李白与杜甫都称盛唐，但两种美完全不同。"① 李泽厚又引述钱锺书关于"诗分唐宋"之说，认为是诗歌发展在唐、宋两个不同朝代而出现的产物。其次，"少喜唐音，老趋宋调，这种个人心绪爱好随时间迁移的变异，倒恰好象征式地复现着中国后期封建社会和它的主角世俗地主阶级及其知识分子由少壮而衰老，由朝气蓬勃、纵恣生活到满足颓唐、退避现实的历史行程。唐诗之初盛中晚又恰好具体形象地展现了这一行程中的若干重要环节和情景"②。

---

① 李泽厚：《美丽历程》，文物出版社1981年版，第138页。
② 同上书，第128页。

这里讨论的"唐音"与"盛唐之音"两个词语,都是不同时代的学人从诗歌美学或社会心理学出发,指向的是同一个范畴的概念,即唐诗美的艺术境界。上述《唐音》序称,"诗莫盛于唐,李杜文章冠绝万世"。在崇尚盛唐诗歌方面,李氏认为,整个盛唐时期在诗歌上的顶峰应推李白,无论从内容或形式,都如此。他的诗歌,并非一般的青春、边塞、江山、美景,而是笑傲王侯,蔑视世俗,不满现实,指斥人生,饮酒赋诗,纵情欢乐,是更深刻地反映了那个时代新兴地主阶级知识分子初露头角时的情感、要求和想望。李白所作的《将进酒》等诗歌在这里奏出了盛唐艺术的最强音,而庄周的飘逸和屈原的瑰丽,以李白的天才创造,达到了中国古代浪漫文学交响音诗的极峰。上述所引,在笔者看来,李白诗歌的艺术成就,同时也充分体现了盛唐诗歌两个最重要的诗歌流派,即边塞诗派和田园山水诗派在艺术上的最高成就。李白歌颂山河壮丽,具有山水田园诗的极其真实的自然美,而诗中要求建功立业的雄豪之气,也体现了边塞诗派成就的极致。

《盛唐之音》这一章又将杜诗、颜(真卿)字(书法)和韩(愈)文(指古文、散文)与李白诗、张旭狂草比对论述,认为李、张所代表的盛唐,"是对旧的社会规范和美学标准的冲决和突破,其艺术特征是内容溢出形式,不受形式的任何束缚拘限,是一种还没有确定形式,无可仿效的天才抒发";而以杜甫的诗、韩愈的文、颜真卿的字所代表的盛唐,"则恰恰是对新的艺术规范、美学标准得以确定和建立,其特征是讲求形式,要求形式与内容严格结合和统一,以树立可供学习和仿效的格式和范本"[1]。前者破旧,是无可仿效的天才抒发;后者立新,树立供学习仿效的格式和规范。包括韩文和颜、柳的字,已为此后千年封建社会定标准、立楷模、成正统。因此,"以杜甫为'诗圣'的另一种盛唐,其实那已不是盛唐之音了"[2]。

本文借助此盛唐论视角,探索丘逢甲诗歌的创作理路及其特色。首先,李、杜的诗歌既"冠绝万世",就竖起一个标杆。后继的诗人可以凭自己的才气,继承、仿效、规模,足以成就自己的诗歌的个性特色。到了近代诗坛,各标诗派,以陈三立、沈曾植、陈衍为首的宋诗派,号称"同光体",独占上风。略而言之,宋以后的诗坛,大体遵循杜诗的规范,以杜诗的格律诗规范如平仄、对仗等为准绳进行古体诗歌的创作,近代尤甚。这一时期的旧诗人,又往往模仿古代的乐府诗以谋求创新,形成一股拟古之风。如以邓辅纶、王

---

[1] 李泽厚:《美丽历程》,文物出版社1981年版,第138页。
[2] 同上书,第134页。

闿运为首的湖湘派,提倡学汉魏六朝诗歌。他们当然要受时代的局限,同时又是拥护封建朝廷的守旧诗人。在思想上向后看,又拟在诗歌形式上实现多样化。其次,自鸦片战争以降,尤其是甲午中日海战失败,激发当世有识之士以康有为、梁启超为首,反思时局,提出变法维新以救亡图存。在文学革新的方面,黄遵宪提出"别创诗界",提倡创作"新派诗"。梁启超提出"小说革命""文界革命"和"诗界革命"。凡此,在诗歌内容上,面对家国正遭西方列强瓜分之危,忧国伤时甚至悲世的情绪有激烈的表现。在丘逢甲的传世诗歌中,触事抒怀,常常是冲口而出,不事雕琢,潜藏着必定光复中华强国的强烈的自信。据丘琮于1934年甲午割台国耻40周年之际,著《怙怀录》。其中追述先父在教诲子弟时说:"夫隐士乃独善其身者耳,不足为法。诗亦为抒写胸怀陶冶性灵之文艺耳,无关大旨。大丈夫当建业立名,为国为民牺牲,不可但图自了也。"[①] 又说,当时常训子弟以"命题作诗文,若有悲感之语句,先父必指摘之。谓少年人宜志行奋励,不可颓唐"[②]。丘逢甲以诗歌抒写胸怀,力戒悲伤。以此可以理解诗人为何在写抗日救台诗题等篇什时,不叙述当年抗日战事的残酷经过,也不叙述日本入侵时镇压民众的惨烈情态,只表达悲愤情绪,决不伤时,更不悲世。然而,当其写到时局或家国、民族的将来前途时,很快就会奋发起来,兴致满怀,充满自信心,具有盛唐时世之泱泱大国志士充满自豪的心态。笔者以为这就是丘逢甲诗歌所具有的盛唐之音的特色。

二

诗境亦诗心,即诗人所以言志之精神境界也。然诗人之心,读者只能读其诗篇而揣摩之。诗人丘逢甲以其学养、胸襟、怀抱和诗才,当世卓然。他是我国古代诗歌史上的最后一位著名诗人。囿于种种原因,至今其诗歌成就尚未被学界充分研究。其生前,仅以部分诗歌,在以诗与之酬唱的少数诗人中流传。其身后,直至20世纪80年代以前,《岭云海日楼诗抄》也曾出版过,因受制于时势逼迫曾不准发行,故流传极少。在那社会风云变幻迅疾,战乱频仍之当世,诗人已开始提倡西方科学的教育,却备受当世保守势力的

[①] 丘逢甲:《岭云海日楼诗抄》,安徽人民出版社1984年版,第508页。

[②] 同上。

排挤。此后的民国之世,文坛上古体诗的地位让位于"五四"新文学。这是丘逢甲诗歌长期没有受到社会应有的关注和研究的重要原因。五四运动爆发后,新诗的创作踏入主流。若论丘逢甲的诗歌在思想上有超越时代的一面,但更年轻的一代对旧时代诗歌的接受程度逐渐减少,这是事实。20世纪的前70年间,研究丘逢甲诗歌的文章不多。即便台湾地区对丘逢甲生平及其诗歌有所研究,也整理出版过他的部分诗文,但其影响依然有限。上述丘琮《怙怀录》追述先父"作事勤奋恳切,躬行实践。平居好学,手不释卷,新刊旧著,瞬即读破。报章译述,亦涉猎广博"①。正与收入《丘逢甲集》(下编)之《复菽园》(1899)所说的"弟本不愿作诗人,然今则不能[不]故作诗人"的说法是一致的。从传世诗文看,诗人于儒家典籍包括经史子集,职方舆地,方志杂史,无所不读。此外,佛典道学,甚如基督(教义),亦娴熟自如,随意挥洒。仅此而言,其学养根基深厚,与同乡黄遵宪可谓彼此伯仲。但究其审美追求,明显路向不一。

早期,丘逢甲在台湾写过七律《谢四以蹭蹬诗见示,即次其韵》(1894):

> 诗境居然似放翁,穷愁时节句尤工。
> 庄周有论难齐物,殷浩无书不向空。
> 送炭人稀深巷雪,破帆天厄截江风。
> 中年忧乐君家感,但解豪吟也自雄。

从审美的视角说,诗人并不欣赏陆游的诗歌风格,因为陆游所处的时代,是南宋偏安一隅,有太多的无奈。虽然诗人生年处于中国封建社会的末世,家国正日渐贫弱,因地处台湾,却与西方的商业活动及文化多有接触。诗人所得到的西方社会信息,有着比内地人士更开阔的眼界。他的人生追求要"自雄",诗歌风格要"豪吟"。当诗人发现自己的诗风和陆放翁"竟然"相似时,就有点意外。"居然"这个词就有无奈之意。《神龟祠》诗中也有句:"吾生似放翁,筑堂思山陬。"陆游可谓深具文才韬略之当世志士,但终生处于南宋积贫积弱之颓势,无用武之处。丘、陆二氏所面对的社会现实虽然有类似之处,但诗歌创作上的审美和理路大有区别。如陆游对沦陷区人民的同情,尽管诗歌表达的是强烈的爱国情怀,意境开阔而深沉,毕竟是深怀忧伤之思又无奈,甚至是绝望的。下录著名的两首:《秋夜将晓,出篱门迎凉有感》二首(其一),(见《剑南诗稿》卷二十五)

---

① 丘逢甲:《岭云海日楼诗抄》,安徽人民出版社1984年版,第507页。

三万里河东入海，五千仞岳上摩天。
遗民泪尽胡尘里，南望王师又一年。

另有《示儿》一首（同上，卷八十五）：

死去元知万事空，但悲不见九州同。
王师北定中原日，家祭无忘告乃翁。

前一首的上联用兴，写祖国江河山岳壮丽；下联直抒胸臆，借北方"遗民"沦陷于金人占领，暗示"王师"不图北伐，诗人的矛头指向执政高层。后一首的"原知万事空"是直叙，明示诗人自知有生之年，对于收复中原之伟业已经感到绝望。上二诗的感染力不可谓不强，但看不到国家民族的光明前途远在何方。反观诗人丘逢甲虽然身处国难当前，个人又几乎处处荆棘挡路，但对于光复中华之伟业却是豪情满怀，充满着自信。同时，将现实生活所做的一切，无不"勤奋恳切，躬行实践"，与孜孜追求的家国富强大一统的伟大目标联系在一起。在清朝政府割让台湾后的一周年之际，作著名的七绝《春愁》（1896）：

春愁难遣强看山，往事惊心泪欲潸。
四百万人同一哭，去年今日割台湾。

这首诗表达的是慷慨悲愤，叙事直截了当，直抒胸臆，近乎白描，文字口语化，被广为传诵。"同一哭"将诗里悲愤的感情体现得十分饱满充满张力。诗篇叙述"割台湾"国耻事件，由诗人冲口而出，将"春愁"的抒发与四万万台湾人民的感情融为一体。这就与陆游诗歌风格路向显出迥然不一样，诗人是痛感"通国人酣睡，忧时人独醒"［《客窗夜话，同王晓沧作》（1899）］。这种"独醒"的人生视野，表现在诗歌里，坚定地表达追求家国的强大，并最终将台湾收复，坚决维护国家的疆土完整和统一的强烈意愿。这也是丘逢甲诗歌的豪气之所在。又如七绝《林鳌云郎中鹤年寄题蚝墩忠迹诗册，追忆旧事，次韵遥答八首》之二、之四（1900）为例：

笔端浩气满乾坤，桑海归来义愤存。
破碎山河同感慨，更将忠迹表蚝墩。（其二）
英雄愧说郑延平，目断残山一角青。
何日天戈竟东指，誓师海上更留铭。（其四）

诗人之所以在面对山河破碎仍然能"浩气满乾坤",是坚定地相信将来必定有山河统一的那么一天。诗中引用郑成功(延平)的典故,要誓师海上,"天戈"指东,收复台湾。诗人是脚踏实地奋励推进时代教育,培养新人。所谓"少喜唐音",纵观诗人一生,无论是在台湾的前期,还是内渡返籍的后期,诗人始终保持着年轻的旺盛的豪气和自雄的心态。晚年于庚戌(1910)游罗浮山,有《游罗浮诗草》专刊,友人刘伯端为之题诗,即作答《刘郎歌赠伯端》声言"我今苍苍已在鬓,但觉年少如神仙"。诗人虽已晚年,终亦不染"宋调"。他之所以不喜欢做一个像杜甫、韩愈、苏轼那样的纯粹诗人,完全不是认为杜、韩、苏等诗人的诗歌成就不高,只是励志要为国家强盛"躬行实践",要像郑成功那样为收复台湾而鞠躬尽瘁。哪怕现在做的事情,还要到将来才有可能实现,也要"义愤存","更将忠迹表蚝墩"。

又如《题带经而锄图》(1898)一诗:

> 生不愿作读书万卷髯东坡,富贵竟付春梦婆。
> 黄州锄麦不得饱,儋州借笠空行歌。
> 亦不愿作白木长镵杜陵叟,饥驱茧足荒山走。
> 戴笠吟诗太瘦生,许身稷契终何有?　　　　——(节录)

这是一首自嘲式的自白书,表明不愿做苏轼的"借笠空行歌",更不愿做杜甫(陵叟)的"吟诗太瘦生"。而在《白鹤峰访东坡故居》(1910)一诗中,以"噫哦乎嗟哉"开头,历数苏轼以礼部尚书、翰林大学士出身,然后降、贬、徙、迁,到携家惠州四年,"——奈何复遣落儋耳。人言东坡仙果仙,人言东坡死不死,东坡海外竟归矣。只因曾饱惠州饭,白鹤千年震遗址,峨峨祠宇峰头峙。朝云有旁龛,过子亦从祀。更祀稚川与元亮,先生可谓有邻矣。——"这首诗以游东坡故居为题,将东坡作一番冷嘲热讽。"许身稷契终何有?"诗人不喜欢东坡,只是借题发挥,指他终生以诗人名世,却对北宋战胜北方金、辽的事业毫无作为。丘氏的诗作里,随处提到的古人很多。但是当他提到李白、王维、孟浩然、王昌龄等就不太一样。诗人有七绝《题太白醉酒图》二首(1901):

> 天宝年间万事非,禄山在外内杨妃。
> 先生沉醉宁无意,愁看胡尘入帝畿。(之一)
> 早年妙句擅沉香,晚作流人下夜郎。
> 谁识先生是酒客,当时慷慨为勤王。(之二)

前首诗里的"勤王",包含维护国家统一之意。当然,也暗示了诗人当时在政治上对维新派的态度。可见,诗人对于诗歌创作的审美上路向是非常明确的。因为诗人要成为时代前进的推动者,并且要当高歌猛进时代豪雄,不做时代前进的旁观式的歌者。

三

诗人丘逢甲以其诗才,是可以写出更多遵循近体诗格律而又诗意高远的所谓"穷愁时节句尤工"之作。据传世的唐景崧编的《诗畸》十卷,光绪癸巳(1893)于台北出版,其中前四卷编入嵌字联。唐氏立规甚严,共八条。如规定同为一联,如用典就须上下句均用典。用古人姓名亦如是,时间若超过半炷香(约15分钟),再优秀之联亦不入录等。这里说的联句,是不完整的诗,也叫"诗钟"。即使限制十分严格,诗人仍从容地吟诵自如,不愧为"神童"称号。回籍到镇平后,在频繁的人际交往中,奉答、奉赠、次韵、赠别等即席之作,立马成章。诗人自称"故不得不为诗人",是因为只要遇事,或触景而牵动了诗人的诗歌灵感之弦,其诗歌吟哦之句就如波涛汹涌般地冲决而出。写诗要在格律上合平仄用韵、讲究上下词意的对仗、拗救、用典,甚至以文为诗等,不是诗人不能为,只是诗人有所不愿为罢了。

《岭云海日楼诗抄》有三个重要版本,一是丘铸昌教授校点的上海古籍出版社1982年版,二是黄志平教授辑校的安徽人民出版社1984年版,三是《丘逢甲集》岳麓书社2001年版。涉及关于丘逢甲诗歌艺术的评价,我们可以在上述三书《前言》的基础上,作深入讨论。当然,前期尚有经典性评介,一是柳亚子《论诗六绝句》中的"时流竞说黄公度,英气终输沧海君。战血台彭心未死,寒笳残角海东云"。二是丘菽园《诗中八友歌》中"吾家仙根工悲歌,铁骑突出挥金戈。短衣日暮南山阿,郁勃谁当醉尉呵"。上述二者,在思想内容上,充分肯定丘逢甲诗歌所充盈着的爱国主义昂扬精神,追求民族强盛,光复台湾的"念台"情结。在艺术成就方面,认为其五、七言绝、律等各体,工整而不事雕琢,尤其是歌行体的叙事抒情,信笔挥洒,气势澎湃。本文认为,在近代诗坛上,丘逢甲诗歌五七言律诗绝句"工悲歌"的感情抒发,毕竟受诗歌格律的束缚过多,而运用古体乐府歌行等古体作叙事抒情,更能淋漓尽致地表达诗人的"英气",挥洒自如,更具强烈的盛唐之音。

这里以诗人《古别离行，送颂臣》(《岭云海日楼诗抄》卷二)(1896)为例：

> 乍愿君如天上之月出海复东来，不愿君如东流之水到海不复回。
> 有情之月无情水，黯然销魂别而已。
> 况复一家判胡越、百年去乡里？
> 关门断雁河绝鲤，万金不买书一纸。
> 噫嘻乎嗟哉远游子，春风三月戒行李。
> 留不住箫上声，拭不灭玉上名。
> 千尘万劫，销不得屋梁落月之相思、河梁落月之离情。
> 山中水，出山不复清；海中月，出海还复明。
> 不惜君远别，惜君长决绝。知君来不来，看取重圆月。

在回籍第二年，写了这首以古乐府为题的《别离行》，送表兄谢道隆（颂臣）回台湾。要送的是诗人生平"交相许""交相重"的亲友，亲如手足，生死之交。两人在甲午战争前的台湾时期，诗文酬唱。在抗日保台期间，谢颂臣毅然投身丘逢甲领导的义军，担任管带。失败之际，护送丘逢甲全家一同回到内地。在"送颂臣"为题的10首诗中，此外还有五律8首，五古1首，都是诗人之情无以禁之作。若论诗意的表达，这一首《古别离行，送颂臣》感情饱满和气势如虹，最为胜出。这首诗明显受李白诗风的影响，首两句就是借用李白《将进酒》开头两句。次两句借用江淹《别赋》的成句。同时，又具有《离骚》的奔放；更有李白的豪情，还有山歌的自然之情调，悲而不伤，慷慨而自雄。读这首诗必须引喉放歌，纵情放腔高唱，才能领略诗人那惜别友人时翻腾在胸中的情怀。

李白有两首乐府旧题《远离别》（《李太白文集》卷三，乐府一），为了作比较，下录其中一首：

> 远离别，古有皇、英之二女；乃在洞庭之南，潇湘之浦。
> 海水直下万里深，谁人不言此离苦？
> 日惨惨兮云冥冥，猩猩啼烟兮鬼啸雨，我纵言之将何补？
> 皇穹窃恐不照余之忠诚，雷凭凭兮欲吼怒，尧、舜当之亦禅禹。
> 君失臣兮龙为鱼，权归臣兮鼠变虎。
> 或云尧幽囚，舜野死，九疑联绵皆相似，重瞳孤坟竟何是？
> 帝子泣兮绿云间，随风波兮去无还。

恸哭兮远望,见苍梧兮深山。苍梧山崩湘水绝,竹上之泪乃可灭。

王琦于诗体下注:"江淹作《古别离》,梁简文帝作《生别离》,太白之《远别离》《久别离》二作,大概本此。"

诗人李白《远离别》,仅借远古时期帝舜与二妃的离别,以"君失臣兮龙为鱼,权归臣兮鼠变虎"。暗示自己不被当朝上皇之"不照余之忠诚",因此发出"雷凭凭兮欲吼怒"。诗人李白写心中之愤懑,又深信当朝君王仍然是相传尧、舜那样的圣君。诗人丘逢甲在诗里却远借天上之月、近借地上东流之水来写自己和谢颂臣的别离之痛。李白诗歌大多已是"无可仿效的天才抒发",但诗人丘逢甲在这里却仿效来抒发胸中之块垒,是其豪雄之气成于诗的结果,也可以看作诗人丘逢甲与李白在诗歌的风格美方面有相通之处。

下面要说到的诗,是《以摄影法成淡定村心太平草庐图,张六士为题长句,次其韵》(1909)(《岭云海日楼诗抄》卷十二)

> 我生本在东海东,中有万三千尺出海之高峰。
> 此峰上有万年不化之古雪,玉立天半尤奇雄。
> 我生延平同甲子,坠地心妄怀愚忠。
> 毘耶古国不能守,脱身兵火烧天红。
> 坐令玉山竟落五百年后此一劫,有愧东渡沧海朱家龙。
> 扁舟走闽复走粤,郁然五岭佳气何葱茏。
> 神僧许我一片干净土,闯然入户精灵通。
> 闽粤之交小卜筑,手斩荆棘披蒿蓬。
> 南来腾空立天马,北眺水月明石虹。
> 玉华金简并罗列,吾庐为主山为从。
> 东望军山念吾祖,勤王当日亦复师无功。
> 吾庐之西万松顶,大山小山森相宫。
> 此山乃若特为吾庐设,山名不妨偶与匡君同。
> 四山之中中有村,吾庐适在村当中。
> 人间若别有天地,桃花流水尽日声淙淙。
> 额吾庐以《黄庭》语,岂欲上蹑神仙踪。
> 表吾庐者奉新许,笔势劲若铭彝钟。
> ……
> 昆仑山脉走南界,万水趋海朝祝融。

此间山水清雄良足寄怀抱,且收倚天长剑韬神锋。
太平之民或容作,教取子孙识字为耕农。
南荒丹山本凤穴,凤虽不至吾仍有竹栽梧桐。
梦中忽见海上故亲友,落月黑塞林青枫。
偶图山居志吾幸已脱劫外,乃劳翩然大句相推崇。
人生得闲无事亦仙福,《黄庭》此语吾所宗。
有山不归果何乐,世网一坠嗟重重。
庐山之君昨招我,云中手把青芙蓉。

诗人晚年写这首诗时,已是举家回到故乡淡定村安居快15年了。自家这座客家本色的居屋按摄影方法制成全图,本来是件闲来雅兴的小事。命其名为"心太平草庐",也早在新居落成时(1896)请翰林编修、广东巡抚许振祎(仙屏)题写匾额。后来又请翰林编修吴道镕为之题写书房匾名"岭云海日楼"(1908)。从诗人对家居的诸式命名,如"淡定""心太平""岭云海日"等,是诗人晚年对自己有生以来心灵轨迹的写照。大埔廪生张云龙(号六士)又为这张图题写了长诗一首,诗人就以"次其韵",和成这首诗。开头部分写自己来自"东海东",那峰上积以"万年古雪"的是台湾最雄奇的阿里山,当诗人"脱身兵火""复走粤"时,发现家乡是"郁然五岭佳气何葱茏"。诗人在诗中将台湾"玉立天半尤奇雄"的阿里山与"昆仑山脉走南界"联系起来,就是诗人以"自我"形象和祖国壮丽河山崇高境界融为一体。值得注意的是,在诗法(指诗歌意境及意象交融的艺术总体构思)意义上说,诗人写诗的时候,台湾已经割让给日本,回归尚无期。但在诗人这首诗中,昆仑山与阿里山仍然是浑然一体的。这是何等的豪雄之情啊!这里不但有屈原类似《离骚》的气势,更融入了盛唐诗歌的豪雄,表现诗人不但以祖国山河辽阔庄伟为自豪,更为具有华夏人文深厚传统而自信。诗人以这种豪雄诗风,与盛唐诗歌的最高代表诗人李白的诗风是一致的。

与这首"淡定村"诗题相类的抒情诗,还有《庐山谣 答刘生芷庭》(1896)、《长句赠许仙屏中丞,并乞书心泰平草庐额,时将归潮州》(1896)、《季平为书淡定村三大字,并书"马来西极、龙卧南阳"二语为楹帖赋谢》二首(1899)、《答人问淡定村》(1908)和《以摄影心太平草庐图移写纸本》五言古六首(1909)等,计6题11首。在存世丘逢甲诗歌中,这种拟古乐府诗题和五、七言古体,以及歌、行体诗歌,有上百之数。如在游罗浮山诗、游广州、到新加坡与丘菽园唱和的诗、游南洋诗等,分别作了这类体裁的

"长句"诗。只要遇事，触景生情，牵动了心头上那根"诗弦"，诗人往往就忍不住用这种"长句"体诗，倾泻胸中的块垒。如在粤东凤凰山拜谒文天祥祠时，也是一而再地以之抒写心头上翻腾激烈的爱国情怀。

诗人运用这种诗体来抒发诗兴，至少有两方面原因。一是当时诗坛提倡创作新体诗，号为"诗界革命"（梁启超曾在《饮冰室诗话》里提倡过），许多诗人也借拟古乐府诗的体裁，以之为新体诗。诗人丘逢甲借来兴发诗意，常常有神来之妙。二是早年在台湾就曾借用过多种古乐府旧题和山歌体等写过长诗，读来就有行云流水的气势。当时更加激发了诗人创作的灵感，创作出如此高昂的光辉诗篇。笔者以为，如用吟诵诗歌的声调，甚至唱山歌方式，放声吟唱诗人这种"长句"，就更能体会诗人的豪情所在。如读《题菽园看云图》（1899），就仿佛有读到李白《梦游天姥吟留别》的感觉。

如上述，丘逢甲诗歌带有强烈的盛唐之音的特色，是因为诗人内心非常强大。诗人的人生历程尚不满半百，也不处于国家强盛时期，相反，曾亲临国难当头，祖国遭遇到几百年来最大的国耻。诗人不发伤感悲悯之语，是因为诗人深信国家将来必定复兴，"江山须有伟人持"［《四月十六夜东山与台客话月》（1901）］，是一定会实现大一统的。诗人怀着这种坚定不移的信念，是已经以其终生坚忍不拔的实践所证明了的。在这个意义上说，和今天我们中华民族要实现的伟大的"中国梦"，在精神上是完全相通的。在这个意义上说，我们今天是在继续努力完成杰出的爱国志士、卓越的教育家、著名诗人丘逢甲的未竟的事业。这也是我们纪念他的意义所在。

（作者单位：中山大学中文系）

郑撰《民国丘仓海先生逢甲年谱》（1902—1903）校补

——以《岭东日报》为中心

吴榕青

目今丘逢甲先生的年谱有数种，最早为《岭云海日楼诗钞》之附录《仓海先生丘逢甲年谱》。考丘逢甲《岭云海日楼诗钞》，在中国的海峡两岸曾印行多次。丘瑞甲在中山大学版《重编岭云海日楼诗钞小志》中说，《诗钞》"初印于民国二年，以恐遗稿日久散佚，匆猝付梓，搜辑诸有未遍，又以数仅千部，分赠随完，而远近索阅者尚沓来纷至。因于民国八年重版一次，然犹未及补正，未改初版旧观也"①。此后在台湾屡次修订再版。至1960年，在台湾出版的《岭云海日楼诗钞》始附录有先生之子丘琮为其尊翁撰写的年谱。

附注：

此《年谱》乃丘琮于民国二十三年四月所作，以附录于上海印书馆发行之仓海先生诗选者。原文有前志、实历、后志三大段；实历本用列表式，及二十六年中山大学三版重刊诗钞时，始改用分年条叙；并将后志完全删去，遗漏宝贵事迹不少也。②

丘琮（1894—1967），字念台，出生于台湾，后为中山大学工学院教授。在所有丘逢甲年谱中，目前篇幅最长，材料最为详赡的是郑喜夫等编撰的《民国丘仓海先生逢甲年谱》一书（台湾商务印书馆1981年版，以下简称"郑谱"），但是目前看来，仍未称完备。

郑谱亦言丘逢甲先生："谓为清季台、粤二省之重要人物，当无不可。但

---

① 转引自许崇群《谈〈岭云海日楼诗钞〉安徽新版》，《汕头大学学报》（人文社会科学版）1985年第1期。

② 丘逢甲：《岭云海日楼诗钞·仓海先生丘逢甲年谱》，台湾文献丛刊本，1960年。

谱主虽时、地去今不远，而无论其在台时或内渡后之直接史料均极缺乏，（也许是我咨访未周；但有些明知仍保存的资料，未能借到。）很多问题无从进行研究，只好俟诸他日。"① 此说诚为朴实之言。

一 《岭东日报》概况

清末粤东地区的报纸以《岭东日报》为代表，该报是由杨源在汕头创办的一份立足于潮嘉的日报，一般认为创刊于1902年农历五月间。② 而民国《潮州志》载：

> 光绪二十八年壬寅（公元一九〇二年）春，潮州始有报纸。是春创刊《岭东日报》，主持人杨季岳，发行所在汕头育善街。此为潮汕报纸之始。初曾杏村、吴子寿尝设岭东阅报所于汕头育善街，采集上海、香港各报供人浏览。未几，继《岭东日报》出版者有《鮀江报》，初名《鮀江辑译报》后改为《鮀江公理报》。③

有学者推测其创刊于1902年5月2日（农历三月二十二日）④ 算吻合。笔者目今能看到最早一份《岭东日报》报纸是第62号，日期是光绪二十八年壬寅年六月初十（公元1902年7月14日，周一）汕档藏，据拟推测，六月一日那天应该是第55份。从后面比较连续发行的报纸推测，除了周日停派或者有重要传统节日，暂以每月24份为计，创刊应该在光绪二十八壬寅年农历三月下旬，相当于阳历4-5月。这与上述记载基本吻合。笔者目前发现该报最晚一份是宣统二年（1910）九月二十六日（西历1910年10月28日），显而易见，可推测该报纸至迟于1910年9月底之后才停刊，至少绵延了8年5个月。

《岭东日报》经过几十年尘封之后，在20世纪末开始受到少数学者的重视，为研究清末粤东（岭东）区域历史文化提供了珍贵的史料。20世纪末以

---

① 郑喜夫等编撰：《民国丘仓海先生逢甲年谱·弁言》，台湾商务印书馆1981年版，第1页。
② 张宪文、方庆秋等主编：《中华民国史大辞典》，江苏古籍出版社2001年版，第1220页；朱自强、高占祥等主编：《中国文化大百科全书·历史卷（下册）》，长春出版社1994年版，第881页；《1889—1918潮汕出版报刊一览》（潮学网：http://chxwang.net/bbs/forum.php）。
③ 饶宗颐总纂：《潮州志·大事志·清》，民国三十八年（1949）铅印本。
④ 曾旭波：《〈鮀江辑译局日报〉——汕头最早的报纸？》，载蔡谦主编《汕头埠旧影故事》，汕头大学出版社2015年版。

来，学界利用《岭东日报》等报纸资料对清末教育改革与地方知识群体展开了研究，大陆如：桑兵考察学堂学生群体活动在时代变迁中的地位与作用①；陈春声研究近代粤东名人温廷敬，探讨"客家观念"的演变②；胡卫清研究清末潮汕地区基督教传播问题、清末民初潮嘉地区教育发展问题（2001—2009）③；另有诸学人主要利用该报资料，探讨黄遵宪晚年在家乡兴学活动④、清末潮汕书院改革⑤、近代潮汕留学浪潮⑥等。

海外研究：主要是香港学者钟佳华利用该报资料研究清末民初粤东潮汕及客家地区的商业史、教育史、族群、械斗、警察等专题（1999—2005）⑦。

上述研究提供了理论及方法上的借鉴，不足的是，目前对《岭东日报》的整理由各收藏单位分散进行，未能充分挖掘其史料及研究价值，而全方位、系统、深入地以《岭东日报》为对象的研究基本阙如。

《岭东日报》连续发行至少9年，正常每周出6份报纸。本人自1999年底，因汕头大学陈景熙君攻读硕士学位期间，正在充分利用汕头档案馆的资料，而笔者也正在撰写《潮州的书院》一小书。承蒙其告知汕头档案馆存有大量的《岭东日报》原件。此后，笔者通过多方查询《岭东日报》收藏情况，至目前为止，了解到的收藏单位有4处：汕头市档案馆、广东省中山图书馆、中山大学历史系资料室、潮汕历史文化研究中心。在经过近二十年的努力，已经搜集的资料占原总量70%左右，数码拍照及复印及缩微胶卷。对部分重要内容，如《潮嘉新闻》栏目，包含着丰富的粤东地方史料，对该报各期目录进行了整理。清末地方性报纸保存如此完整的实属少见，该报有较大的史料价值，其资料为深入研究清末粤东区域整体史提供了良好条件。

---

① 桑兵：《晚清学堂学生与社会变迁》，学林出版社1995年版。
② 陈春声：《地域认同与族群分类——1640—1940年韩江流域民众"客家观念"的演变》，中国近代社会史国际学术研讨会论文，2005年。
③ 胡卫清：《海滨邹鲁的国家认同——以汕头华英学校风潮为典型个案》，黄挺主编《潮学研究》第11辑，汕头大学出版社2004年版；胡卫清：《两种话语：清末民初岭东长老会的权势转移（1881—1927）》，张先清编《史料与视界：中文文献与中国基督教史研究》，上海人民出版社2007年版；胡卫清：《英国长老会在客家地区传教活动研究（1881—1949）》，《汕头大学学报》2014年第4期。
④ 肖文评：《黄遵宪家乡兴学活动略论》，《中山大学学报论丛》2006年第8期。
⑤ 程国强、郑茵：《从书院到学堂——以1898—1905年的潮汕地区为例》，《韩山师范学院学报》2008年第5期。
⑥ 郑朝焕：《清末民初潮汕留学浪潮述略》，《韩山师范学院学报》2008年第2期。
⑦ 钟佳华：《清末潮汕地区商业组织初探》，《汕头大学学报》1998年第3期；钟佳华：《庙宇·宗族·士绅：以梅县西阳地区为例》，《客家研究辑刊》1998年第1—2期；钟佳华：《士绅、宗族、宗教与清末民初潮嘉地区教育的发展》，《客家研究辑刊》2000年第1期；钟佳华：《党怀众咋的日子：同文学堂风潮与丘逢甲的前途》，《客家研究辑刊》2002年第1期。

在《岭东日报》之《潮嘉新闻》栏目中，教育类新闻约占1/5，每月约有0.8万字，初步估计教育资料50万字左右。如果以该报教育新闻等为主，结合其他地方文献资料，可以考察清末粤东教育变革的历程，分析地方教育现代化发展进程中的各种因素，恰当地评估清末粤东教育变革的成效，重点剖析地方知识因素如何影响该报的教育报道倾向与教育主张，探究该报在传播新教育理念、教育思想，倡导教育改革，筹措教育经费，推动地方传统教育机构变革中的具体作用。

系统地收集、配齐完整的《岭东日报》资料，可以从整体上讨论该报在知识和思想史上的意义，挖掘该报主笔及其所宣传报道的各种思想观点等的社会意义，突破一般意义上教育史和文化事业史的研究模式，展现具有鲜明地方性特征的、广义的清末粤东社会文化史画卷。当是时，丘逢甲与黄遵宪、温仲和、何寿朋、温廷敬等一批客籍的名流的活动、交往、作品，多有刊登在此报上。拙稿正是在此基础上，通过全面系统地爬梳，辑录丘逢甲先生的事迹，以校补郑谱的不足。

二　年谱校补（1902—1903）

（一）光绪二十八年壬寅（1902），先生三十九岁

1. 校正

郑谱云："秋，先生以岭东同文学堂监督兼任学堂管理。（据《事略》，《事略》以该学堂开此时）"[①]

校正二处：一是学堂实际始于1899年底，在汕头埠也创建了一所同（东）文学堂。甘博（S. Campbell）《潮海关十年报告（1892—1901）》，非常明确地说："学校是在道台倡议下，由地方绅士和商人捐款资助开办的。"据日方东亚同文会广东会员的报告，称"该学堂首倡者为林梁任、邱逢甲、李毓藩等"[②]。岭东同文学堂的校长（总教习）应是温仲和，何寿朋、其他两名助理可能是指温仲和的得意门生姚梓芳（揭阳籍）与温廷敬（大埔籍），以及一名日本教员。1899年与1900年之交，汕头岭东同文学堂一直处在酝酿筹备办学阶段。光绪二十六年

[①] 郑喜夫等编撰：《民国丘仓海先生逢甲年谱》，台湾商务印书馆1981年版，第171页。
[②] 转引自夏晓虹《关心国粹谋兴学——丘逢甲教育理念的展开》，《潮学研究》第8辑，第56页。

（1900），中间因庚子之乱，一度停办，此时为复办时间，具体时间在 1901 年。

1901 年春，丘逢甲从嘉应州镇平县（今蕉岭县）澹淡定村赴汕头，筹备复办岭东同文学堂。丘氏确实决定正式重践初衷，转而在汕头联合林樛任等接办岭东同文学堂。

温仲和致黄遵宪的信札云："昨接仙根（丘逢甲）书，言汕头同文学堂因八股废后，来报名者甚众，明年似仍可前接办。"八股文被废在 1901 年 8 月 29 日，此信当作于 1901 年秋冬，丘氏正加紧筹备开办学堂，拟请温仲和复出主教。与前文海关《报告》所说"现（1901 年）正拟重新开办，大有成功的希望，学员人数预计要超过 100 人"的情形完全相符。丘氏担任监督，官办学堂变为民办学堂，唯未知是否在原址之上创办。学堂很快就复办起来了。学堂自 1901 年春，至次年秋一年半的发展，形势可喜。如学堂公启 1902 年农历五月元隆、六月连兴等行铺的"值月征信录"，公开学堂经费收支①。

二是丘逢甲先生既是学堂监督，又兼任总理，或作"总办"，不是"管理"。"岭东同文学堂学生兴宁刘维焘、饶君景华、何君天炯，皆拟赴日本东京游学。已由学堂总理邱蛰仙工部备文，带投钦差日本监督汪伯唐京卿，不日乘轮东渡。"②

2. 补充

《岭东日报·潮嘉新闻》载："汕头岭东同文学堂规模毕具，迭纪前报，自丁观察莅任后查悉章程妥协，爰发图钤以昭信守并申详大宪汇奏立案……该学堂倡始于光绪二十四年，迄今五载，学生均将成就，今年复充斋舍，添招学生，规模既属整齐，课程亦复严密。又潮州府绅士工部主事邱逢甲翰林院，检讨温仲和等在澄海县属之汕头地方，建设岭东同文学堂，业已开课。曾饬令惠潮嘉道丁宝铨查核，据称章程一切甚属妥协。"③

七月下旬，潮阳县学堂自改设以来，其实尚未落实到实际上，潮阳县知县徐书祥（号翘云）④ 曾经面见先生，"近又会商众，局绅均以经费难筹为辞"⑤。

惠潮嘉道丁宝铨莅任后，深以保商为重，欲将汕头保商局（始创于光绪

---

① 如《岭东日报》光绪二十八年六月初十（1902 年 7 月 14 日）广告《同文学堂五月份元隆值月征信录》，光绪二十八年七月十三日（1902 年 8 月 16 日）广告《同文学堂六月份连兴值月征信录》等。
② 《岭东日报》光绪二十九年癸卯二月十八《潮嘉新闻·备文游学》。
③ 《岭东日报》光绪二十八年壬寅七月初五《潮嘉新闻·学堂奏案》。
④ 见饶宗颐总纂，吴珏分纂民国《潮州志·职官志三·清·潮阳》，民国三十八年（1949）铅印本，第 41 页。
⑤ 《岭东日报》光绪二十八年壬寅七月二十七《潮嘉新闻·兴学刍言》。

二十五年前）扩充，又延潮嘉绅士温仲和、先生等七人入局，"联合众商厘定章程，以保商务"①。

暑假，先生回归家乡镇平县淡定村。至八月下旬，由镇平县来潮州府城，拟与惠潮嘉分巡道丁宝铨妥议兴学保商事，二三日后才来汕头。② 八月二十九日，先生与黄幼达抵达汕头。③

九月十六日上午，蒯镇军到同文学堂拜会监督兼总理（办）的先生及总教习温仲和。下午，先生与学堂各教习及各官员到蒯镇军行辕致谢。④

十月，澄海县最高学府景韩书院拟于下一年延聘先生为掌教，已由知县许培桢（字闻律，光绪二十八年任）⑤送关聘。而当时先生在汕头总办岭东同文学堂"极得志"。

（二）光绪二十九年癸卯（1903）补充

二月十二日，寒假已过完，先生从老家镇平淡定村返回潮、汕。先生仍为岭东同文学堂总办（总理），与总教习何寿朋（士果）先到达潮州府城，先拜见道台、知府。然后乘船取道韩江顺流赴汕头准备开学。虽然招考时间尚早，但已有四十余人报名待考。⑥

十四日，先生到达同文学堂。⑦ 十八日，岭东同文学堂开学，学生济济。"澄邑侯董大令、学堂监督邱蛰仙工部及汕中绅商亲率学生行释奠礼。是日下午，总教习何士果大令、分教习杨守愚、温丹铭两上舍，及蒙学教习陈琇生茂才在堂演讲。大致系明学界与自由界宗旨，颇为和平。又闻试期伊迩，试毕后始来堂肄业者，尚不乏人。然是日开学，既将满六十名之额矣，凡有志之士，宜及早挂号也。"⑧

先生极力鼓励并送学生到日本留学。三位学生分别是刘维焘（兴宁县籍）、饶君景华、何君天炯。其"皆拟赴日本东京游学。已由学堂总理邱蛰仙工部备文，带投钦差日本监督汪伯唐京卿，不日乘轮东渡。刘、饶二君附生，

---

① 《岭东日报》光绪二十八年壬寅七月二十九《潮嘉新闻·选绅入局》。
② 《岭东日报》光绪二十八年壬寅八月二十六《潮嘉新闻·汕事杂述》。
③ 《岭东日报》光绪二十八年八月三十《潮嘉新闻》。
④ 《岭东日报》光绪二十八年九月十七《潮嘉新闻》。
⑤ 见饶宗颐总纂，吴珏分纂民国《潮州志·职官志三·清·澄海》，民国三十八年（1949）铅印本，第49页。
⑥ 《岭东日报》光绪二十九年二月十三《潮嘉新闻·郡函述要》。
⑦ 《报岭东日》光绪二十九二月十五《潮嘉新闻·开学准期》。
⑧ 《岭东日报》光绪二十九年二月十九《潮嘉新闻·学堂开学》。

年仅弱冠。刘君于东文,已能自译书云"①。

又,"报前纪汕头岭东同文学堂照会汪监督,咨送学堂学生刘、饶、何三君。兹访得学堂监督邱仙根工部照会一件,照登于下:为照会事,照得本学堂学生刘维焘、饶景华、何天炯等,在学二年,有志远赴日本东京学校游学,各自备资前来,请给照会投赴贵监督大臣衙门,到日请代为料理,护送入学肄业。刘、姚二生愿入日本成城学校,何生愿入清华学校等由。准此。合备照会,为此照会:贵监督大臣,请烦查照会分别保送云云。闻刘、饶、何三君日前已领得文凭由汕至沪,由沪再至日本,候送入学校云"②。

二十五日,广东学使朱古薇抵达汕头,先生前往谒见,咨送学生③。"岭东同文学堂创办四年,迭著成效。经前督宪陶公奏准咨部立案,本届院试,学堂监督邱仙根、工部总教习何士果大令,曾商将学生名册课卷咨送院署考试,以符京师大学堂奏颁章程。昨廿五日,朱古薇学使抵汕,监督邱君谒于行辕。学使询学堂规制及一切课程,甚悉,极力称许。谓绅办学堂有此宏大规模云!同文学堂送考各生,潮府一属共二十一名。内惟海(阳县)、澄(海县)两县最多,普宁、丰顺无送考者。又闻送考各生须结明无匿丧各项情弊,始为之具文申送云。"④

二月下旬,先生为尊翁潜斋公七十一办寿辰。时先生好友、社会名流赠送寿联、寿序、寿诗颇多。其中有羊城书院掌教梁居实(嘉应州籍)、黄遵宪(公度)、何寿朋(士果)、陈龙庆、学使朱古眉、李士彬(百之)、夏用卿、温仲和、温丹铭等。"……而羊城书院监院嘉应梁孝廉居实祝一联云:生子奇如加将军,览祖国河山,胸罗北意(谓水部内渡,揽辔中原也。);祝公寿同程处士,数故乡人物,踪抗南齐(程处士为嘉应进化之祖,寿至九十余,其二子俱百余岁,程乡义化都人,生于南齐,故居属镇邑)。此联传诵一时。"⑤

温仲和特作寿序,极为精彩(序文略)。此外,尤其以近代"诗界革命"的领军人物黄遵宪的寿联为有特色。"黄公度京卿为现在文界之雄、诗界之雄,已久为海内外所同认。兹得其寿邱潜斋先生联云:'家聚德星无惭太邱长,身生乐国不忘毗舍耶。'按:台湾为古毗舍耶国,先生生长是邦,今已内

---

① 《岭东日报》光绪二十九年二月十八《潮嘉新闻·备文游学》。
② 《岭东日报》光绪二十九年二月三十《潮嘉新闻·学堂照会》。
③ 《岭东日报》光绪三十年二月二十八《潮嘉新闻·监督督郡》。
④ 《岭东日报》光绪二十九年二月二十六《潮嘉新闻·咨送学生》。
⑤ 《岭东日报》光绪二十九年二月二十三《潮嘉新闻·为长者寿》。

渡故云。"①

三月十七日，先生往澄海县就任景韩书院掌教。新闻称："澄（海）邑侯董令示谕阖属书院、义塾均于本月十八日同日开学。闻景韩书院掌教邱仙根水部即日由汕往澄矣。"② 又，"澄邑景韩书院本月十七日开学，该院监董暨应课生、童是日毕集，行礼毕，掌教邱水部与董邑侯谈及改建学堂事。邑侯叹曰：'地方公事亦须绅士出力鼓舞方能有成，兄弟们孤掌难鸣也。'一座叹息。"③ "澄（海）邑侯董令"即是接任前知县许培桢的董元度（字仲容）④ 董元度为福建省闽侯县光绪十七年举人⑤。

笔者按：丘瑞甲撰《先兄仓海行状》只笼统地记："……自后往潮日多，主讲韩山、景韩、东山各书院。"⑥ 往往会让人误解其任澄海县景韩书院掌教（山长）在创办岭东同文学堂之前，事实上，通过《岭东日报》的报道，可以明确知道其兼任景韩书院始于光绪二十九年（1903），时间在创办岭东同文学堂之后。

四月上旬，先生闻知唐景崧（字薇卿，同治进士）逝世，悲伤不已，寄出挽联。报道称："桂林唐维卿中丞在省垣作古，已见各报。岭东同文学堂监督邱蛰仙水部，其门下士也，已为位以哭。复寄联挽之，云：'在中国是大冒险家，任成败论英雄，公自千秋冠新史；念平生有真知己感，竟死生成契阔，我从三月哭春风。'盖水部于中丞十余年师弟且同患难，内渡后尚时以书商国事，宜其言之沈恸也。"⑦

五月及闰五月间，先生有友人在上海购得《百美图》一册，请其题绝句两首，诗云："外交政策惟工媚，如此人才合是官。十载升沉多少事，可怜花在镜中看。（原注：此册皆十年内外申江名妓也，名妓称官人，宜其善媚。）几人真个为魂销，解语花枝各自娇。谁料闲情此图册，竟教大陆起风潮。（原注：《大陆报》因此册攻讦梁任公）"⑧

---

① 《岭东日报》光绪二十九年二月三十《潮嘉新闻·寿联再志》。
② 《岭东日报》光绪二十九年三月十六《潮嘉新闻·示期开学》。
③ 《岭东日报》光绪二十九年三月二十三《潮嘉新闻·开学余谈》。
④ 见饶宗颐总纂，吴珏分纂民国《潮州志·职官志三·清·澄海》，载董元度于光绪二十九年十一月"署（任）"，又续载"二十九年十二月杜夔元接任"。恐怕有误，待考，民国三十八年（1949）铅印本，第50页。
⑤ （民国）恩麟修，陈衍纂：《闽侯县志》卷四三，民国二十二年（1933）刊本。
⑥ 丘逢甲：《岭云海日楼诗钞·附录》，上海古籍出版社2009年版，第418页。
⑦ 《岭东日报》光绪二十九年四月初九《潮嘉新闻·挽唐中丞》。
⑧ 《岭东日报》光绪二十九年闰五月初二（1903年6月26日）《潮嘉新闻·画图新咏》。

闰五月，汕头岭东同文学堂学生刘松龄（字冬友，号节膺），嘉应州兴宁县人，生员。因学高被推为学长，因病力学，兼误医，于二十二日病逝。先生为其作挽联一章，联云："热血定难消，算此生未了军国民志愿；灵魂原不死，祝来世为新学界英雄。"① 后，先生另撰《刘学长小传》，意多惋惜。"刘君松龄，字冬友，号节膺，兴宁人。少读书即志为有用之学，内行惇笃，然在邑中有侠义称，其学务为进取，尤务实行。丁酉、戊戌间，即与邑士之同志者，创立书社报社，购买新书新报，以开风气。政变后方严报禁，内地瑟缩，君乃身任购报，一以输入文明为主。庚子春，岭东同文学堂已开，君方与同志将往日本游学，抵汕，谓此学堂将来为岭东文明之中心点，即入学堂为学生。不数月，北直拳民起，粤省各会党亦乘之而动，君即归邑，倡办团练以守卫地方。时学生中归而办团练者，推嘉应之松口堡，及君所办为最有条理，亦著成效。时邑中风气渐开，渐有兴革事宜，如妇女改装诸事，君皆为之倡。和议定，新政复行，学堂益谋扩充。辛丑冬，君复扩招邑士。壬寅春，同来堂，缺于资者，设法助之。癸卯春，复遣其同学犹（当为'刘'字之误。）子维焘（据光绪二十九年二月三十《潮嘉新闻·学堂照会》）与邑士二人，游学日本，入成城学校。时君以亲老，又学堂方公举为学长，不得行。然其于科学已各有门径，能自译书以饷学者矣。夏得热疾，小愈，以医误投药，遂不起，年三十三。哀哉！君生三女，无子，以兄之子为嗣。"

闰五月，为同年举人嘉应州彭炜瑛（字少颖）之《涉趣园诗钞》作序文。言及"昔岁己丑，与黄公度京卿（黄遵宪）同出都，小住沪渎，相与倡为诗界之变革，不十年，而其说乃大行中国。……庚子，复晤公度梅州。世界之变，方听之天演，而无可如何。惟诗界则尚思以人治胜大（天）行。斜阳老屋，倡予和尔，甚相慰也。于时始闻少颖能诗，且力追唐人，惜不得一见。今年乃承远寄其《涉趣园诗》于潮，乞为之序。……癸卯闰月，邱逢甲序"②。并与彭炜瑛互为唱和，撰《次韵答彭少颖同年〈龙川〉七绝》二首③。

六月初六，澄海县知县董元度发出示谕，支持先生的咨文："……兹奉准岭东同文学堂总理邱咨称：前以本学堂门前有官荒坦一片，可为扩充学堂之基址，曾援案咨请札饬澄令，丈勘明晰，照给营业以便填筑等因在案。今查

---

① 《岭东日报》光绪二十九年闰五月二十六（1903年7月20日）《潮嘉新闻·学长灵魂》。
② 《岭东日报》光绪二十九年六月初五（1903年7月28日）《潮嘉新闻·嘉应彭孝廉炜瑛〈涉趣园诗钞〉序》。
③ 同上《潮嘉新闻·仓海君：〈次韵答彭少颖同年《龙川》七绝〉二首》。

该荒坦西至福音教堂为界，东至洋商会馆前面为界，计阔四十丈；北由学堂南至深海，计长三百九十丈，详细绘图载明四至丈尺，今再备文连粘图，咨请查核转饬施行□为公便。计粘图一纸等到道准此合就札饬札县，即便遵照前项，札行新章，刻日挂查。"① 董元度大力支持学堂的建设。

六月底，岭东同文学堂总理丘逢甲接到惠潮嘉兵备道褚成博公文照会一道，允许"学堂生监，一律免其录科"②。

七月初九，先生接到惠潮嘉兵备道褚成博的照会，关于丘氏推荐的何天炯等三位到日本留学的详细办理手续事情③。七月二十四日，先生为祝贺澄海县知县董元度之母82岁寿辰，撰写《杨太淑人寿序》④。

九月初，先生以岭东同文学堂总理身份向澄海县知县董元度咨称："本学堂前有官荒坦一片，可为扩充学堂基址。查该荒坦西至福音教堂为界，东至洋商会馆前面为界，计阔四十丈，北由学堂南至深海计长一百九十丈，详细绘图咨请核饬施行等，由札县遵照新章刻日挂查。如果该坦无人领照在前及别项轇轕，即速前往勘明，妥酌办理具报等。"希望能扩充学堂的运动场地，"系欲填筑用作操场"⑤。

十月至十一月，先生乘船沿韩江北上，到大埔县三河口参谒明代潮州乡贤翁万达墓，并作怀古诗：

> 前明揭阳翁襄敏公墓在大埔三河城北，山势雄杰。闽粤名流道经此者，多生瞻仰。近日，邱仙根水部义（"义"字似误）舟往谒见，其巨碣巍然，而地满荆棘，墓道坊表半没禾黍，俯仰兴怀，不胜感慨系之。因吊以诗并语友为之芟辟，而复其旧观焉。其诗曰："落日青山虎气沈，河流还啮故城阴。地埋一代名臣骨，天鉴三边守将心。人物岭东前史在，关山直北战尘深。英灵异世应相感，漠漠寒云锁墓林。"⑥

---

① 《岭东日报》光绪二十九年六月三十（1903年8月22日）《潮嘉新闻·同文学堂门前荒坦挂查示》。
② 《岭东日报》光绪二十九年六月二十八（1903年8月20日）《潮嘉新闻·学堂教习免录科》。录科：清科举考试制度，凡科考一二等，及三等小省前五名、大省前十名准送乡试外，余考三等者，因故未考者，以及在籍之监生、荫生、官生、贡生名不列于学宫，未经科考者，均须学政考试，名为录科。
③ 《岭东日报》光绪二十九年七月十七（1903年9月7日）《潮嘉新闻·照会录登》。
④ 《岭东日报》光绪二十九年七月二十六（1903年9月16日）《潮嘉新闻·杨太淑人寿序》。
⑤ 《岭东日报》光绪二十九年九月初八（1903年10月27日）《潮嘉新闻·澄海县董大令照复德领事汕头海坪照会全稿》。
⑥ 《岭东日报》光绪二十九年十一月初十（1903年12月28日）《潮嘉新闻·凭吊前贤》。

当然到大埔县三河口参谒翁万达墓,不一定是专程前往,也可能是先生返乡省亲路过之举。

十一月,同文学堂师生矛盾逐渐膨胀乃至激化。先生想挽回危局,对以林梁任为首的汕头绅董作出让步:

> 汕头同文学堂监督邱近咨道宪云:"为咨呈事,窃照敝学堂向例,于冬至节后订定明年教习。故于本月初十日,曾将聘定明年甲辰诸教习咨呈贵道宪,并讲转咨学务处。现敝总理同总教习何令寿朋等商议,意以敝学堂开办数年,虽颇有成效,而组织尚未完善。其病由于学堂中分客、土二族,语音不通,各聘教习,以致课程不一,畛域难融。且本地教习学问虽长,然于近日专门科学师范教育之方实为深悉,故教科亦未完备。拟将所咨呈聘定之教习,除东文算学外,悉行停罢。改延外省卒业留学生二三人,一律用官话分科教授。如此则已,可以消客土之界限,亦可望学堂之进步。现总教习何令寿朋,分教习温生、廷敬,业已自行告退。并致书上海托聘卒业留学生之品行纯正、学问优长者,俟聘定后再将名字咨呈。兹将整顿学堂改聘教习情形先行咨呈贵道宪,以凭察核须至咨者。"①

但其时局面已经难以控制了,"土客之争"大爆发,先生只得以辞职告终,详见钟佳华一文②,兹不赘。

(作者单位:韩山师范学院文学院)

---

① 《岭东日报》光绪二十九年十一月十四《潮嘉新闻·同文学堂咨文》。
② 钟佳华:《党怀众咋的日子:同文学堂风潮与丘逢甲的前途》,《客家研究辑刊》2002年第1期。

丘逢甲、梁启超《台湾竹枝词》比较论

杨文钰　段晓华

丘逢甲（1864—1912）和梁启超（1873—1929）皆为晚近"诗界革命"的关键人物，在"诗界革命"领域上亦颇多交流。梁启超是近代文学革命的先驱者，曾积极鼓动"诗界革命"的开展，他在《饮冰室诗话》中曾评论丘逢甲为晚清"诗界革命一巨子"[1]，钱仲联先生的《近百年诗坛点将录》亦评丘诗"是亦诗界革命之魁矣"[2]。因此将其二人的《台湾竹枝词》放在"诗界革命"的角度下进行观照，则能够更进一步探寻"诗界革命"的发展脉络及二家在竹枝词创作上的特点。

丘逢甲所作《台湾竹枝词》现存共40首，作于光绪三年（1877），是清代台湾竹枝词中数量较多且质量较高、影响较大的一组。其内容主要是吟咏台湾史迹，描绘台湾的自然风光、民俗人物等，其中也有部分属于抒情言志之作。梁启超所作《台湾竹枝词》共有10首，作于1911年农历二月。时值戊戌变法失败，梁启超流亡海外，因此有了台湾之行。其在《台湾竹枝词》的小序中交代了写作这10首竹枝词的缘由："晚凉步墟落，辄闻男女相从而歌。译其词意，恻恻然若不胜《谷风》《小弁》之怨者。乃掇拾成什，为遗黎写哀云尔。"[3]

丘逢甲的《台湾竹枝词》作于少年时期，梁启超作于青年时期，创作时间前后相差34年，虽然属于同一题材，但是在内容和艺术成就上各有千秋，对其二家的《台湾竹枝词》进行比较，既可以探寻近代竹枝词的变化情况，又可一窥"诗界革命"的发展脉络。

---

[1] 梁启超：《梁启超全集》，北京出版社1999年版，第5313页。
[2] 钱仲联：《近百年诗坛点将录》，《中国近代文学研究》（第一辑），广东人民出版社1983年版，第156页。
[3] 梁启超：《梁启超全集》，北京出版社1999年版，第5463页。

一　丘、梁二家《台湾竹枝词》的异同及其原因

（一）诗材的着眼点

台湾竹枝词既名台湾，其与一般竹枝词的最大区别，便在"台湾"二字。因此，丘、梁二家的《台湾竹枝词》最大的相同点就在于皆融入了台湾当地的民俗特色。

丘逢甲生于台湾，一直到1895年秋内渡广东前，他的大部分生涯都在台湾度过。竹枝词历来被认为是吟咏风土之作，丘逢甲的《台湾竹枝词》也遵循着这一创作理念。如"峰头烈焰火光奇，南纪岗峦仰大维。寄语沸泉休太热，出山终有冻流时"一首便真切描写出台湾山脉的特色。在内陆，峰头烈焰、沸泉太热这样的景色虽属奇景，在台湾却是属实。丘逢甲此首竹枝词紧扣了台湾当地的山峰特点，直陈其奇其异，便与大陆的诗人描绘大陆的山景之诗区别开来。而又因台湾是一个海岛，所以在丘逢甲的《台湾竹枝词》中，对于意象的选取则明显表现出台湾的海岛特色。如"树是珊瑚花是玉，果然过海便神仙""衬出觉王金偈地，斑支花蕊绿珊瑚"，珊瑚这一物象在内陆诗人的作品中是较为少见的，但是在丘逢甲的《台湾竹枝词》中则显得与环境相宜，十分切景。

丘逢甲的《台湾竹枝词》中有不少篇目都直接反映了台湾原住民的生活状态，如："番社曈昽曙色开，铨雷箭雨打围回。黍罂酒热朝餐早，手擘奇柑煮鹿胎。"这一首描写的则是台湾当地高山族清晨围猎的场景。高山族作为台湾当地的少数民族，以"社"为群居单位，以耕战渔猎为生。打猎时采用的是集体围猎的方式。"黍罂酒""奇柑"皆为当地的特色食物，丘逢甲所选择的描写对象忠于实际，而又能通过"热""擘"这样精准的动作传达出高山族人民的豪迈粗勇。"盘顶红绸里髻丫，细腰雏女学当家。携篮逐队随娘去，九十九峰采竹芽。"此首描绘的是台湾当地女子山上采笋的场景，同时描绘了当地少女当时流行的装扮。当地女子盘顶喜用红绸，发型以双髻为主，身材姣好，并且勤劳能干，雏女早早地就开始学习如何持家。短短四句，一个身材窈窕、机灵娇俏又勤劳能干的台湾少女形象便跃然眼前。

丘逢甲的《台湾竹枝词》在吟咏风土方面，不仅涉及台湾当地的自然风光，更涉及台湾当地的风俗人情及当时的社会发展情况，在这方面可谓

继承了竹枝词作为民歌形式的首要特色。而梁启超的 10 首《台湾竹枝词》虽然为"遗黎"写哀,但是并不缺少对台湾当地的风情描写,集中描绘了台湾当地的民俗。如:"郎捶大鼓妾打锣,稽首天西妈祖婆。今生够受相思苦,乞取他生无折磨。"此首虽主要为写男女之情,但是前两句直接描绘了台湾当地祭拜妈祖的盛况,从这两句便可见在台湾当地,祭拜妈祖是一种全民活动,而且男女各有分工,台湾当地对于妈祖的信奉也是十分虔诚的,所以才有其后"乞取他生无折磨"之语。"绿荫阴处打槟榔,蘸得蒟酱待劝郎。愿郎到口莫嫌涩,个中甘美郎细尝。"此首则描绘了台湾当地打槟榔的场景。槟榔作为台湾当地人民喜爱的特色食物之一,在台湾广为种植,打槟榔自然也是台湾当地常见的场景。并且此诗还写出了台湾当地食用槟榔还需要蘸取蒟酱的饮食习惯。梁启超在这 10 首《台湾竹枝词》中,虽然与丘逢甲作一样描绘当地的民俗,但是与丘逢甲描绘当地的地理风光、社会活动略有不同的是:梁作融入台湾当地的民俗特色还表现在,直接采用台湾当地的民歌原文入诗。据梁启超自注,其中"郎家住在三重浦,妾家住在白石湖""手握柴刀入柴山,柴心未断做柴攀""芋芒花开直胜笔,梧桐揃尾西照日""韭菜花开心一枝""蕉叶长大难遮阳"这些句子都是台湾当地民歌的原文。而第八首"教郎早来郎恰晚,教郎大步郎宽宽。满拟待郎十年好,五年未满愁心肝"则是全首皆用原文,梁启超只于数字处做了改动。直接使用台湾当地民歌歌词入诗,使得梁启超这 10 首竹枝词在语言上更贴近台湾当地的民俗风情,更具民歌风味。

(二) 创作身份与心理的差异

丘、梁二家《台湾竹枝词》的创作差异首要表现在二人的创作身份心理上的差异。丘逢甲生长在台湾,于他而言,台湾是生他养他的家乡,因此,他对于台湾是充满热爱之情的,具有浓厚的乡土情结,表现出一种"局内人"意识。"罂粟花开别样鲜,阿芙蓉毒满台天。可怜驵侩皆诗格,耸起一双山字肩。"因着对台湾这片土地的热爱,所以当台湾遭受列强入侵的时候,丘逢甲目睹台湾土地及民众遭受鸦片荼毒的境况,其心情是何等悲愤。乡土栽满了罂粟花,但这些植物并非有益于当地民众,而是在占用土地的情况下还危害着当地人民的身体健康,且鸦片的依赖性不仅仅会摧毁民众的身体,更会渐渐消磨民众的意志,不可不谓是国难的一种体现,这其中流露出的乡土意识和爱国爱民情怀是何等强烈。并且,因为丘逢甲具备"局内人"意识,是以他对当时台湾的社会现状了解得十分透彻,如"门栏惨绿蜃楼新,道左耶稣最诱民。七十七堂宣跪拜，痴顽齐礼泰西人"一首，便直陈当时外国列强的思想文化入侵日益严重，基督教堂遍地开花。土地被侵略仅仅只是开始，而精神文化被侵略，则较土地沦陷影响更为深重。丘逢甲通过展现鸦片流毒、基督教盛行这样的社会现状，谴责了列强侵略者对于台湾民众乃至内地人民的身体与精神毒害。作为一个"局内人"，其眼光更为直接透彻，对于社会问题的了解也更为深刻，情感则更为浓烈。因此其竹枝词较梁启超之作，拥有更为丰富的时代内容和社会意义。

　　丘逢甲的"局内人"意识不仅表现在对外国列强侵略者的仇恨上，也体现在其对于台湾当地自有的恶风流弊的揭露和批判上。台湾作为一个少数民族的聚集地，民俗活动十分丰富，其所附加的腐朽蒙昧习俗在当地自是根深蒂固。"竹子高高百尺旛，盂兰胜会话中原。寻常一饭艰难甚，梁肉如山饷鬼门。"台湾当地的经济状况并不繁荣发达，民众有自己的宗教信仰也是正常现象，但是盂兰盛会时为了祭拜鬼神，却不惜大肆浪费粮食，日常果腹本已不易，而"梁肉如山饷鬼门"则可想见民众思想的落后蒙昧，丘逢甲对此现象不无讽刺和惋惜。更有甚者，在这种封建迷信的笼罩之下，现代教育也十分落后。如"教士都凭器识先，海东旧院剧云连。岱云去作三山雨，灯火荒凉四十年"这一首，是对台湾当地的教育事业由盛转衰的描述，丘逢甲对此是心有戚戚的。外国列强的先进技术和精神文化对于近代中国造成的冲击可谓不小，人才作为国之栋梁，教育事业自是大计，然而台湾当地的教育情况非但没有受到重视，反而荒凉了将近40年之久。教育的没落便是社会堕落的一个侧影，这是只有长期生活在这片土地上的人才能发出的感慨，也是真心关怀台湾发展的人才会注意到的社会现实。

　　丘逢甲的"局内人"意识还体现在他的诗作中对于台湾民俗民情及历史的自然运用。不同于梁启超直接使用台湾当地民歌入词从而具备"台湾特色"那般，丘作对于台湾民俗及历史的运用可谓手到拈来，像盐溶于水般自然无痕。如："贺酒新婚社宴罗，双携雀嫂与沙哥"，"相约明朝好进香，翻新花样到衣裳"，寥寥数笔便尽展一幅幅民情图片，只有对台湾当地的民俗文化极其熟悉的人，方可描绘得如此生动且自然。并且，丘逢甲作为一个"局内人"，他对于台湾当地的历史发展自然是十分熟悉的。如："唐山流寓话巢痕，潮惠漳泉齿最繁。二百年来蕃衍后，寄生小草已深根。"此首描述的是台湾早期的移民情况，以潮州、惠州、漳州、泉州四地的移民居多。自郑成功收复台湾，大量内地民众迁移台湾至丘写作时已有两百年历史。"寄生小草已深根"一句直道出移民者的情感归属，小草虽为寄生，却已深根，丘逢甲作为移民后代，其对于台湾的情感可想而知，与此同时，借用"流寓话巢痕""寄生小草"两者，又无意中拉近了台湾和大陆之间的距离，移民者对于台湾的归属认可和对于大陆故土的思念，于短短28字之中交织缠绕，情感表达具有多层次的特点。此外，丘逢甲的40首《台湾竹枝词》有7首直接论及郑成功收复台湾失地，于台湾建立政权，与清军对抗，郑成功、郑经死后，郑克塽降于清朝的史实，这是台湾发展进程中一段重要的历史，而丘逢甲多次在竹枝词谈及此事，可见其身为"局内人"，不仅关注台湾过往的历史，而且能够正视台湾历史发展的必然性，因为郑克塽并非贤主，清军占领台湾，建立新的政权也是有其历史必然性，所以尽管他对郑成功是赞赏、肯定的，但是也能够认识到清王朝取代郑氏政权的原因，这是丘逢甲作为一个当事人对于历史发展的清醒认识，客观地顺应历史发展的潮流趋势，而非仅仅只是囿于所谓的"遗民"情结。

而梁启超作为一个过客，与丘逢甲的"局内人"身份相反，梁作更多地体现出"局外人"意识。台湾的民俗风情对于梁启超而言，是新鲜的、陌生的。台湾的当地民歌对于梁启超来说，是此前闻所未闻的，在台湾当地，无非用以表达男女之间的情感来往，并无过多思想蕴含。但是梁启超作为一个有志之士，因变法失败而不得不流浪海外，其情感来源是他在内地的政治活动的失败，与丘逢甲自然生发的情感有所不同，梁启超是先有满腔郁郁之情，来到台湾，听闻当地民歌，耳目一新，又觉得似乎有"《谷风》《小弁》之怨"，这是一种情感转移的表现。《谷风》写的是弃妇之怨，《小弁》写的是弃儿之怨，而传统台湾民歌亦颇多女子相思之苦、寂寞之怨，但是在满腹心事的梁启超听来，这怨又不仅仅只是这般简单。他的《台湾竹枝词》不是纯粹为了描写台湾当地的风物并抒发与此相关的情感，而是"为遗黎写哀"，为自己写哀。这与丘逢甲在《台湾竹枝词》中所表现的乡土情感不同，梁启超在其《台湾竹枝词》中所表达的是故园之思，是个人经历的伤痛之感。

与丘逢甲创作竹枝词的社会背景不同，梁启超游历至台湾时，台湾已经沦陷十多年，国土已是破碎不堪，而遗民逸士生存之艰令梁启超心有所感。本来他已流亡日本，人在海外自是不免怀念国家，而一到与大陆有着密切联系的台湾，这种情感便因被触发而喷泻而出，触景生情自是难免。试看其作：

郎捶大鼓妾打锣，稽首天西妈祖婆。

今生够受相思苦，乞取他生无折磨。

此首乍看之下是借由祭拜妈祖时的男女搭配活动写相思之情，但是联系"为遗黎写哀"的意旨，便不难看出，此诗表面是写男女相思之情，而实际上是写对于故国的思念之情。梁启超借写女子备受相思之苦，乞求来世能够受妈祖庇佑免受折磨，实质上何尝不是对于自己过往的政治活动的一个总结。梁启超作为近代的有识爱国之士，他有着自己的政治理想，渴望通过变法来挽救日益腐朽的清王朝，改变国运的颓势，努力过，失败了，他甚至不得不为保全性命而流亡海外，这比女子备受相思之苦更是要苦上万倍。"乞取他生无折磨"不仅是女子的愿望，也是梁启超自己的慨叹。

丘逢甲作为一个生长在台湾的诗人，他对于台湾的情感是更为深厚的，对于台湾当地的风情乃至时弊的认识也更为透彻，因此在他的《台湾竹枝词》中，涉及的内容较梁启超更为丰富，且其中不无包含其希望台湾能够变得更好的愿望，表现出"志"的一面。而梁启超作为一个刚刚经历过政治理想破灭的过客，他写作《台湾竹枝词》，更多的是借由当地的民歌来抒发自己的情感，表现出"情"的一面。并且，在形式上，丘逢甲更贴近传统文人竹枝词的特点，既有民歌的影子，但更多的是雅正之音。而梁启超则是因民歌而发，在形式上多直接采用民歌原文入句，所以民歌风味更为浓厚，表现出俗文学的一面，与雅正之音的深邃幽曲、寄托遥慨不同，借用民歌的成分越多，则越自由奔放，更接近民歌口耳相传、朗朗上口的特点，语言上较为轻快，在情感表达上也更为直接大胆。

二 二家《竹枝词》对前代竹枝词的继承与创新

（一）丘、梁二家对前代竹枝词的继承

竹枝词本从民歌演化而来，刘禹锡于《竹枝词》九首之序中言："里中儿联歌《竹枝》，吹短笛、击鼓以赴节。歌者扬袂睢舞，以曲多为贤。聆其音，中黄钟之羽，卒章激讦如吴声。虽伧儜不可分，而含思婉转，有淇濮之艳。昔屈原居沅湘间，其民迎神词多鄙陋，乃为作《九歌》，到于今荆楚鼓舞之。故余亦作《竹枝词》九篇，俾善歌者飏之，附于末，后之聆巴歈，知变风之

自焉。"① 郭茂倩于《乐府诗集》中顾况之《竹枝》题下注曰："唐贞元中，刘禹锡在沅湘，以俚歌鄙陋，乃依骚人《九歌》作《竹枝》新辞九章，教里中儿歌之，由是盛于贞元、元和之间。"② 由此可知，竹枝词由民歌演化为文人竹枝词之最大特点在于"变"，此变在于化俚歌鄙陋为骚雅又不失其便于传唱、朗朗上口之特点。王士祯曾与刘大勤论及竹枝词："竹枝咏风土，琐细诙谐皆可入，大抵以风趣为主。"③ 纵观丘逢甲、梁启超之《台湾竹枝词》，可知二家均承此而来，尽管各有寄托，然不废竹枝词吟咏风土之本，于风趣性灵亦多有照顾。

  文人竹枝词的特点在于能够于轻松诙谐之处有所蕴含，既照顾到竹枝词与绝句之间的区别，不似绝句一般雅正，又能够避开竹枝词民歌俚俗之特点。刘禹锡其作："杨柳青青江水平，闻郎江上唱歌声。东边日出西边雨，道是无情还有情。"措辞流丽，浅而不俗，可见文人竹枝词之本色，又其作："瞿塘嘈嘈十二滩，此中道路古来难。长恨人心不如水，等闲平地起波澜。"则文人特色更为明显，借景抒情而蕴含事理，少了几分竹枝词的轻快，多了些许对世态人情的感慨。在丘逢甲的《台湾竹枝词》中，像刘禹锡"杨柳青青江水平"之作不在少数，如："浮槎真个到天边，轻暖轻寒别有天。树是珊瑚花是玉，果然过海便神仙。""牛车辘辘走如雷，日日城东去复回。红豆满车都载过，相思载不出城来。"均有风趣，句法形式上皆有轻快的特点，表现出较似民歌的一面。不过，在丘逢甲的《台湾竹枝词》中除此部分较为轻快的作品外，其余多有所寄托，较似刘禹锡"瞿塘嘈嘈十二滩"之类，如："为怜归燕一开门，斜日红棉易断魂。燕子自双人自独，此情消得几黄昏""师泉拜后阵云屯，夜半潮高鹿耳门。如此江山偏舍去，年年芳草怨王孙"等作品皆有蕴藉之旨。

  丘逢甲的《台湾竹枝词》在风格上多是对前代文人竹枝词的继承，在语言及句法上则多化用前人诗句，因而其竹枝词表现出较为浓厚的文人气息。如其"瑶台芳讯来何暮，惆怅溪桥欲雪天"或从宋代释文珦"岁暮溪头欲雪天，思归频问社桥船"源出，而"手持把酒酬徐福，如今我辈亦蓬莱"则反用李白"仰天大笑出门去，我辈岂是蓬蒿人"诗意，又如"将军不死降王去，无复田横五百人"则袭李白"海上五百人，同日死田横"句而来。可以说，丘逢甲对于前人诗句的继承，并不是机械地挪用，而是有意识地进行选择与

---

① （唐）刘禹锡：《刘禹锡笺证》，上海古籍出版社1989年版，第852页。
② （宋）郭茂倩：《乐府诗集》，中华书局1979年版，第1140页。
③ （清）王士祯：《清诗话·师友诗传续录》，上海古籍出版社1978年版，第134页。

再创作，因而其竹枝词大部分更似诗人之诗，而非单纯效仿民歌之体。而梁启超之《台湾竹枝词》对于前代竹枝词的继承，则不似丘逢甲继承文人竹枝词之风绪一般，梁作更多的是表现为对竹枝词的前身《九歌》的承袭。杨维桢于《西湖竹枝词》序中认为竹枝词有"发情止义，有风人骚子之意"① 的特点，文人写作竹枝词，本亦多以吟咏男女之情为寄，于情感上多有哀怨之音，竹枝词之前身《九歌》亦多托意男女之情，杨维桢既认识到此特点，则又力行于其作品之中，如："鹿头湖船唱赧郎，船头不宿野鸳鸯。为郎歌舞为郎死，不惜真珠成斗量。""湖口楼船湖日阴，湖中断桥湖水深。楼船无柁是郎意，断桥无柱是侬心。"等作，与九歌中"心不同兮媒劳，恩不甚兮轻绝""交不忠兮怨长，期不信兮告余以不闲""愁人兮奈何，愿若今兮无亏；固人命兮有当，孰离合兮可为"等句，于情感表达上不可不谓一脉相承。而梁启超之《台湾竹枝词》正袭此一脉，表现出骚怨之意，如："手握柴刀入柴山，柴心未断做柴攀。郎自薄情出手易，柴枝离树何时还。""教郎早来郎恰晚，教郎大步郎宽宽。满拟待郎十年好，五年未满愁心肝。"梁作全以女子口吻托出，更接近竹枝词之民歌体式，又如《九歌》一般寄情绵邈，哀而不伤，怨而不怒，语言流利而情感深挚。

（二）二家《台湾竹枝词》之创新

中国传统思想文化于晚清时期受到诸多外来文化的冲击，表现出某种程度上的自求新变。于戊戌变法（1898）前后产生的诗歌改良运动——"诗界革命"便是一场诗学领域的改革运动。

"诗界革命"要求诗人要反映新的时代和思想，提倡"第一要新意境，第二要新语句，而又须以古人之风格入之，然后成其为诗"②。这是梁启超所提出的宗旨。丘逢甲被梁启超誉为"诗界革命一巨子"，与"诗界革命"的发展息息相关，与诗界革命的代表人物黄遵宪的交往也十分频繁。他的《台湾竹枝词》虽作于1877年，距离"诗界革命"正式提出仍有11年时间，但由于他处于台湾这一中国对外交流频繁的土地上，比内地更早受到西方文化的影响。台湾16世纪便被荷兰侵占过，19世纪中叶又成为西方列强战略争夺的重点，在这种历史背景下，在中西文化

---

① （元）杨维桢：《西湖竹枝词》，雷梦水、潘超等《中华竹枝词》，北京古籍出版社1997年版，第1623页。

② 梁启超：《夏威夷游记》，载氏著《饮冰室文集》，王文光、段炳昌、吴松点校，云南教育出版社2001年版，第1826页。

冲突又不断融合的社会氛围下，丘逢甲于诗歌中尽管非有意为之，但已然受到西方文化的影响。

尽管此时丘逢甲尚未内渡，"诗界革命"亦尚未开展，但是从其《台湾竹枝词》中我们却不难发现，其竹枝词的写作与后来的"诗界革命"的宗旨有着诸多不谋而合之处。如"教士都凭器识先，海东旧院剧云连"中的"教士"，"门栏惨绿蜃楼新，道左耶稣最诱民"中的"耶稣"皆属于外来词，是丘逢甲诗歌中受到新时代西方文化冲击的一个最明显的表现，与诗界革命运动之初所提倡"新语句"可谓合拍。而以新意境入旧风格，在丘逢甲的《台湾竹枝词》亦多有体现。如"鼾睡他人未肯容，开山新议达宸衷"虽缅怀郑成功，但仍不否定清廷统治台湾的历史必然性，与前人所作的大部分遗民诗迥异，丘逢甲表现出一种开放的政治观，这是其意境之新的一种体现；又如"七十七堂宣跪拜，痴顽齐礼泰西人"语言上并不刻意造新，仍保留了传统诗歌的写作方式，但所表现的内容却是近代中国社会才出现的群众被迫信奉基督教的场景。可以说，尽管此时"诗界革命"还未开展，丘逢甲也并非有意识地进行诗歌创作上的革新尝试，但是西方文化却已以一种潜移默化的姿态影响了他的创作。少年时期的丘逢甲在诗歌创作上已然表现出一种开放包容的姿态，在传统文人竹枝词和民俗及新文化之间，能够进行有机融合，既保留了传统文人竹枝词抒情言志的特点，同时又极好地表现了近代台湾社会的风貌。其在《台湾竹枝词》中不仅开始使用新语句，创造新意境，更是勇于打破旧形式，不拘泥于传统诗韵，如"鼾睡他人未肯容，开山新议达宸衷。荒山逐渐开硗确，草草何能便浚封"一首便通压一东二冬韵；又如采用客家山歌的押韵方法，以客家方言为韵，如"大东门接小东过，衮艳衣香羡此多。闻说花田重征税，花排花串价增高"。少年时期便有此创作视野，则其中年内渡后直接参与"诗界革命"运动的经历则是水到渠成。丘逢甲后来还作有《西贡竹枝体杂诗》《旅马来亚杂咏》《满剌加国杂诗》等作，在新词语、新意境的运用上则更为纯熟，而少年时期所作的这40首《台湾竹枝词》则可视为是其投身于"诗界革命"创作后，发出"乱云残岛开诗境"（《题沧海遗民台阳诗话》）之新声的前奏。

相较于丘逢甲，梁启超的《台湾竹枝词》所反映出来的"诗界革命"的特点则更为显著。梁启超作为"诗界革命"的倡导者，不仅提出理论，更身体力行地进行创作。维新变法失败后，梁启超流亡海外，便致力于进行文学改良活动，在《新小说》（创办于1902年）上开辟专栏，其中有一专栏则为"杂歌谣"，旨在对民间歌谣进行改造和利用。作于1911年的这 10 首《台湾竹枝词》，直接使用台湾当地民歌入诗的创作行为则可见梁启超化理论为实践的决心。梁启超的《台湾竹枝词》在结合民歌的基础上，将传统诗词创作在新文学的理论基础上进一步发展为俗文学，隐含其"诗界革命"的创作主张，与丘逢甲相比，尤其是在思想情感上更进一步地将竹枝词由文人化变为通俗化、现代化。诸如"愿郎到口莫嫌涩，个中甘美郎细尝""郎如雾里向阳花，妾似风前出头叶""树头结得相思子，可是郎行思妾时"等虽然也是借用传统的男女言情式的写法，但是其中所表现出来的情感是更为自信昂扬的，与前人的"腹中愁不乐，愿作郎马鞭。出入系郎臂，蹀座郎膝边"，"郎看明月是侬意，到处随郎郎不知"，"愿君为车妾为轴，随处相追逐"等句相比，虽然都是以女子口吻托出，但是梁启超之作表现出一种对于爱情的自信的表现，而不是过去情诗那般女子依附于男子之下。虽然这不足以说明梁启超具备进步的女性观，但是可以肯定的是，梁启超对于台湾当地民歌中这种在爱情中的女性反客为主的情感表现是持肯定态度的，并将其在自己的作品中表现出来，再言及遗民之哀，则更衬出虽然变法失败，但是内心并未真正放弃，仍愿意为之不断奋斗的愿望。梁启超曾言："革命者，当革其精神，非革其形式。吾党近好言诗界革命，虽然，若以堆积满纸新名词为革命，是又满洲政府变法维新之类也。能以旧风格含新意境，斯可以举革命之实矣。"① 由这 10 首《台湾竹枝词》可见梁启超的文学创作确实已经开始尝试突破形式的桎梏，追求精神的革新，在创作上积极接纳民歌，使得原本从民歌转化而来的文人竹枝词复又转化为民歌般的通俗化。当然这不是文学历史上的发展重复或者是倒退，而是一种基于新时代背景下的积极尝试。

三 结语

虽然丘逢甲和梁启超的《台湾竹枝词》一是作于"诗界革命"之前，一是作于"诗界革命"之时，于内容、形式及表达上亦有诸多不同，但是两相结合，则可以了解近代倡导"诗界革命"并非无病呻吟、空穴来风，正如少年时期的丘逢甲，虽尚未刻意革新，但也受到西方文化的影响并自觉或不自觉地表现在作品中，而梁启超则是有意为之，并且将自己的理论

---

① 梁启超：《梁启超全集》，北京出版社 1999 年版，第 5337 页。

与创作实践相结合。丘、梁二家的《台湾竹枝词》不仅仅是对于近代台湾社会现状的描写与反映，更具有深刻的文学意义，于二人的《台湾竹枝词》中我们可以看到近代诗人在诗歌创作上的新追求，从无意到有意的积极尝试，虽然最后"诗界革命"于诗歌领域上前进不大，却为近代中国传统诗歌的发展注入了新的活力。

（原文刊载《嘉应学院学报》2017年第3期；
作者单位：南昌大学人文学院）

如今不作登坛梦,渔鼓声中号散仙

——试论丘逢甲惠州诗

杨子怡

人是创造文化符号的动物,文化就是"自然的人化",是人将自然按自己的目的打造和加工而成。反之,文化也创造人。因此,人是文化的中心,研究一个地方的文化自然离不开研究曾在该地活动参与文化创造的人。惠州作为历史文化名城,不少文化名人在此留下了难以磨灭的足迹。自宋而降,苏东坡、唐子西、薛侃、杨载鸣、叶春及、叶梦熊、杨起元、韩日缵、伊秉绶、邓承修、江逢辰、宋湘、丘逢甲、孙中山、廖仲恺、邓演达、张友仁……都为惠州文化添光溢彩,不管他们是远离故土、流寓惠州,还是土生土长于惠州,都为惠州文化作出了巨大贡献。比如江逢辰的"一自东坡谪南海,天下不敢小惠州",就是惠州人对东坡先生的肯定。丘逢甲虽然名望不可与东坡相比,但其对惠州文化的贡献与影响也是不可低估的。首先,丘逢甲一生与国家、民族共呼吸同命运,致君尧舜,志清海宇,为民族之救亡而鼓呼,其诗充满了对割地赔款,回天无策的愤恨,诸如"弃地原非策,呼天倘有哀"(《送颂臣之台湾》八首)①、"已分生离同死别,不堪挥泪说台湾"(《天涯》)之类表达深哀巨痛的诗在其作品中俯拾即是。这种以国家安危、民话存亡为己任的悲悯情怀激励着一代代惠州人。其次,丘逢甲自32岁(1895年)内渡至49岁(1911年)病逝镇平淡定村,大部分时间是在广东境内活动。其中1905年至1912年,丘逢甲应两广总督岑春煊之聘,到广州两广学务公所任议绅兼嘉、惠、潮视学员。广东总教育会成立后被公举为会长,并兼任广府中学监督、两广方言学堂监督等。1911年广东军政府成立被公举为教育部长,次年还被举

---

① 丘逢甲:《岭云海日楼诗钞》,上海古籍出版社2009年版。按:本文凡引丘逢甲诗出自该书者以下皆不作注。

为中央临时政府参议院议员（未至任不久病逝）。其足迹遍及广东尤其是粤东地区，惠州又是其视学范围之内，其活动自然在惠州产生了不少影响。最后，丘逢甲莅惠期间写下了大量的作品，仅罗浮十日之游就留下了几十首记游诗。到惠州后又写下了28首。这些诗作为推介惠州文化作出了积极贡献，自然这些诗作成为近代惠州文化的一个重要内涵，也成为我们今天研究惠州近代文化非常重要的资料。因此，研究丘逢甲惠州诗，显然，很具有学术价值。我们不但可以了解这些诗的内容，也可通过这部分洞烛诗人晚年的思想之变化及心态之调适。

一 从丘逢甲惠州诗的内容看其"吾之今"

如上所述，丘逢甲的晚期一直在广东活动，1910年中秋节前三天，他满怀兴致游览了罗浮山，待了十天时间，这可从其诗中看出来："西风震庭树，明月将中秋……送眷言命俦侣，明发游罗浮"（《游罗浮二十首》其一）、"且作十日留，赋我罗浮诗"（《游罗浮二十首》其十九）。另从其《自罗浮至惠州游西湖泛月放歌》一诗可知，十日罗浮游罢他又乘船来到了惠州城区："我从广州来，十日罗浮游。东坡游后有此客，两山风雨为之收……翩然迤惠州去，罗浮送我直上东江舟……"到达惠州后，他住在西城梌山一小院："我来自在西城住，梌山一院清且幽。"大约在八月底，重阳节之前回到了广州，因为他重阳节是在广州度过的，有《重九日得诗五比京使馆中秋来诗次韵却寄》三首为证，其中第二首写道："开书隔海话中秋，君发书时我出游。"即指朋友京师寄书时，正是我在罗浮惠城出游的时候。十几天的惠州之行，他写出了大量的诗。这些诗概括起来，表达了如下几个方面的内容。

（一）借罗浮之真存"吾之今"

丘逢甲才华横溢，"诗本其夙昔所长"①，又加之博采众长而熔为一炉，故成大家，其诗蜚声于清季，江瑔称之为："此君诗真天下健者"②，确非虚言。罗浮短短的十天之游，一气呵成几十首，其诗才之敏捷可知。丘逢甲对

---

① 江瑔：《丘沧海传》，丘逢甲《岭云海日楼诗钞》，上海古籍出版社2009年版，第428页。
② 同上。

此次罗浮之游是这样看的："昔之游罗浮而言罗浮者，举未能知罗浮之全，见罗浮之真也。吾今乃知其全同，见其真矣。后之游者，其所知所见，以吾今为果全果真耶？抑别有所知所见，以吾今为未全未真耶？吾举不敢臆言：而今之罗浮与吾，固自存也。罗浮不言，吾则以诗代言，即吾他日复游，以今所知所见为全为真，抑知见复有所进，以减未为全为真，吾亦不敢臆言；然诗之存，因即可存罗浮之今与吾之今也。"在诗人看来，每次罗浮之游都会有罗浮之今与诗人之今，今日之游所知所见未必是昔日之游所知所见，也未必是他日之游所知所见，随着诗人每次游之"今"不同，诗中罗浮之"真"也是不同的。那么这次诗人的十日罗浮之游中，诗人之"今"与罗浮之"今"是什么，我们还是应该从诗人笔下的艺术形象及诗人渗透其中之情感入手。可从如下几个方面考察。

其一，写出山水罗浮："我作罗浮游，如得名画读。"在诗人笔下，罗浮是一幅百读不厌的山水画。他的《游罗浮》二十首之二就把罗浮之"今"尽情地展现了出来：

> 我作罗浮游，如得名画读。初为水墨画，浑浑元气足。纯作披麻皴，远未辨单复。安知一皴间，饶有万包蓄。舆行山渐近，如画忽易幅。界划绚金碧，渲染间青绿。易为着色画，光彩炫吾目。灵奇本天质，神理何醲郁！伟哉造化工，绘此饷眼福。

诗人从一个游者的视角，由远及近，展示出罗浮之美。首先从远观角度总写罗浮之美：游罗浮是读一幅名画。初为水墨，元气浑浩，远山如皴，万物并蓄。舆行渐近，所见亦变，金碧青绿，界划鲜明，光彩炫目，由远观朦胧之水墨变为色彩鲜明的"着色画"，不但有色彩而且有"醲郁"之芬芳，让人赏心悦目，一饱眼福。诗人以饱满的热情写足了罗浮之美。在这组诗中的第三首他还将罗浮方圆数百里之气势，峰岭之奇观次第展开，使人目不暇接："罗浮五百里，远视横成岭。奇峰近乃见，高者飞云顶。四百卅二峰，峰峰有灵境。"此外，他还写到山中物产丰富："山中何所有，黄麟朱凤皇。雀蝶各五色，烂熳同飞翔。……山中凡草木，一一生天香。出为药市药，治疾走八方。丹渣亦治疾，泥丸流丹光。惟有九节芝，云生自松肪。朱草生瑶池，合药成仙方"（《游罗浮》二十首之十三）。罗浮还"满山皆奇石，欲拜不胜勤。满山皆甘泉，欲品难为分。无泉不成瀑，无石不生云。飞瀑下云间，处处声相闻"（同上，之九）。在诗人笔下，游人如织，人兽和谐相处："山下有林处，村墟各耕牧。……人行若鱼游，鸟兽成水畜。有时云布海，树海为所覆"(同上,之十四)、"仙留竹篆符,蛇虎人不伤。山中凡禽虫,饮食皆天浆"(同上,之十三)。在诗人笔下,罗浮雄伟,充满王霸气:"是为罗浮山,宜与南岳并。其势可代兴,天与非争鼎。……名山如英雄,自具大本领。可王亦可霸,独立乾坤靖"(同上,之十五)。正因罗浮奇伟巍峨,所以罗浮看日看月更与众不同:"罗浮看日出,奇胜甲天下。我来兼看月,恰值中秋夜。万山同一月,登高自舒写。看月兼看霞,霞光照尊罍"(同上,之十八),诗人来罗浮山,正赶上中秋,所以诗人把当时罗浮看月的光景与欢快心情痛快淋漓地写了出来。总之,诗人从不同角度着笔,意在写出罗浮"今"之"全"之"真"。

其二,写出历史人文罗浮:"罗浮名天下,始自秦汉间。"诗人不但从不同的角度写罗浮"今",而且从历史人文视角展示"今"之所见罗浮之"全"之"真"。在诗人笔下,罗浮历史悠久:"罗浮名天下,始自秦汉间。相传治此山,其人皆神仙。自从两晋还,有客来谈禅。遂令仙与佛,分占此名山"(同上,之六)。这里道释共处,相兼相融:"山上有林处,中皆道释屋"(同上,之十四)。这里更是修行学道好出处:"饮食男女间,大道任所求。舍此求飞升,枯死荒山陬。我羡葛稚川,鲍姑为好逑"(同上,之十)。"寻得名山解偕隐,葛家夫妇是神仙"(《罗浮寄内》)。诗人笔下之罗浮更是人文之罗浮:葛稚川曾在此炼药:"遣薪有丹气,捣药声丁当"(《游罗浮》二十首,之十三)。陆大夫始创其游:"罗浮有游客,始自陆大夫。迩来十千年,游客繁有徒"(同上,之十七)。苏东坡继之以踵:"山中铜龙鱼,云是稚川畜。东坡昔时见,鱼一而龙六"(同上,之十二)。这里仙儒杂处,摩崖遍布:"纷纷嗷名客,摩勒伤山肤。罗浮古仙人,多半仙之儒。流传但仙诗,不见留仙书"(同上,之十七)。这里还讲学成风:"明儒盛讲学,天下皆讲席。几令名山间,有儒无道释……无复儒者宫,来游但诗客"(同上,之七),儒学之兴几令名山无道释,可见明清时罗浮儒学之繁兴状况。从这些诗中,我们也可见罗浮之特色,那就是儒、释、道熔为一炉。这也正是罗浮人文之深之厚的原因。

其三,写出诗人之"今":"一峰住十年,一笑吾事毕。"作者此次游罗浮之"今"是什么?从其诗中不难寻绎出来,其实,诗人是欲借罗浮奇异之山水冰释自己内心压抑已久的乡邦之愁和亡国之恨。他游罗浮二十首的第一首就写道:"西风震庭树,明月将中秋。侧身城市间,悁悁怀百忧",可见在此之前,对于久住市廛的他,忧是很多的。因此,忘却昔时苦恨,释放已久的压抑,正是此次诗人罗浮之游的"今",也是诗人的"真"。殊知诗人是在深秋季节，且是在中秋时候来游罗浮的。众所周知，古往今来这是最容易惹人伤感的季节与节日，可见，遣愁的目的甚明，诗人在《游罗浮》二十首中的第一首说得很清楚："西风震庭树，明月将中秋。侧身城市间，惘惘怀百忧。"久困市廛喧嚣、百忧缠身的他自然很向往那种宁静的环境。这次罗浮之游应该达到了减压的目的，尽管其诗作仍有一种本性使然的家国之忧，如云"妖氛海上来，天戈无能麾。神州若不保，何况山一隅。此山可避世，斯言恐吾欺"（同上，之十九）；但总体而言，他的身心是愉快的，在诗中他对罗浮表现出无限赞美之情和深深的眷恋之感，诗人渗透于诗中的与以往截然不同的那种旷达豪迈、轻快流畅之风（下文会专论到），正是此次罗浮之游的"今"与"真"。正是出于这种心迹，十日罗浮之游，他才一气呵成写了几十首罗浮诗，如上所述，把罗浮写得如此之美让人神往。这恐怕不能代表过去之"今"与将来之"今"，换言之，如果放在其他的时间段比如内渡之初，恐怕又会是另一番"今"与"真"。总之，诗人这次罗浮所写是完全合乎此次之"真"的，试看他的一些描述："四百卅二峰，峰峰有屐迹。一峰住十年，一笑吾事毕"（同上，之五），希望长住山中；"我来朱明洞，仙艳迹尚留。作书告山妻，我欲居罗浮"，"笑看桃花开，一醉三千年"（同上，之八），对罗浮表示出无比的神往，希图有朝一日隐逸长留，终老成仙。昔日那种现实撕咬的忧愁与伤痛再也见不着，诗中的丘沧海完全是另一番形象："乐哉罗浮君，君此酒国间。我自来山中，不饮常陶然。仰观日月行，恍若羲农前。不知人间世，何用百忧煎。乃知仙之徒，以酒全其天。"诗人完全解脱，宁静的山水让他多年躁动的灵魂得到安憩，悲凉一扫而光，诗人又焕发了青春，与内渡之初大相径庭。这正是诗人当时真实的"今"。

（二）借西湖之美存"吾之今"

罗浮十日游之后，诗人来到了惠州城中，"在西城住"，"又向西城城西唤湖舫，西湖泛月开金瓯"（《自罗浮至惠州游西湖泛月放歌》）。在惠州西湖，他凭吊了东坡的爱妾王朝云墓，一连呵成四首《西湖吊王朝云墓》，对这位从东坡于患难的奇女子表达了景仰之情："合种梅花三百树，六如亭畔护遗香"，并表达了相隔异代、恨不能相见之感："我亦乖时不合宜，此生未受美人知。"在惠州城内，一方面他凭吊了历史人文，除写出《西湖吊朝云墓》四首外，还写了《白鹤峰访东坡故居》《野吏亭》等诗，表达了诗人对历史人物特别是苏东坡、王朝云的景仰之情："人言东坡仙果仙，人言东坡死不死，东坡海外竟归矣。只因曾饱惠州饭，白鹤千年震遗址"（《白鹤峰访东坡故居》）；另一方面，写出西湖独特的山水湖光景色，如《自罗浮至惠州游西湖泛月放歌》《惠州西湖杂诗》二十首等就是这方面的代表作。如果说诗人写罗浮，重在写罗浮雄奇仿佛之意境，借以表达自己"我不求飞升，但愿充隐逸"（《游罗浮》之五）、"何年来结山中屋，山中采金兼采木，且工且农且畜牧"（《与客谈罗浮之乐并言居山之利因成长句》）的愿望的话；那么，诗人笔下的西湖却是另一番景象，即空明灵秀，这种空明灵秀正是罗浮所无的，正如诗人所说："欲写西湖泛月图，罗浮游罢到西湖。空明一片天连水，毕竟罗浮此景无。"在这里诗人醉心于"十里湖光荡翠烟""摇落秋风亦可人"的湖光山色；怡情于"山门重刻坡仙字""游人欲问朝云墓，看取团团塔顶榕""真见如来瑞相身""花洲合祀邓鸿脑胪""零落松楸太保坟"的历史人文；更痴迷于"藕花深处读书声""卖菜入城归欲晚""黄塘寺畔几人家、种菜年年当种花""西湖桥下水云苏，春水桃花白饭鱼"的市廛生活。作者借以表达长住此地，度此余生的想法："我与西湖留后约，不须重寄广州书。"同时，诗人更借空灵的景色表达清旷潇洒、尘虑全消的悠然宁静之心迹：如"消受湖天好秋色，苹花得上素罗衣""莫教全割湖云去，留取眠鸥浴鹭天"（《惠州西湖杂诗》二十首）。而这些正是诗人的当时的真实心态，即诗人所说的"吾之真"，而这个"真"也正是诗人有别于早年及内渡之初的"吾之真"。

二 始多悲壮，终判华夷：从丘逢甲惠州诗看其心理调适

丘琮在《丘逢甲年谱》中曾对丘沧海从乙未、丙申至庚戌、辛亥这段时间的诗歌创作进行过总结，他说："丘逢甲内渡所写的诗，开始多悲壮，到最后则判华夷，倡忠义，多揭示民族国家精神"。[①] 所谓"则判华夷"云云，即指出丘逢甲晚年诗与早期所写诗风格与内容有天壤之别。丘仓海总体而言，其清新劲健，沉雄博大，悲慨雄浑，大气如虹，诗中勃发一种"英气"，笔者曾在《丘逢甲诗歌"英气"漫论》一文中对此专门论及。但丘仓海这种英气多见于前期，即内渡初，但我们仔细读其内渡后期作，风格确实"判若华夷"。这表明，内渡后随着时间的推移及环境之变化，他的心态进行了调适，此时此地之"今"不同于彼时彼地之"今"，毫无疑问，都表达了诗人之"真"。下面我们试加比较，可见一斑。

---

① 丘逢甲：《岭云海日楼诗钞》，上海古籍出版社1982年版，"初版序"。

(一) 始多悲壮:"除却悲歌百不存"

光绪二十一年(1895),丘逢甲抗倭保台兵败后,被迫离台内渡回国,归祖籍广东镇平淡定村定居,时年32岁,这正是他的壮年时期。一生以国家安危、民族存亡为己任的他,自然会将自己的命运与国家民族的命运连在一起。政府的腐败无能,台彭的割让,护台的失败,内渡流亡的生活,这经历的一切的一切,自然让他百感交集,忧念丛生。作为一个诗人,这也自然会反映在其诗中。丘逢甲一直认为:"诗之真者,诗中有人在焉"①,所谓有人在即有诗人的真情实感在。因此,悲怆豪旷、沉郁顿挫、激越奔放成为内渡之初的"吾之今"。丘仓海内渡之后的诗被收入《岭云海日楼诗钞》中。潘飞声在《诗中八贤歌》中是这么评价其内渡诗的风格的:"仲阏长篇如长枪大剑,开库森严,七律一种开满劲弓,吹裂铁笛,真成义军旧将之诗,余每读靡不心折。"他的沉雄悲壮榫接杜子美,而痛失故国的沉痛却又是子美所无。时人把他比美于黄公度,而公度英气却输仓海君,正如南社诗人柳亚子在其《论诗六绝句》中所说的:"时流竞说黄公度,英气终输仓海君。战血台澎心未死,寒笳残角海东云。"

他的始多悲壮主要表现在如下几个方面。其一,痛失故土的悲愤气。如:"已分生离同死别,不堪挥泪说台湾"(《天涯》)、"四百万人同一哭,去年今日割台湾"(《春怨》)、"诗成复自写,不辨泪和墨"(《重送颂臣》)、"故帅拜泉留井记,孤臣掀案哭雷声"(《闻海客谈澎湖事》)。家国之恨力透纸背,如江山渊所言:"诗本其夙昔所长,数十年来复颠顿于人事世故,家国沧桑之余,皆足以锻炼而淬砺之。其为诗尽苍凉慷慨,有渔阳参挝之声,又如飞兔騕袅、绝足奔放,平时执干戈卫社稷气概,皆腾跃纸上。"② 其二,无力回天的悲壮气。如:"一片雄心无处着,孤城斗大万山中"(《寻镇山楼故址因登城四眺越日遂游城北诸山》十二首其一)、"补天填海都无益,空洒东风泪满巾"(《村居书感次崧甫作》)、"平生长剑空倚天,未能划断云连绵"(《题菽园看云图》)、"宰臣有权能割地,孤臣无力可回天"(《离台诗》)、"男儿要展回天策,都在千盘百折中"(《韩江有感》)、"同州况复是同文,太息鸿沟地竟分"(《得颂臣台湾书却寄》)。诗人补天无力的愤懑,长剑空倚的遗恨触目皆是。不平之气,悲壮之声,令人不忍卒读。其三,以身报国的豪迈气。

---

① 丘逢甲:《复菽园》,载于丘晨波主编《丘逢甲文集》,花城出版社1994年版,第266页。
② 丘逢甲:《岭云海日楼诗钞》附录,上海古籍出版社2009年版,第428页。

诗人作为一个奇士，虽然悲惋，虽然雄心无处着，但不颓废。他相信"全输非定局，已溺有燃灰"（《答友问》），复国之心未曾减少，希图有朝一日卷土重来："沉郁雄心苦未灰，他年卷土傥重来"（《春感次许蕴伯大令韵》）、"卷土重来未可知，江山也要伟人持"（《离台诗》之三）。大丈夫应有拳拳报国之心："丈夫生当为祖豫州，渡江誓报祖国仇，中原不使群胡留"（《东山酒楼入歌》）、"白日看云同报国，青山为我更题诗"（《次韵答陈少石方伯》）。对自己未能报国仇他念兹在兹："未报国仇心未了，枕戈重与赋无衣"（《病中赠王桂山》），甚至梦中也在驰骋疆场："五年乡泪愁中制，半夜军声梦里留"（《夏夜与季平萧氏台听涛追话旧事作》）。诗人对历史上的爱国前贤十分景仰，特别尊崇郑成功在岛上独支先明残局的行为，他曾为台湾郑在功庙撰联云："由秀才封王，为天下读书人别开生面；驱异族出境，愿中国有志者再振雄风"①，敬佩之情溢于言表。诗人喜谈"剑气"，爱写"沧海"，他仰慕历史上帮助张良椎杀秦始皇的民间豪杰仓海君而自号"仓海"。丘仓海首创抗日保台与东夷濊君国的仓海君首倡抗秦正相同，所以丘逢甲借首倡抗秦之仓海君以喻自己抗日保台的用意甚明。总之，丘逢甲内渡前期诗悲慨之声成为主基调。正如他自己所说的："笔端浩气满乾坤"（《病中赠王桂山》），"除却悲歌百不存"（《次韵答宾南金陵》），也正如潘飞声所评价的："新诗句句写晴川，胡骑纵横镇远边"（《题丘仲阆遗稿》）。这也应了人境庐对他的赞语："此君诗真天下健者。"②

丘逢甲诗中的这种悲怆之声是与他的出身及特殊经历有关的。要更深入理解其诗的悲慨之音产生的原因，还应该了解其生平经历。

丘逢甲出生在一个三代以前以习武知名的家庭，其祖父丘元宝才转攻文，其父丘龙章始学文，但一生无科名。他大概受了父、祖影响致力于文。他从小"聪颖过人，六岁能诗，七岁能文"（丘瑞甲《先兄仓海行状》）③，被称为神童。14 岁参加台湾童子试，被台湾巡抚兼学台的丁日昌所欣赏，连称"奇童"，赐"东宁才子"称号，获得科试全台第一名。25 岁赴省试，中举人；26 岁至京参加京试和殿试，连连中举，列三甲第 96 名进士，钦点工部虞衡司主事。在功名上应该是顺风顺水的。但令人费解的是，好不容易中举，好不容易成为"入彀英雄"的他，却放弃为官，回到台湾。此时，正值他的恩师唐景崧已升为台湾布政使（1891），当此用人之际，景崧坚请他参与政

---

① 转引自吴宏聪、李鸿忠《丘逢甲研究》，广东人民出版社 1986 年版，第 90 页。
② 钱仲联：《人境庐诗草笺注》，上海古籍出版社 1981 年版，第 1249 页。
③ 丘逢甲：《岭云海日楼诗钞》附录，上海古籍出版社 2009 年版，第 417 页。

事，但他不为所动，唐又以"新得柏庄疑傲我，山林终恐误英雄"（徐博东等著《丘逢甲传》）来激他出山，但他仍不肯出。众所周知，学文中举当然是为了求官，本极看中功名的他在中式后却放弃功名，这看似费解，其实是与他对官场的失望有关，在他看来自己所处的时代是个"衰世人才侠亦难"（《叠前韵八首》之六，《云海日楼诗钞》卷十）、"地老天荒不爱才"（《次韵答周立之》）的时代，作为一个"奇士"在此平庸官场是不可能建立"奇功"的："亲老怕浓游宦味，调高难作入时音。"他断言："才人从古不宜官""一官便具奴才性，谁是英雄出此圈"（《重送王晓沧前韵六首》之三、之四）。有大才的"奇士"自然是不屑沉沦庸俗之官场与庸人相争的："眼前鸡鹜各争长，卧看一鹤苍霄冲"（《叠韵再题心太平草庐……》）。他的中式后而放弃入仕之原因就可从中窥视出来。但他骨子里毕竟是英雄，当国家有事时，他的英雄本色尽情表现了出来。中日甲午战争爆发，他以民间代表身份，主动请缨，征得唐景崧同意后，他"倾家财为兵饷"，招募义勇保台，"丘家一门子弟能干戈者，尽令从戎"，由于他登高一呼，纷纷响应，其门生子弟成为义军统领，其家柏庄成为义军司令部。义军发展到 160 营之多，号称十万之众。1895 年清王朝《马关条约》赔款割台消息一传来，他联合台湾绅士，三次刺血上书清廷，要求拒日保台，其上书连光绪皇帝老师翁同龢也愀然动容。希望破灭后，他带领士绅，创立"义不臣倭""永戴圣清"的"台湾民主国"，推唐景崧为总统，带领四百万台湾同胞与日倭决一死战，演出了悲壮一幕，这在他的一些诗中也表现了出来："斜阳围听说场词，我亦曾驱十万师"（《秋怀》）、"义旗风卷海云东，零落登坛十万军"［《刘慧君（少拔）二十年旧友，曾以义军内渡寓漳来潮见访赋赠》］、"拜将坛高卓义旗，五洲瞵目属雄师。当时力保危台意，只有军前壮士知"[1]。如前所说，在他内渡后的一些早期诗作中，常常发出一种"回天""补恨"的悲愤，其实他对台湾是尽了气力的，是无愧于台湾的。护台失败后，他不得已才内渡大陆。内渡后他家国情怀未曾少减，他自署"台湾之遗民"（《重修潮阳东大忠记》《请缨日记》）、自称"台湾丘逢甲"（《东山寿忠社缘起》）、"东宁丘逢甲"（《重修南海神庙韩碑记》），心中无不想念台湾，甚至希图有朝一日卷土重来："十年如未死，卷土定重来"（《送颂臣之台湾》之六）、"沉郁雄心苦未灰，他年卷土傥重来"（《有感，次许蕴伯大令韵》之三）。了解了这些背景，我们再来读其内渡前期的诗，对他诗中的浩气、英气和悲壮气就不难理解了。

---

[1] 丘晨波主编：《丘逢甲文集》，花城出版社 1994 年版，第 143 页。

（二）终判华夷：于今不作登坛梦

丘逢甲在惠州写的诗作被收入《岭云海日楼诗钞》第十三卷。这些作品写于宣统二年（1910），作者时年47岁。丘逢甲于民国元年（1912）二月仙逝于故乡镇平淡定村，也就是说，惠州之游之作离他逝世仅两年的时光。因此，惠州之诗作显然属于他内渡之后期。读惠州诗作，明显感受到诗人的题材、内容及风格大异于内渡后的早期。以前的那种强烈的忧国忧民、悲凉慷慨的心境发生了一生微妙的变化，或者说是弱化了，诗人更多的是表现出对祖国山水的无比热爱和浓厚的兴趣。写山水成为诗人的最主要的题材。比如罗浮十日游，居然一气呵成几十首诗，游西湖居然一气呵成二十余首诗，表现出诗人对惠州山水的无比钟爱之情。更重要的是，早期那种"弃地原非策，呼天倘见哀"（《送颂臣之台湾八首》）、"安得巨刃摩天扬，手长鲸剸封狼"（《韩祠歌同夏季平作》）、"人间成败论英雄，野史荒唐恐未公"（《有书时事者为赘其卷首》）的悲愤、幻想、不甘遂被此时"我自来山中，小饮常陶然。仰观日月行，恍若羲农前"的山水陶醉及淡定恬适之情怀所代替。在美丽的山水之中他尽情地享受安恬与快乐，早期因国仇而导致的悲愤激昂此时已荡然无存。在诗人笔下，罗浮山简直就是圣洁之地，这里胡尘不到，欲耕有田："胡尘不到洞中天，蝶茧为衣酒有田。寻得名山解偕隐，葛家夫妇是神仙"（《罗浮寄内》）；这里丹灶仍在，药香仍在，可长寿可成仙："仙令丹成已上仙，山中丹灶尚依然"（《丹灶》）、"仙人洗药池，时闻药香发"（《洗药池》）；这里可看月，因为月比人间圆："仙山来作中秋节，月比人间分外圆"（《罗浮中秋》）；这里可以闻钟，可以品茶："满地绿云凉不动，雨花桥畔一声钟"（《华首台》），"满庭花影茶笙响，来品罗浮第一泉"（《宝积寺》）；这里简直就是世外桃源，可以闻牧笛，听书声，品桃花，看山瀑："牛背夕阳吹笛云，桃花红落晚霞天"（《罗浮山下人家》之四），"八九村童围一席，孝经教到庶人章"（《罗浮山下人家》之二），"罗浮泉石皆奇绝，到处看山瀑溅衣"（《罗浮异石怪瀑举目　即是不止一处也》）。罗浮甚至成了他的私家之物："罗浮久是吾家物，莫怪看山道气浓"（《罗浮五观皆龙门派戏成一绝》）。读这些诗，人们可以想见，此时的诗人心中尽是山水之乐，尘外之想，哪里还有乡国之愁与割地之恨的空间。诗人完全陶醉山水的快乐之中，他希望长留山中："一峰住十年，一笑吾事毕"（《游罗浮》之五），他甚至幻想化身花树，长护春天："但愿化身千万树，花开长布岭南春"（《稚川手植梅枯久矣拟就故处补植之》之二）。从这些诗中，我们可以看出诗人对自然之美的神往，看出诗人悠然恬适的心境，这也是他当时的真情表现，属于当时"吾之今"，不是诗人的故作恬适与悠然。因为诗人一直强调写诗须真，要写出真实感情，不要作伪。他曾经说过："诗无今古真为贵"（《寄答陈梦石即题其东溪吟草》）、"上天下地存真吾"（《二高行赠剑父奇峰兄弟》）。他在写给邱菽园的第四封书中也说："弟诗不可谓工，但不肯作假诗耳。公度谓弟诗在两当轩、师水斋之间，不敢谓然。……弟谓吾诗不诣大家、名家，但自成吾家耳。"① 诗人很谦逊，不争名家与大家，只求诗真，只求不作假，只求自成一家。情真正是丘逢甲感人之所在，也正是丘逢甲的"吾之真"。

很显然，丘逢甲的这些山水之作与内渡早期之作大相径庭。早期丘仓海虽然也写山水，但风格心境显然有别，从景色的设色而言更多是苍凉，从手法而言更多的是乡愁国恨之寓："五夜哀弦弹落叶，万山寒色赴斜阳"（《极目》）、"陶潜死后无知己，沦落天涯为怆神"（《野菊》）、"落叶人千里，寒芦雪满蓬。相看邃乖隔，归棹太忽忽"（《潮州喜晤温柳同年别后却寄》三首之二）、"丛菊空留他日泪，故园烽火未曾收"（《重阳前数日风雨忽集慨然有悲秋之意》）、"海上瀛洲已怕谭，浩然离思满天南"（《江秋意》）、"九秋急警传风鹤，万里愁痕过雪鸿"（《潮州舟次》）……家国之恨，飘泊之忧，故土之愁以及"一片雄心无处着"力的遗恨渗透于字里行间，用语激越雄直，风格沉郁苍雄，血性男儿的那种志报国仇的大气、英气以及报国无门的那种"激宕不平之气"在诗中随处可见。这其实也是诗人当时的"吾之真"。

同样都是真，但风格却如此截然不同，这表明诗人的心态发生了一些变化，心理进行了一些调适。对这种因心理调适而带来的诗风之不同，诗人自己也有清楚的认识，他曾在一首诗中说道：

> 十六年前莽少年，当时赤手欲回天。誓师雷雨穷荒外，开国河山落照边。往事已怜成过电，雄姿未称画凌烟。于今不作登坛梦，渔鼓声中号散仙。（《自题三十登坛照片》）

这首诗就写于惠州游之后重九之前，可以说是同时期的作品。诗中指出：自己少年莽勇，甚至于要赤手回天。这并非虚言，在内忧外患、列强欺凌中国的背景下，他忧忿万端，投身于护台保台的斗争中。当《马关条约》签订之后，他泣血上书，反对割台；继又组建义军，武装护台。他曾有诗对此有过回忆："拜将坛高卓义旗，五洲瞩目属雄师。当时力保危台意，只有军前壮

---

① 丘晨波主编：《丘逢甲文集》，花城出版社1994年版。

士知"(《有感书赠义军旧书记》)①。因孤立无援,抗倭失败而内渡,但仍一刻不忘台湾,他"有时酒酣耳热,与二三知己谈故国轶事,辄虬髯横张,怒发直竖,须眉嘘翕欲动,气忿涌而不可遏,识者莫不哀之"(江瑔《丘仓海传》)。②因此,诗中"回天""誓师""开国"云云是当时的真实愿望。但这些,如今都成已成"往事",已成"过电",多少人企图画图凌阁,自己也不例外,但也只能成虚。面对自己三十岁的登坛旧照不禁百感交集,哪里还有登坛之梦,只能听听渔鼓,作一散仙罢了。诗中可见,诗人不无失望之情,而正是这种失望,反而促使他坦然面对现实,促使他心理调适,因此,以往的那种强烈的忧国忧民、悲凉慷慨的心境此时让位于恬适悠闲的心境,山水之乐弥合了他心中因悲慨而造成的心理裂缝。

丘逢甲的心理调适与他晚年的生活经历有关。丘逢甲内渡回国后,报国之心不死,如他所说的"热血填胸郁不凉,骑麟报发走南荒。未酬戎马书生志,依旧吾庐榜自强"(《忆旧述今次韵答晓仓见赠十绝句》),"中兴由一旅,慎勿负心期"(《次韵答陶生》)。他继续寻找救国救民的真理,奔走呼号,然而,已趋腐朽无所作为的满清王朝一次次把他的中兴梦击得粉碎,艰难曲折的现实也在销蚀他的锐气。他定居原籍,来往于潮汕地区,主讲韩山书院,"课文外兼课科学"③,但因"当时风气未开,未免骇俗,每以此受当道忌"④。庚子秋又"不避时忌,倡办同文学堂于汕头"⑤,首开岭东新学,为培养人才殚精竭虑。在诗人看来,"中国危机日迫,非开民智养人才,莫能挽救"⑥,所以,后来,丘逢甲专注于振兴学务。他也赶上了一个短暂的好时期,因为随着1898年的戊戌变法之失败,中国革命风起云涌,1905年孙中山的同盟会在日本成立,1907年黄花岗起义,清廷迫于形势,于1906年9月宣布"预备立宪",并派人出访欧美考察西学教育。一直致力于教育救国的他也受到了政府任用,他先后担任两广学务公所议绅并兼广州府中学堂及两广方言学堂监督(1905)、广东省总教育会长(1906)。广东咨议局成立后,他被推举于议长,他首倡的"禁赌"议案,"卒达目的"。局势的发展焕发出诗人对民族未来前途的美好憧憬,使诗人跃跃欲试,试图一展身手。在此期间,他还"假

---

① 丘晨波主编:《丘逢甲文集》,花城出版社1994年版,第143页。
② 丘逢甲:《岭云海日楼诗钞》附录,上海古籍出版社2009年版,第428页。
③ 丘瑞甲:《先兄仓海行状》,丘逢甲《岭云海日楼诗钞》附录,上海古籍出版社2009年版,第418页。
④ 同上。
⑤ 同上。
⑥ 同上。

周旋之力"暗中保护归国志士，呵护新学，但由于"声望日重，忌者愈甚"①，受到了一些干扰。总之，这是一个短暂的顺利时期，短暂的顺利，只能给予他短暂的兴奋，道路的曲折与政治形势之凶险很快结束了他的兴奋，很快使他萌发了急流勇退、出世归田的思想。他由自信到失望，由失望到兴奋，由兴奋复归于冷静，他的情感一直在变化着，心理一直在调适着。最后，失望反而促使他对现实的坦然面对，短暂的兴奋也促使他在山水中找乐儿，正如他游完惠州之后回到广州时所写的："西风容易一年秋，老抱雄心尚壮游。休笑报书无别语，山中新种桔千头"（《重九日得诗五比京使馆中秋来诗次韵却寄》三首之三），他把早期山水诗中的苍凉悲慨置换成潇旷闲适。他虽然时时不忘台湾故里，但此时他心里也产生了"何处黄土不埋人"的坦然，如他游罗浮时所说的："人间任作衣冠冢，不碍骑龙自上天"（《有讥衣冠冢诗刻于石者戏为正之》）。这种心理的调适带来诗风之变化，让人感到"判若华夷"，也就不足奇怪了。

笔者在此再次提醒读者的是，这是心理调适，这是一种为了适应生存环境的无可奈何的调适，丘逢甲骨子里所具备的英雄基因一直存在，他对故土台湾的思念一直是念兹在兹，不可抹去的，虽然晚年的诗中表现有所减弱，悲怆被萧然所替代，但骨子中的故土之情一直未忘，他临终还嘱咐家人："葬须南向"，并且说："吾不忘台湾也"（江山渊《丘逢甲传》）②。悲怆一直潜藏在他的潜意识里，藏在他的骨髓里，他的英雄情结经常在他的诗中表露无遗，如："楼船横海苦无功，仓卒难乘破浪风。一笑归来春梦醒，江山如画老英雄"（《张琴柯以所摹其德万里图索题为赋四绝句这》之四）。他一直以英雄自居，失路英雄的悲怆自然不言而喻。因此，其晚年诗作也是一个失路英雄的心理调适之后的情感表达，是调适后之"今"与"真"。

（作者单位：惠州经济职业技术学院）

---

① 丘瑞甲：《先兄仓海行状》，丘逢甲《岭云海日楼诗钞》附录，上海古籍出版社2009年版，第418页。

② 丘逢甲：《岭云海日楼诗钞》附录，上海古籍出版社2009年版，第428页。

丘逢甲岭东时期诗与教的互动探究

姚则强

作为一介书生,在台也好内渡"归籍海阳"也罢,丘逢甲无不在寻求书生报国的最佳途径。所以,我们看到丘逢甲身份多样性背后的高度统一。既是诗人,又是新式教育家,还是爱国将士,多重的身份互动使得丘逢甲在中国近代民族革命与教育实践互动中具有重要的历史作用。伴随着中国由传统民族主义社会逐渐走向近代民主社会的转变,在很大程度上展开了近代中国教育思想的进步与开拓的可能。同时,在这种教育新思想的影响之下,丘逢甲的近代新学思想与他的文学艺术创作形式结合在一起,也从侧面体现出丘逢甲对中国近代诗歌不断进步的孜孜努力。可以说,丘逢甲一方面结合其自身的生活经历与思想视野,不断地尝试和探索近代中国教育的新模式;另一方面,在丘逢甲的教育实践过程中,其文化眼界与创作实践,也开拓了中国近代诗歌的新样式与新发展。

一 离散现代性的身份焦虑,在诗歌中安顿自己

正如高嘉谦在《时间与诗的流亡:乙未时期汉文学的离散现代性》一文中所描述的,清末民初恰是遭逢忧患世局,人口的大举迁徙与文人的移动,其实可以看作千年来文学体质与文学版图的重大转变。近代汉语文学的表述随着广泛的境外经验必然遭遇的异地、异族、异文化冲击,文人由外在因素影响(殖民、流亡、经商、出使,等等)而自主或被迫的迁徙中,体验的已是"现代"的氛围……就其现代性的冲击而言,近代汉文学具备了汉语的文学生产中别具现代意义的存在样态:飘零而自足,保守却求变。既以传统诗词寄寓家国胸怀,表征时事,却也相濡以沫已共享的传统教养所散发的光晕安顿己身,另谋出路……所谓离散,始于行旅却不止于行旅,而是迁徙中游

移的主体意识及认同。①

在甲午中日战争后,"自强求富"的洋务运动宣告破产,帝国主义掀起了瓜分中国的狂潮,民族危机加剧。然而,大时代背景下的个人困境和焦虑,则显得更加具体和沉重。在台举事失败后,丘逢甲内渡来到岭东。一方面壮志未酬,另一方面离家背井,丘逢甲有深刻的英雄末路的心绪,在这时期的诗歌创作中俯拾皆是。"丈夫生当为祖豫州,渡江誓报祖国雠,中原不使群胡留。""儒书无能解国忧,仡仡食古心不休。"②(《东山酒楼放歌》)诗人的抱负和气概是不容置疑的,只是末路之中一时化为慨然长叹罢了。但丘逢甲在后来的新学教育实践中,却很好地诠释了他教育救国的理想。

居潮初期,丘逢甲并没有很快地融入当地的生活,而是经过一段时间的沉淀及与地方名流的唱和,逐渐认清自己并融入当地生活,进而"重操旧业"回到讲席。待到后来为金山书院撰写对联,这种英雄末路的感觉仍然浓厚。"凭栏望,韩夫子祠,如此江山,争让昔贤留姓氏;把酒吊,马将军墓,奈何天地,竟将残局付英雄。"③诗人的审美焦虑,与当时中国的时局密切相关,也不自觉中透露着自身客居异乡的愁闷。"九秋急警传风鹤,万里愁痕过雪鸿。独倚柁楼无限恨,故山回首乱云中。"④(《潮州舟次》)在这个客居他乡的末路英雄看来,那些个前仇旧恨并没有烟消云散,倒是由于时空的错位,遗世独立的诗人反而能看清自己在芜杂现实中的位置。陈平原认为,"居潮期间,丘逢甲在诗文中一再吟颂的,一是韩愈,一是文天祥。不只因为历代来潮人中,这二位的声名最为显赫。丘氏的选择,其实隐含着一种自我人格塑造"⑤。所以,居潮时期的丘逢甲事实上也是在休整自己、韬光养晦。从他积极参与"诗界革命"和新学运动能看出,他事实上也从来没有放弃为家国救亡图存的念想。

作为"诗界革命"的一面旗帜,也作为新派诗人的代表,丘逢甲的诗中多引新名词,科学理念,传播西方的自然科学知识。诸如叙写"月轮""地球""地球绕日""西半球"等科学知识,并非新名词与新知识的简单堆砌,而是诗人对宇宙空间的新探索,旨在传播新颖观点,力图改变陈腐观念。另外,"兴学校,废科举"的教育制度改革观念也在丘逢甲的诗歌中有所体现,要维新,批

---

① 详见王德威、季进主编《文学行旅与世界想象》,江苏教育出版社2007年版,第4—5页。
② 广东丘逢甲研究会编:《丘逢甲集》,岳麓书社2001年版,第386页。
③ 同上书,第689页。
④ 同上书,第47页。
⑤ 陈平原:《乡土情怀与民间意识——丘逢甲在晚清思想文化史上的意义》,原刊《潮学研究》第8辑,花城出版社2000年版。

判科举,设立经济特科等。为了普及教育,丘逢甲在诗歌艺术风格形式上也加以创新:相应黄遵宪的"我手写我口","以文为诗",用民歌等通俗的语言,客观上使得新学思想得到更好的普及和宣传。

二 救亡图存的士人情怀,在新学教育中唤起民智

几乎所有的改革和革命的前奏,都是做好舆论导向和宣传,到晚清以降便深刻的体现为媒体报刊与文学作品的共谋,其中不乏思虑精微的策略和谋划。其时,康有为、梁启超等维新派掀起了一场新的政治制度的改革,同时也发起了冲击旧教育制度的改革——新学教育,鼓吹教育革新思想和培养维新人才。为配合政治运动所酝酿的文学革新——"诗界革命"也应运而生。康、梁作为维新派的领军人物,作为倡导维新的思想家和政治家,他们也是不遗余力地推进"文界革命""诗界革命",因为"诗界革命"本身就是维新派在诗歌领域革新的尝试。

相对历代移民形态,值此世纪与新旧交替的晚清遗民,虽然重复了传统的结社唱和,却开展了焦虑的救国抱负。特殊的"现代"处境(新兴异国势力、文明与技术)有效地将乡愁及黍离之悲转化为介入时代的契机。流动本身可以调度流亡光环,另辟事业战场。无论是政治意义的保皇,还是文教理想的保教保种,政治或文化遗民都是一体两面。文学的实践意义,着眼的应是资源挪移,那移植往外的现场,是另一个文化想象与政治舞台。[①] 丘逢甲早年就具有"维新之志",对新式教育高度关注,认同康有为的教育救国理念"才智之民多则国强,才智之士少则国弱""今天下治之不举,由教学之不修也",并与维新志士多有交往,政治倾向一致,重视教育改革的政治效用与社会功能。丘逢甲明白新学教育的目的在于"开民智"——支持维新,批判清政府的腐朽。其诗作如《感事》《哭李芷汀》《海中观日出歌》,"完全主权不曾失,诗世界里先维新"[②],只有维新,重视教育,才能达到培育新民,改造社会的作用。

新式教育的学堂摒弃了"试帖等无用之学",以科学新知教授学生。丘逢甲的很多诗歌中,都可以看到新观念与现代文明的影子,他将诗作的创作变为求知的途径。在《星洲赠姜君西行》《题骆宾王集》《和独立山人论诗韵》《题无惧

[①] 详见高嘉谦《时间与诗的流亡:乙未时期汉文学的离散现代性》,王德威、季进主编《文学行旅与世界想象》,江苏教育出版社2007年版,第8页。

[②] 广东丘逢甲研究会编:《丘逢甲集》,岳麓书社2001年版,第387页。

居士独立图》。例如,在《题无惧居士独立图》中:"黄人尚未合群里,诗界差存自主权"①,他认为,亚洲人在团结性上,是着实比不上西方人的,与世界潮流相脱节,正因为中国一直都是如此,才落得这样的下场。在政治上,我国一直固守传统,不仅丧失了国格,还失去了尊严,让大家无能为力,丘逢甲也正是借此来宣传"诗界革命"的意义。

纵观"诗界革命"与"新学教育"的渊源,"诗界革命"的兴起是康、梁等人"颇捋扯新名词以表自异"的"新学之诗"的尝试与推进,"新学诗"传播了新学,而新学思想也促进了诗歌的改革。流亡者的空间,其实相对亡国之悲的封闭心情,其相互牵引的网络则是开放的。丘逢甲流亡期间交游的粤东诗人群,兴学办校其实展开了其自身更大的活动能量。② 丘逢甲的"新派诗"则达到了"诗界革命"的发展与高潮期的创作顶点,在《清议报》《新民丛报》上多有刊登,广为流传。阅读新诗成为吸收新学知识的重要途径,新学教育也在当时产生巨大的影响。没有新学思想,丘逢甲不可能成为"诗界革命"的风云人物;没有新派诗,丘逢甲的新学教育思想也不可能产生那么大的影响,成为广东新学教育的风云人物。

三 器道互动之间,实现自我的生命价值

中国传统士人大都有经世致用的入世观念,器道之间,"器"即为"用","道"则类"体",体用之间,"道"则更趋向为"无用之用"。从晚清魏源提出"师夷长技以制夷"开始,"西学为用,中学为体"便流传开来,或说是"西器中道"也逻辑相当。然而,传统士人的入世观念是"学而优则仕",只是晚近出现的知识分子才有更多的民间岗位意识。在一个具体的岗位上去实现自己的生命价值,乃至报效家国,这大概是现代意识的产物。

陈平原认为,丘逢甲本质上是个"书生","书生报国,并非特有政治抱负及军事谋略,只是不忍见山河破碎,方才挺身而出"③。从一介书生的角度看,丘逢甲也许真的就抱定"教育救国"的理想在努力,这当中也包括其诗歌创作。

---

① 广东丘逢甲研究会编:《丘逢甲集》,岳麓书社2001年版,第387页。
② 详见高嘉谦《时间与诗的流亡:乙未时期汉文学的离散现代性》,王德威、季进主编《文学行旅与世界想象》,江苏教育出版社2007年版,第11页。
③ 陈平原:《乡土情怀与民间意识——丘逢甲在晚清思想文化史上的意义》,原刊《潮学研究》第8辑,花城出版社2000年版。

所以他才能真正"绝意仕进",正如丘琮在《怙怀录》中说丘逢甲,"曾叠受保举及招聘,多不就。以清末朝廷昏聩,仕途污浊,政不易为,不若居乡奉亲,专意养士讲学,或为民间仗义兴革,反有意义也"①。

事实上,新学教育的职业活动对丘逢甲诗歌创作产生了巨大的影响。一方面,由于丘逢甲并不像其他新学倡导者,多有海外旅居背景,所以他要通过多种途径学习这些新学思想。这在不自觉间影响并带进了其诗歌创作。另一方面,丘逢甲为更好地实现自己的抱负和价值,在新学报刊上发表大量诗作,而这些诗作要发表出来,很大程度上要符合新学报刊的要求才能发表。可见,丘逢甲的诗歌改革以及新学教育思想的转变与发展几乎贯穿他的一生,而在其内渡居潮之后的一段时期内集中凝聚体现出来。丘逢甲居潮期间先后任韩山书院、东山书院以及景韩书院的主讲,在其日常教学过程中,丘逢甲将一腔爱国的激情与热情倾洒于对新式教育的探索与研究之中。同时,也在探索与尝试新式教育,新式学堂的教学模式实践中,不断丰富着自身对诗歌艺术的创新创作与发展开拓。

1900年,丘逢甲被当地政府派任"为粤政府派往南洋调查侨民兼事联络"远渡南洋的丘逢甲感受到了海外华人的支持与更为开放包容的思想,这些都使得丘逢甲更加坚定自身的教育理念与新学思想。此时的中外思想交流与碰撞也为丘逢甲的诗歌创作提供了思索感悟的众多素材,如他的诗作《诗钞·选外集》:"乘风径欲跨南溟,游客征轮此暂停。鮀浦潮来天漠漠,鸥汀帆去雨冥冥。万方待见黄人日,五纬交连赤道星。莫笑临岐歌慷慨,沧州目极海云青。"② 这些诗歌中字句可见丘逢甲的真情意切,感慨之深。在进一步开阔视野,且得到了海外华人的支持下,丘逢甲归国后更坚定了大力推行新式教育的思想,积极创建新式学堂,培育适应时代潮流发展的新型人才。从很大程度上而言,丘逢甲的诗人身份与教育家的身份正是在这样的不断实践与探索的过程中实现着彼此互动的印迹的。

四 开拓新健境界:诗与教的新境界

丘逢甲新派诗所呈现的新思想,付诸其岭东时期丰富的诗歌创作和新学教

---

① 丘逢甲:《岭云海日楼诗抄》,安徽人民出版社1984年版,第506页。
② 广东丘逢甲研究会编:《丘逢甲集》,岳麓书社2001年版,第8页。

育实践。"新境界"是"诗界革命"的关键词之一，也是丘逢甲对"诗界革命"的突出贡献。这里主要探讨丘逢甲如何以"新派诗"的形式和方法，以"新思想"的内容和气韵达成梁启超、黄遵宪等人所谓的"新境界"。正如丘逢甲的君子自道"直开前古不到境，笔力纵横东西球"①（《岭云海日楼诗钞·说剑堂集题词为独立山人作》）。

柳亚子曾称赞："时流竞说黄公度，英气终输仓海君。战血台澎心未死，寒笳残角海东云。"② 梁启超曾评价："若以诗人之诗论，则丘仓海（逢甲）亦天下之健者矣。"③ 从丘逢甲"新派诗"可以看出"世界大同""觉民启智""科学尚新""自由民权""妇女解放"等方面较为突出的新思想。在这些新思想中主要成就了丘逢甲"新"和"健"的两种新境界。"新"更多的基于其突破传统旧思想的藩篱，学习和引进西学、科学的观念和思想，这些几乎都是区别于旧思想的"新知"，而导向的正是丘逢甲在诗歌中多用新词汇、新语句、俗语化、口语化等的新派诗倾向，导向其新学教育实践中提倡废除科举，新设化学、生理卫生、算学以及体、美、劳等新课程。而"健"方面，更多体现在其新思想中突破旧统治的反抗精神，特别具有政治的雄伟韬略，此在其"新派诗"中多呈现为沉郁雄健、真挚豪迈的风格和境界，体现在其新学教育实践中不畏旧势力，努力探索发展符合社会要求的健康的新学教育，更体现其笃信执着的担当意识和忧国忧民的时代使命感。

丘逢甲的时代是"睁眼看世界"的时代，其"新派诗"的创作开拓诗歌创作新境界。他在勇于开拓新题材、新境界的同时，并不滥用新词。丘逢甲岭东时期的新派诗作吸取了反映新思想、新知识的新词语和新事物，如民主、民权、地球、火车、电轮等。诗人在《七洲洋看月放歌》中写道："月轮天有居人在，中间亦有光明海。不知今宵可有南去乘舟人，遥望地球发光彩。地球绕日日一周，日光出地月所收。此时月光照不到，尚有大地西半球。"④ 作者充满激情幻想，想象月宫"有居人在"，叙写"地球绕日日一周"等科学知识，应当是诗人接受了哥白尼"日心说"等科学理论。

在《论诗次铁卢韵》中，丘逢甲显示了十足的自信："新筑诗中大舞台，侏儒几辈剧堪哀。即今开幕推神手，要选人天绝代才……四海都知有蛰庵，重

---

① 广东丘逢甲研究会编：《丘逢甲集》，岳麓书社2001年版，第300页。
② 参见柳亚子《论诗六绝句》，见《柳亚子选集》，人民文学出版社1989年版，第716页。
③ 参见梁启超《饮冰室诗话》，人民文学出版社1959年版，第30页。
④ 广东丘逢甲研究会编：《丘逢甲集》，岳麓书社2001年版，第458页。

开诗史作雄谈。大禽大兽今何世？极目全球战正酣。"①

在《饮冰室诗话》中，梁启超这样论述当时的"诗界革命"代表人物："吾尝推公度、穗卿、观云为近世诗家三杰，此言其理想之深邃闳远也。若以诗人之诗论，则邱仓海其亦天下健者矣。"他说："尝记其《己亥秋感八首》之一云：'遗偈争谈黄蘖禅，荒唐说饼更青田。戴鳌岂应迁都兆？逐鹿休讹厄运年。心痛上阳真画地，眼惊太白果经天。只愁谶纬非虚语，落日西风意悯然。'盖以民间流行最俗最不经之语入诗，而能雅驯温厚乃尔，得不谓诗界革命一钜子耶？"② 正如江山渊所说："诗本其夙昔所长，数十年来覆颠顿于人事世故家国沧桑之余，皆足以锻炼而淬砺之。其所为诗尽苍凉慷慨，有渔阳三挝之声，如飞兔骙骙绝足奔放，平日执干戈、卫社稷之气概，皆腾跃纸上。"③

在新学教育实践上，为了觉民启智，进而树人立国，丘逢甲从台湾时期就决意投入新学教育实践，内渡后更在岭东寻找到新学教育的同路人，不断突破旧传统和旧体制的制约，为岭东新学注入新的思想动力。④ 因为旧势力的干扰，也使得丘逢甲的新学教育实践更多呈现了对旧体制的反抗性。陈平原在《乡土情怀与民间意识——丘逢甲在晚清思想文化史上的意义》中阐释丘逢甲"落籍海阳"体现的认同危机及"辞官办学"隐含的改革思路，兼论其诗歌创作与教育实践，突出其"乡土情怀"与"民间意识"在晚清思想文化史上的意义。陈平原认为，办学与吟诗，本是丘氏两大嗜好，贯穿其一生。但相对而言，潮嘉时期（1895—1906）的诗风慷慨苍凉，无愧梁启超"诗界革命一巨子"的期许；办学则追求独立自主，超越时贤兴起人才的思考。⑤

丘逢甲在其新学教育实践中正表达了与其"新派诗"同样的坚毅雄健的精神气质，在几乎万劫不复的现实困境中步履维艰，然而毫无难色、艰苦卓绝。让人不禁想到屈原在《离骚》中写到的，"长太息以掩涕兮，哀民生之多艰……亦余心之所善兮，虽九死其犹未悔"。

（作者单位：韩山师范学院诗歌创研中心）

---

① 广东丘逢甲研究会编：《丘逢甲集》，岳麓书社2001年版，第520页。
② 丘逢甲：《岭云海日楼诗抄》，安徽人民出版社1984年版，第30页。
③ 陈平原：《乡土情怀与民间意识——丘逢甲在晚清思想文化史上的意义》，原刊《潮学研究》第8辑，花城出版社2000年版，第466页。
④ 详见徐博东、黄志平《丘逢甲传》第一章第三节"联捷进士，服务桑梓"、第三章"锐意新学，培育英才"相关论述，九州出版社2011年版。
⑤ 陈平原：《乡土情怀与民间意识——丘逢甲在晚清思想文化史上的意义》，原刊《潮学研究》第8辑，花城出版社2000年版。

诗学记忆：近代台湾诗学的梦蝶园书写*

殷学国　侯　艳

作为与"觉"相对的生命存在形态，梦，因不确知而被赋予神奇迷魅的色彩和意味。对梦的描述、把握和运用，形成内涵丰富、歧异的梦文化。关于各种形态的梦文化的历史言说形成绳绳相续的梦意象序列和传统。在中国传统经典中，"庄周梦蝶"可谓是最富有诗意和哲理的梦话语和梦意象。关于"梦蝶"意象的诗学言说，一方面形成了"庄学"思想史的另类形态和线索，另一方面在接续思想原典的同时丰富了意象蕴涵。在持续的接受和言说历程中，作为语符的"梦蝶"，由诗学意象升格为艺术主题，又变身为生活的象征。"梦蝶园"即为此类生活象征的个例。对"梦蝶园"的诗学书写是近代台湾诗人表达民族情感和政治怀抱的诗学凭借之一，也是参解台湾诗人中华文化心结的一把钥匙。

一　史述与史咏

以"梦蝶"名地理地址者，有"梦蝶坊""梦蝶巷"之谓；以之名居所者，有"梦蝶亭""梦蝶园"之称。"梦蝶坊"与"梦蝶巷"位于濠州，皆因攀附庄周而赋名。祝穆《方舆胜览》卷四十八"濠州"目曰：

　　古迹：梦蝶坊，在开元寺之西。《庄子》云："周梦为蝴蝶，栩栩然蝴蝶也。俄然觉，则蘧蘧然周也。不知周之梦为蝴蝶欤？蝴蝶梦为周欤？"李

---

* [基金项目] 教育部人文社科重大项目"守正以创造：古今中西之争与后五四时代建设性的中国文论研究"（16JJD750016），教育部人文社科西部项目"地域、空间与审美——唐宋诗歌岭南意象的人文地理学研究"（13XJA751001），广西高等学校优秀中青年骨干教师培养工程（第二期）资助项目[桂教人（2014）39号]阶段性成果。

贤等撰《明一统志》卷七："梦蝶巷在旧城梦蝶坊。莊周云：'周梦为蝴蝶，栩栩然蝴蝶也。俄然觉，则蘧蘧然周也。不知周之梦为蝴蝶与？蝴蝶梦为周与？'后人因名其地为梦蝶巷云。"①

而"梦蝶亭"建于福州城位于花木园地中心，盖取花蝶关系而赋名。梁克家撰《淳熙三山志》卷七"府治"下"甘棠院"条转载福州刺史钱昱笔记曰：

予自下车数月。适因巡城，观隙地高下景趣，俯迩郡斋。乃命芟去荒芜，开辟基址。至是，车书既同，戈甲皆罢。乃卜筑：处花心者曰梦蝶亭，瞰水际者曰枕流亭，迎爽气者曰临风亭，眺夕照者曰绮霞亭檐。②

与上述三者不同，"梦蝶园"得名非关地理因素，系取"梦蝶"典故以喻志。就梦象的寓意而言，"梦龙为天子，梦蝶为隐士"③。"梦蝶园"的前身，为明遗民李茂春所筑草庐。《大清一统志》载曰："梦蝶园，在台湾县城内。明季，李茂春遁迹至台，构亭永康里，因以名园"④，仅述史地人物因素，无关寓指。细绎志文，"构亭"与"名园"间语句疏略，不应直接关联。关于李茂春事迹的载记，《台湾府志》与《凤山县志》文字近似，均言其"构禅亭，名曰'梦蝶处'，日与住僧礼诵经文"。"梦蝶"与"礼佛"相关，盖强调其遗世出尘之思。明季诸生郑达所辑的《野史无文》取明郑谋臣陈永华《梦蝶园记》意旨，谓："茂春于安平相其地，得山水之胜，筑室结茅斋，前凭清流，旁植修竹，兀坐檐间，诵读离骚。朗诵已，则岸帻跣足，寻胜而往。曰：'吾于此皆梦境也！'名其斋以'梦蝶斋'。"⑤"梦蝶"与"茅斋""离骚""梦境"关联，强调其隐士身份和故国忧思。连横《台湾诗乘》和《台湾通史》中的相关载记，兼摄《野史无文》与《梦蝶园记》文意，云："李茂春字正青，福建龙溪人。隆武二年举孝廉。性恬淡，风神整秀，善属文。时往来厦门，与诸名士游。永历十八年春，嗣王经将入台，邀避乱缙绅东渡，茂春从之。卜居永康里，筑草庐曰'梦蝶'，咨议参军陈永华为记。手植梅竹，日诵佛经自娱，人称'李菩萨'"⑥，将"梦蝶"与"明郑诸人"及"缙绅东渡"的文字相属，突出其遗民身份和身

---

① （宋）祝穆：《方舆胜览》宋刻本，卷四八。
② （宋）梁克家：《淳熙三山志》，文渊阁《四库全书》本。
③ （清）张尚瑗：《左传折诸·哀公》，文渊阁《四库全书》本，卷二十八。
④ （清）和绅：《钦定大清一统志》，文渊阁《四库全书》本，卷三三五。
⑤ （清）郑达：《野史无文》，中华书局1960年版，卷十二。
⑥ （清）连横：《台湾通史·列传·诸老列传》，台湾通史社藏版，卷二十九。

世飘零意味。

上述诸家史述，"梦蝶园"实指为一，而其意指因述史者心区怀抱不同而有异。清人地志出于四海一家、天下一统的政权需要，淡化其愤世之慨而突出其出世之念；明诸生郑达身际明清易代不忘故国，突出其明社覆亡的忧愤；连雅堂先生心系为日人殖民的台湾，强调其遗民气节和不合作姿态，而遮蔽其对郑氏经略台湾的不满。意指的歧互看似有悖于真确不移的史学追求，实则有助于深化对史述事实复杂化的认知。

梦蝶园涉及台湾历史上的一些具体的人、事、物，对梦蝶园的诗学书写，势必涉及对历史事实的处理，诗学的处理与史学的处理存在着追求目标和手段上的差异，这种差异可以概括为史述与史咏之别。从史学到文学，从对事实的描述到对事物的咏写，咏史之作中意指的丰富变化更有甚于史述之作，从而赋予"梦蝶园"意象以丰厚的历史文化意蕴。诗人对于梦蝶园的书写，涉及诗人对于有关梦蝶园的历史事实的认知、理解和评价。关于梦蝶园的诗学书写，根据诗人意指不同可归为吊古与怀古两种类型。以今观古，不管是吊古还是怀古，核心问题是，梦蝶园被寄予何种价值，这种价值的文明向度如何？

二　吊古与怀古

梦蝶园的后身为法华寺。① 李茂春去世后，僧友将其故居改建为"准提庵"，供奉准提菩萨，后遭毁弃。② 清康熙二十三年（1684），即李茂春逝后八年，知府蒋毓英于梦蝶园旧址筹资建寺，改名"法华寺"。"康熙四十七年（1708），凤山知县宋永清建前殿一座，祀火神；置钟、鼓二楼。前后旷地，遍莳花果。起茅亭于鼓楼之后，颜曰'息机'；退食之暇，时憩焉者。"③ 对梦蝶园的题咏，由清初至近代，蔚为大观，成为蝴蝶梦象的重要诗学主题之一。

疏林一碧映清渠，物外翛然水竹居。指点昔年寻梦处，秋风蝴蝶自蘧蘧。（张湄《梦蝶园》）

---

① 董天工编《台海建闻录》卷一"建制"条曰："梦蝶园在郡小南门外，漳人李茂春遁迹来台，构茅亭以名，今为法华寺。"
②《台湾府志》卷九："先是，漳人李茂春寓此，筑茅斋以寄放浪之情；扁曰：'梦蝶'。后易以陶瓦，清流修筑，日增胜概，改为准提庵。"
③ 范咸：《重修台湾府志》，《台湾文献丛刊》（第一〇五种），台湾银行经济研究室编1958年版，第545页。

竟成禅室新迦叶，无复名园旧主人。漫说当年迷蝶梦，而今谁是独醒身。（六十七《梦蝶园》）

爱此泉林好，来游李氏园。沿溪花覆地，绕径竹成垣。蝶梦空今古，经声几寂喧。酒阑酣索句，绝胜入桃源。（王之科《梦蝶园》）

旧时书舍几经迁，翠柏修篁引客怜。人去蝶回浑是梦，僧归花落已多年。茶厨不认辞烟鹤，竹径犹存映月川。一片红尘何处洗？南华此日有新篇。（黄元弼《梦蝶园》）

以上四首诗，仅属于一般游园览胜之作，诗作重心在游"园"之景，取梦蝶典故做字面点窜。其中，六十七之诗，大有鸠占鹊巢之得意。

如果说史述以呈现客观的历史事实为追求的话，那么，史咏则旨在表达主体对于历史事实的情感态度和识见判断。就情感态度的性质而言，咏史有"怀古"和"吊古"之别。前者表达对历史人物和事件的思慕之情，后者抒发对其哀婉之感。诗人的识见往往体现于对历史事实的述说角度，而其判断往往隐藏于对历史事实的情感态度中。若史识和评价凸显于史述和史咏之外，姑且谓之为"论古"，从而与"怀古"和"吊古"形成三分之势。然论古之作，多同策论，殊乏诗味。宋诗中不乏论古杰作，但近代少见佳构。下述三诗，不妨谓为吊古之作。

坏瓦颓垣夕照昏，偶随蝴蝶过荒园。东风草绿城南路，剪纸难招处士魂。（林朝崧《梦蝶园》）

门迎魁斗美人乡，寂寞园亭冷夕阳。一枕陶然谁唤觉，蘧蘧为蝶忽为庄。①（唐赞衮《梦蝶园》其一）

残碑鬼物护山河，中有高人隐薜萝。化蝶寻秋香入梦，感时花溅泪痕多。（唐赞衮《梦蝶园》其二）。

上述三诗以历史遗迹，如"坏瓦颓垣""荒园""寂寞园亭"和"残碑"等，为凭吊现场，想见梦蝶园主人的当年情事，投注诗人吊古伤今之怀和对李茂春立身行事的评价：一者视梦蝶园主人为哀郢怀沙之屈子，二者视其为自晦

---

① 诗序云："有李正青者，当明季之遭迍，念时艰而高蹈；离漳郡之家山，依台疆之洞壑。门迎魁斗之山，径绕竹溪之寺。游尘嚣于海国，绝中朝蝶使之来；留胜蹠于芳园，等海外蜉蝣之梦。化庄周之蝶，韵事犹存；卧诸葛之龙，高风已邈。法华寺里，溯郑王辟土之年；永康里中，留陈子铭碑之句。嗟乎！日月如梭，沧桑几度；荣枯靡常，古今同慨！始知天地一梦区也、功名一梦况也。临风凭吊，抚景徘徊；会其意旨，发为歌什。"

自适之五柳,三者比为忧国忧民之杜陵。

如果说吊古之作突出历史现场的当下感,那么,怀古之作则多以对历史人物的价值认同为基调。以下诸作,借对梦蝶园的书写,想见园主之为人,追摹其心迹。

> 梦蝶人何在,空余此地名。只今芳草绿,千载有余清。(陈宗达《梦蝶园怀李正青先生》其一)
> 辞荣趋散地,不谓隐慈云。梦思随今古,山僧独闭门。(陈宗达《梦蝶园怀李正青先生》其二)
> 蝶梦芳心处士知,春风归去几多时。游人记得当年事,半月楼前一酒旗。(章甫《梦蝶园怀古》其一)
> 物化虚空万象悬,薆薆栩栩散云烟。满园都是华胥界,何处香魂觅醉眠。(章甫《梦蝶园怀古》其二)
> 喃喃口诵波罗蜜,遁迹东来毗舍耶。名士晚年多好佛,古梅无主自开花。荒园蝶梦犹留址,瘴海龙潜未有家。二百余年香火地,孤松苍郁有栖鸦。(许南英《梦蝶园怀李茂春先生》)

上述前四首诗中,第一、二首借咏物以怀人,感叹人去物非;第三、四首怀古叹逝,感慨时间无情,境界变幻不居。尤其值得一提的是第五首诗,诗中"毗舍耶"一词两指:或谓东南岛夷居所,或谓佛教语汇"最胜顶"。是语双关李茂春晚年东渡礼佛之事,于怀人中肯定超越于具体存在之上的文化价值。

相较于上述吊古和怀古之作的悬想与追摹,清唐景崧与丘逢甲关于梦蝶园题材的写作更富切肤之痛和当身之验。

> 劫运河山毕凤阳,朱家一梦醒蒙庄。孝廉涕泪园林冷,经卷生涯海国荒。残粉近邻妃子墓,化身犹傍法王堂。谁从穷岛寻仙蜕,赤嵌城南吊佛场。(唐景崧《梦蝶园限东真阳韵》)
> 二百年前老道人,曾从此地托闲身。草鸡已叹雄图改,花蝶犹寻旧院春。心事自同黄檗苦,遗民犹见白衣新。如何栗主无人祀,有客伤心荐藻苹。(丘逢甲《梦蝶园》)

从受制于荷兰到恢复于明郑,从统一于大清到陷于东瀛,孤悬于海外的台湾数次沦于异族之手。明末,郑成功抗击异族入侵台湾,与清季唐景崧、丘逢甲保台首义,虽然时世和结局不同,但情形类似。与前述诸诗怀人吊古的轻描淡写相较，唐景崧和丘逢甲二作，极尽悲痛之语：所谓"劫运河山""朱家一梦"双关朱明和台湾，所谓"心事""遗民"兼指对象与自身，充分表达了二人山河易主、劫灰沧桑的悲慨。

三 题材与象征

作为法华寺的前生，梦蝶园虽遭毁弃而不复存在，但名称依然留存人口。对"梦蝶园"的咏写多见出现在毁弃之后，然诗人惯以"梦蝶园"名题，可见文化心理的影响远远超过实物的有限存在。

  桄榔围古寺，故境野情迷。绕槛寒流细，排云碧笋齐。尘清花弄色，市远鸟闲啼。曾作诗中画，山僧问旧题。（孙元衡《重集梦蝶草亭》）
  绿野轩车得偶停，沧溟踪迹几浮萍。香飘古寺昙花见，秋到闲园蝶梦醒。自有醉翁能载酒，不妨喜雨更名亭。应芟恶竹斜添槛，收取冈山百丈青。（孙元衡《法华寺左新构草亭落成》）
  野寺钟初起，香台竹半遮。……老僧谈妙谛，古佛坐莲花。何处寻梦蝶①，还来问法华。楼高云未散，山静日将斜。园木生佳果，斋厨煮素茶。徘徊怜景色，归路绕烟霞。（王名标《法华寺》）
  避炎无计作逃奔，日日邀人款寺门。世事竟须从佛化，古人幸得到今论。断虹残雨南湖院，粥鼓茶香梦蝶园。赖有郑虔歌当泣，灯前霁月上修垣。（谢金銮《郑六亭先生同游法华寺》）
  乌鹊飞飞过寺门，数声钟磬又黄昏。茶烟禅榻都零落，谁识当年梦蝶园？（陈肇兴《春日重游法华寺》其二）

第一首诗中的梦蝶草亭，即第二首诗中所谓"法华寺左新构"之"草亭"。虽然在物质形态上梦蝶园为法华寺所取代，但梦蝶园却取得了法华寺旁草亭的命名权。上述第二、三、四、五首诗中，诗人在对法华寺的题咏中不能不提到梦蝶园，表达有形者易毁而价值不灭的信念，而语词名物的固定称谓则是这种信念传递的重要凭借。古人详辩名义，且谓"惟名与器，不假于人"，概有见于语词称谓背后的价值寄托和心理意向。

除题咏梦蝶园和法华寺的诗作外，咏写台湾风物和南明遗迹的诗作，也都

---

① 诗人注云："旧名梦蝶园。"

提及梦蝶园,足见梦蝶园在台湾近代诗学书写中的价值和地位。

  岩穴曾栖宋客星,胜朝事势等零丁。骑鲸人去天难问,梦蝶园荒酒易醒;满树花开三友白,孤坟草为五妃青;哀蝉似诉王孙恨,暮雨萧萧不忍听。(马清枢《台阳杂兴》其一十五)

  梦蝶园荒野菊开,轻鞋踏遍碎苍苔。登高都向南关去,帽插山花暮始回。(李如员《台城竹枝词》其三)

  高士心栖不二门,兴亡坐阅似晨昏。坛南数亩闲花竹,道是当年梦蝶园。(朱仕玠《尸位学署岑寂无聊,泛泛随流,迹近渔父。每有闻见辄宣讴咏,因名瀛涯渔唱》其六十九)

  关门非雁塞,沙碛似龙堆。甲壤田畴辟,针盘市舶来。云容晴后满,山黛雨中开。梦蝶无寻处,名园付劫灰。(孙尔准《台阳杂咏》其一)

  珊瑚十里绿云屯,毗舍城南梦蝶园。日日花开春不老,华严东港好乾坤。(蔡碧吟《台阳竹枝词》其一)

在有关台湾杂兴、台湾竹枝词和台湾风物的题咏中,梦蝶园成为不可缺少的题材。不过这类作品迹近山歌民谣,以通俗易懂见长,殊乏深沉蕴藉。

  下拜宁妃冢,闲游处士园。沿溪寻古寺,拂席布清尊。海外无名迹,空中有色根。桂山山下路,新月已黄昏。(许南英《与陈子模、傅采若、张恺臣游梦蝶园,拜五妃墓;饮于竹溪寺,女校书四人与焉》)①

  已从金厦据双门,还要骑鲸到七鲲。能使红毛归故物,敢将赤手抗中原。英风飒爽飞鸾岛,旧雨凄凉梦蝶园。三百年来明养士,如君才算报君恩。(郑鹏云《吊郑成功》)

  天意从难一旅兴,鲲鲟无复海波腾。参军梦蝶名园在,也有诗人杜少陵。(蔡国琳《延平王祠题壁》其四)

因园主人的遗老身份,梦蝶园得以和五妃墓、郑成功祠相提并论。作为梦蝶园主人,在文学的世界中,以一介处士置身皇亲国戚之间,获得与皇室和王侯对等的价值。

  梦蝶园边一抔土,残碑斑驳勒石虎。墓中虎骨化灰尘,头衔独以闲散

---

① 诗人注云:"明宁靖王术桂浮海依郑氏,王师克台,王殉国难,五妃从焉。"

取。不知年代何许人，是清是明难判剖。台湾自鼎革而还，郑氏开荒为初祖。其时亦有济时贤，文武衣冠难仆数。王辜卢沈张郁俞，① 刺桐花下诗坛聚。正青先生别一流，好佛自作蝶园主。之数人者我俱知，理乱不闻谢簪组。吁嗟乎，生才乱世总不祥，不如闲散之为愈。斯人不闻与虎群，虎亦不与斯人伍。剩水残山一虎坟，春草秋花荐牧竖。短歌当虎墓志铭，呜乎石虎足千古。（许南英《闲散石虎墓》）

草长鹃啼事渺茫，残山剩水更悲伤。姓名未入遗民传，碑碣空留古寺旁。梦蝶客归园月冷，骑鲸人去海波荒。南无树下优昙畔，寸土犹能发异香。（连横《法华寺畔有闲散石虎之墓，余以为明之遗民也；将遭毁掘，乃为移葬梦蝶园中。为文祭之，复系一诗》）

石虎墓因傍于梦蝶园，而被赋予特殊价值。许南英先生以诗的形式进行考据推论，虽然不敢肯定其为明遗民，但唯恐有所遗漏而不敢轻慢，遂郑重歌咏。连横先生许之为明遗民，移葬梦蝶园中，作歌诗以祭。

故园梦蝶记遗踪，祇与南城隔一重。孤岛今非畿内地，瀛洲古是海中峰。人间小劫魂无鹤，地下埋冤种有龙。儿女不知兴废事，山歌野哭尽情浓！（许南英《春草八首，和沈琛笙大使原韵》其三）

乘槎何处访桃源，揽古来寻梦蝶园。春梦已醒蝴蝶化，先生归去佛无言。（连横《城南杂诗十二首》其八）

鹭鹍一水往来不，目断齐州海上楼。故国啼鹃悲杜宇，荒园梦蝶感庄周。论诗秦汉声存夏，结客江湖气得秋。记取淡滨同听曲，十千沽酒散奇愁。（连横《次韵酬苏菱槎见寄》）

对于梦蝶园题材的诗学书写，以近世许南英和连横两位先生的诗作为多。这与近代以来台湾被日本殖民的惨痛历史有关，二人均生活于日本殖民统治之下而有志于恢复，往往借对南明遗民轶事和历史遗迹的题咏，表达故国之思和家园之念。

对于梦蝶园的诗学书写，体现了中华传统文化的文明向度，这种向度可以概括为尊道尚贤。尊道体现为对理性与秩序规范的追求，尚贤体现为对一己的、个体的功名利益追求的否定和对文化精神价值传承的肯定，看似中历史功业上

---

① 诗人注云："王忠孝、辜朝荐、卢若腾、沈佺期、沈光文、张士椰、张灏、张瀛、郁永河、俞荔，此十人皆台湾流寓。"

无所表现的人,如严子陵、李茂春等人,恰恰是中华文化所尊崇的贤德之人。

四　结语

近代诗学中的"梦蝶园"意象,由于涉及台湾历史中的具体人事,往往具有咏史的意味。在求真实的价值尺度下,地志的史述与诗学的史咏形成意象分析中实指与意指考察的两个重要维度。史咏往往涉及对于历史人事的情感态度和价值判断。由于台湾历史上与大陆的分合关系以及当代两岸间的复杂形势,如何评价近代台湾诗学所涉及的历史人事以及诗人的价值立场,尤为棘手。对于诗作的审美价值的判断自然以艺术性标准为据,但对于诗作思想内容的评价,所谓的历史性标准太过于空洞,而一般所言的政治或道德尺度皆不足以胜任评价近代台湾诗学的标准。按照政权政治上的成败利害关系而言,则此一时为是者,彼一时为非;按照伦理道德上的忠义气节标准而言,则此政权所表彰者,恰是彼政权所贬斥者。对此问题,冯友兰先生曾提出"抽象继承法"的答案。所谓"抽象继承"系指超越于具体历史事实之上的为今日所必需的思想文化传统和价值。如果这样的话,则要放弃对具体历史事实的判断,实则是历史虚无主义的另一种表现。本文提倡超越于政权政治和道德伦理上的狭隘成见,秉承中华文化的文明观念,以对于中华文明的贡献为标准衡判文学的思想内容,凡对中华民族向有序、理性方向前进做出贡献的人和事,凡有利于表彰和发挥中华文化力量和效用的人和事,都具有正面的价值。反之,则为负面价值。关于近代台湾诗学甚至文学的评价,既要超越狭隘的政权政治意识形态,又要超越偏激的道德伦理僵化原则,而应以中华文化的文明向度为标准评价近代台湾诗学。相较于狭隘的政治权势、偏激的道德优势和缺乏良知的财势,文化的力量更为坚韧和深远,而上述文明的价值维度则关系到文化力量的发展方向和前景。因此可以说,对于近代台湾文学的评价,采用中华文化的文明向度即尊道尚贤为标准,更有利于凝聚中华文化的力量。

(作者单位:韩山师范学院文学院;贺州学院文学院)

丘逢甲之巴蜀观

——清末台湾士民的大陆理念之一瞥

张 勇（子开）

晚清爱国保台志士、著名诗人和教育家丘逢甲（1864—1912）①，汉族。字仙根，又字吉甫；号蛰庵、仲阏、华严子；别署海东遗民、南武山人、仓海君。祖籍广东嘉应州镇平县（今广东梅州市蕉岭县），生于台湾苗栗县；中进士后，曾任工部主事；后返台，讲学于衡文书院等地，又入巡抚唐景崧幕府。晚清在甲午战争后割弃台湾，他亲率义军抗击日军；失败后，内渡至粤，兴办教育，支持康梁维新变法。进而参与孙中山为主导的民主革命，并进入孙中山组织的临时政府。民国元年（1912）病逝于镇平县。

终其一生，与丘逢甲关系最密切者自为台湾。"与台湾相终始者，吾得两人焉。其一郑成功，其一吾师丘仓海先生。两人者，所处之时与地不同，而其为英雄则一也。"②

虽然吉甫先生毕生并未涉足巴蜀③，但他对四川地区却并不陌生，其诗作中屡屡提到川内的地理人文现象。倘稍分析之，或可略知这位自称"海东遗民"的仁人志士对于巴蜀的了解程度和观点看法，并由之一窥清末民初台湾人民对于大陆的认知、感受和交流情况。

---

① 中国大百科全书总编辑委员会《中国文学》编辑委员会、中国大百科全书出版社编辑部编：《中国大百科全书》"中国文学"卷，顾国瑞撰"丘逢甲"条，中国大百科全书出版社1986年版。
② 邹鲁：《岭云海日楼诗钞·序》。
③ 丘琮：《仓海先生丘公逢甲年谱》，商务印书馆1935年版；郑喜夫：《民国丘仓海先生年谱》，台湾商务印书馆1981年版。

一 熟谙巴蜀掌故，化入诗歌创作

仙根先生《题絜斋丈鸳湖舟隐图》诗十首之六曰：

嵩云岱雪思依依，琴鹤南来未得归。有客西州说遗爱，十年泪满蜀人衣。①

此"西州"，即巴蜀地区。《后汉书·廉范传》："范父遭丧乱，客死于蜀汉，范遂流寓西州。"显然，"西州"即"蜀汉"也。明孙蕡《下瞿塘》诗："我从前月来西州，锦官城外十日留。""锦官城"当在"西州"中。而"锦官城"者，因成都旧有大、少二城，少城中古有掌织锦官员之官署，故称为"锦官城"，后更用作成都的别称。西汉王褒《四子讲德论》："求贤索友，历于西州。"王褒，蜀资中（今四川省资阳市）人。东晋常璩《华阳国志·汉中志》："其珪璋瑚琏之器，则陈伯台、李季子、申伯之徒，文秀瞱晔，其州牧郡守冠盖相继，于西州为盛，盖济济焉。"仙根又说："惟楚有山称九嶷，惟蜀有山称峨嵋。"②认为峨眉山乃蜀山中最著称者。

古乐府有"蜀道难"③，李白《蜀道难》诗更是名满天下，"蜀道之难，难于上青天"也几成难入巴蜀的固定印象。吉甫公《雨中游祥云庵五用前韵》二首之一亦讲：

九州谁土是吾乡，无地埋忧问佛忙。黯黯山容都入睡，冥冥云气果何祥！

当关虎豹愁逢石，在水鼋鼍懒架梁。忽策青骡思蜀道，雨中铃语太郎当。

骑骡或骑驴踟蹰于蜀道之上，乃古诗文绘画中常见的意象，如陆游《剑南道中遇微雨》诗："衣上征尘杂酒痕，远游无处不销魂。此身合是诗人未？

---

① 本文所引丘逢甲诗，概出自《岭云海日楼诗钞》（"中国古典文学丛书"之一，上海古籍出版社1982年版）。按：岭云海日楼，在今广东省蕉岭县文福乡淡定村。
② 《庐山谣答刘生芷庭》诗。按，此所谓"庐山"，指丘逢甲山居淡定村的后山。
③ 《分类补注李太白诗》卷三《蜀道难》，萧士赟注曰："按王僧虔《技录》，相和歌瑟调三十八曲，内有《蜀道难》，因知亦古乐府名也。"《四部丛刊初编》集部。

· 256 ·

细雨骑驴入剑门。"① "铃语",本谓房檐上所悬铃铛的声音。《晋书·艺术传·佛图澄》:"又能听铃音以言吉凶,莫不悬验。"元吴师道《次韵许可用参政从幸承天护圣寺是日升左丞》:"瓦光浮璀璨,铃语振锵锵。"北宋《清凉大法眼禅师画像赞并序》:"非风幡动。非风铃语。见闻起灭。了无处所。"② 此指骡子所带响铃的声音。"郎当",原为象声词,清厉鹗《除夕宿德州》诗:"郎当运铎仍催起,回首东风又一年。"清黄景仁《东阿道中逢江剑潭》诗:"门前郎当闻驮铃,有客停车卷车幔。"此处指狼狈之状。罗大经《鹤林玉露》卷六:"魏鹤山《天宝遗事》诗云:'红锦绷盛河北贼,紫金盏酌寿王妃。弄成晚岁郎当曲,正是三郎快活时。'俗所为快活三郎者,即明皇也。小说载:明皇自蜀还京,以驼马载珍玩自随。明皇闻驼马所带铃声,谓黄幡绰曰:'铃声颇似人言语。'幡绰对曰:'似言三郎郎当!三郎郎当!'明皇愧且笑。"③《法演禅师语录》卷下:"僧以坐具一划云:'者笛不可唤作东西也。'师云:'看尔乱走!'进云:'和尚低声,恐人闻得。'师云:'尔适来也郎当不少。'僧以手捆口云:'是我招得。'"④ 清徐大椿《洄溪道情》《寿吴复一表兄六十》:"常只是少米无柴,境遇郎当,你全不露穷愁情状。"黄遵宪《罢美国留学生感赋》诗:"郎当一百人,一一悉遣归。"吉甫冒雨骑着大青骡子去游祥云庵时,耳闻铃声郎当,想起了当年唐玄宗李隆基落魄蜀道中的情形,更添愁苦也。

丘逢甲先有《久旱得雨初霁,饮人境庐,时闻和局将定》诗二首,后又撰《九用前韵》二首,其一"秋风石马昭陵恸,夜雨金牛蜀道长",亦是感叹明皇奔蜀也。

《寄怀公度》二首之二:

北风吹雪昼纷纷,盼得微晴日未曛。扫血故巢归蜀帝,招魂香草待湘君。

惊回夜豹寒中吠,唤起春牛梦里文。无限登高赋诗意,况因八表怅

---

① 《精选陆放翁诗集前集》卷九。《四部丛刊初编》集部。
② (北宋)慧洪集:《林间录后集》。[日]前田慧云、中野达慧等编:《大日本续藏经》,京都藏经书院,明治三十八年(1905)至大正元年(1912)印行;商务印书馆影印本1925年版,第壹辑第贰编乙编,第二十一函第四册,第三百二十七叶右半叶下栏。
③ (南宋)《鹤林玉露》卷六。
④ (南宋)法演述、门人惟庆编:《法演禅师语录》卷下。[日]高楠顺次郎、渡边海旭、小野玄妙等编:《大正新修大藏经》,东京大正一切经刊行会,大正十三年(1924)至昭和九年(1934)版,第47册,No. 1995,第665页a栏。

停云。

"扫血"而归"故巢"的"蜀帝",谓古蜀国蜀王杜宇也。《太平御览》卷一六六引扬雄《蜀王本纪》:"荆人鳖令死,其尸流亡,随江水上至成都,见蜀王杜宇,杜宇立以为相。杜宇号望帝,自以德不如鳖令,以其国禅之,号开明帝。"传说杜宇死后,其魂化为杜鹃鸟,晋常璩《华阳国志》:"遂禅位于开明帝,升西山隐焉。时适二月,子鹃鸟鸣,故蜀人悲子鹃鸟鸣也。"①南宋蔡梦弼《草堂讲诗话》卷下引唐卢求《成都记》:"杜主自天而降,称望帝。好稼穑,治郫城。后望帝死,其魂化为鸟,名曰杜鹃。"②杜鹃鸟本来口红,其于春天杜鹃花开时即鸣,声又哀切,故民间以为"夜啼达旦,血渍草木"③。更传说在鳖令(鳖灵)为相治水时,杜宇与其妻有染,后因受不了流言而死去,故杜鹃鸟啼时会口中出血。《说文解字》:"巂,周燕也。从隹,屮象其冠也。肉声。一曰蜀王望帝,婬其相妻,惭亡去,爲子巂鸟。故蜀人闻子巂鸣,皆起云'望帝'。"④唐顾况《子规》诗:"杜宇冤亡积有时,年年啼血动人悲。若教恨魄皆能化,何树何山着子规。"宋真山民《啄杜鹃》诗:"归心千古终难白,啼血万山都是红。"逢甲是诗作于农历十二月立春前三日,粤中气候较蜀地温暖,其时闻杜鹃鸟啼鸣,亦无不可;加之当地杜鹃鸟也口呈红色:故会有"扫血故巢归蜀帝"之语也。

蜀道虽难,终究亦为秦所破。战国时,秦惠文王造五石牛,假言能屎金,以欺蜀王;蜀王命五丁力士开道迎之——是为"石牛道",亦称"金牛道"。周慎王五年(前316)秋,秦派大夫张仪、司马错、都尉墨等"从石牛道伐蜀,蜀王自于葭萌拒之,败绩。王遁走至武阳,为秦军所害。其傅相及太子退至(逢)[逄]乡,死于白鹿山。开明氏遂亡。凡王蜀十二世"⑤。海东遗民《叠韵答潘兰史送别》二首之二:

> 刀光寒闪鹔鹴膏,侠胆消沉客路劳。禁卫全军归吕禄,中原重镇付朱滔。

---

① (晋)常璩著,任乃强校注:《华阳国志校补图注》卷三《蜀志》,上海古籍出版社1987年版。
② 又见(宋)高似孙《剡录》卷十"子规"条、(宋)葛立方《韵语阳秋》卷十六、(明)陈耀文《天中记》卷五十九"杜鹃"条等处征引。
③ (宋)陆佃《埤雅》卷九"杜鹃"条:"杜鹃,一名子规。苦啼啼血不止。一名怨鸟,夜啼达旦,血渍草木。凡始鸣,皆北向;啼苦则倒县于树。"
④ (东汉)许慎:《说文解字 附检字》卷四上隹部"巂",中华书局1963年版,第76页上栏。
⑤ (晋)常璩著,任乃强校注:《华阳国志校补图注》卷三《蜀志》。

> 金牛假道愁归蜀，石马传文诧共槽。海外且寻徐福去，蓬莱极目五云高。

"金牛假道愁归蜀"，所吟正是这一段故事。石马多陈于帝王及高官墓前，《西京杂记》卷五："余所知陈缟，质木人也，入终南山采薪还，晚，趋舍未至，见张丞相墓前石马，谓为鹿也，即以斧挝之，斧缺柯折，石马不伤。"唐杜甫《玉华宫》诗："当时侍金舆，故物独石马。"唐道世《法苑珠林》："永康有骑石山，山上有石人骑石马。（晋赵）侯以印指之，人马一时落首。今犹在山下。"①"共槽"，当用春卿之典。《后汉书·马援传》："往时子阳独欲以王相待，而春卿拒之。今者归老，更欲低头与小儿曹共槽枥而食、并肩侧身于怨家之朝乎？"②"石马传文诧共槽"者，丘逢甲借以感叹自己年长而功业无成。又，前引丘逢甲"夜雨金牛蜀道长"诗句中的"金牛蜀道"，亦正谓金牛道也。

光绪二十五年（1899），丘逢甲与友人至潮阳大忠词祭奠文天祥，有诗《己亥五月二日东山大忠祠祝文信国公生日》五首，其二云："咄咄蒙古师，迫人过女真。是岁楚蜀吴，将帅奔命频。"他除了明了信国公的动人史迹之外，显然还熟悉古人侵犯蜀地的史实。

二 敬仰蜀中贤士，摹其文才功业

吉甫先生《说潮》五古诗十七首之三云：

> 文翁昔化蜀，相如为之师。放诞犊鼻人，高文千秋垂。
> 韩公启潮教，赵子寔所资。平生磊落况，见公所遗诗。

文翁者，姓文，名党，字翁仲（一说仲翁）。西汉景帝末年，由察举从郡县小吏出任蜀郡守。在蜀期间，倡导教化，派吏至长安于博士处研习儒经；复于成都设立学校，招纳官吏子弟入学，择优为郡县吏，或外荐作用。由此，蜀地教育勃兴，文化昌盛③。景帝为嘉奖文翁，"令天下郡国皆立文学，因翁

---

① （唐）释道世著，周叔迦、苏晋仁点校：《法苑珠林校注》卷六一《呪术篇·感应缘》，中华书局2003年版。
② （南朝宋）范晔等：《后汉书》卷五四《马援传》，中华书局1965年版。
③ 《中国大百科全书·教育卷》，"文翁"条。

倡其教，蜀为之始也"①。至武帝时，"乃令天下郡国皆立学校官，自文翁为之始云"②。文翁兴学，实为汉代郡县学、即我国地方政府设立学校之始。"文翁昔化蜀"，也说的是此段因缘。此后，蜀地络绎出现了司马相如（前179—前118）、扬雄（前53—前18）等文化巨匠。"相如为之师"，语出《汉书·地理志》："景武间，文翁为蜀守，教民读书。法令未能笃信道德，反以好文刺讥，贵慕权势。及司马相如游宦京师诸侯，以文辞显于世，乡党慕循其迹。后有王褒、严遵、扬雄之徒，文章冠天下，繇文翁倡其教、相如为之师。故孔子曰：'有教亡类。'"③ "为之师"，为蜀地师也，非谓为文翁师。"犊鼻"，"犊鼻裈"之略。一种短裤，一说乃围裙；因形似犊鼻，故名。战国秦汉时民众所着。汉赵晔《吴越春秋·勾践入臣外传》："越王服犊鼻，着樵头。"据说司马相如与卓文君私奔后，因穷困而复返临邛④，经营酒店，尝自穿之："相如与俱之临邛，尽卖车骑，买酒舍。乃令文君当垆，相如身自着犊鼻裈，与庸保杂作，涤器于市中。"⑤ 清王先谦补注："但以蔽前，反系于后，而无裤裆，即吾楚所称围裙是也。"⑥ "放诞犊鼻人"，正指司马相如也。吉甫认为，韩愈教化潮州，其功业堪埒相如、文翁也。仓海君是颇为敬慕司马长卿的。其《壁花轩》诗曰：

> 琴酒名园载月过，开轩花气漾文波。不妨四立相如壁，消受芙蓉艳福多。

是羡慕相如虽然贫穷却极有文才，故能多多"消受芙蓉艳福"——这当然是指与卓文君之恋。不过，这种仰慕好像更多的是关注相如的浪漫经历。其《芙蓉》诗二首：

> 林里交柯万树花，出林楼阁倚朱霞。一生长在芙蓉住，羡煞江头卖酒家。

> 海山缥缈客心分，锦字天涯隔暮云。独向芙蓉江上望，远峰眉黛忆文君。

---

① （晋）常璩著，任乃强校注：《华阳国志校补图注》卷三《蜀志》。
② （东汉）班固撰，（唐）颜师古注：《汉书》卷八九《循吏传》，中华书局1962年版。
③ （东汉）班固撰，（唐）颜师古注：《汉书》卷二八下《地理志下》。
④ 蜀地古县名。治所在今四川省邛崃市。
⑤ （东汉）班固撰，（唐）颜师古注：《汉书》卷五七上《司马相如传》。
⑥ （东汉）班固撰，（唐）颜师古注，（清）王先谦补注：《汉书补注》，光绪二十六年（1900）虚受堂刊本。中华书局1983年版，下册。

之所以"羡煞""江头卖酒家",也当然是因为相如、文君亦卖过酒。"远峰眉黛忆文君",倒并不是贪恋文君美貌,而更关注的是与文君相关的蜀中才子相如。需要说明的是,后蜀孟昶于其宫苑城上遍植木芙蓉,成都遂以"芙蓉城"著称,简称"蓉城"。宋张商英《蜀梼杌》卷下:"(十三年)九月,令城上植芙蓉,尽以幄幕遮护。"南唐李煜《感怀》诗:"空有当年旧烟月,芙蓉城上哭蛾眉。"这样,仓海君诗中的"芙蓉",表面上是指岭南的"芙蓉江",其实还是别有意蕴的。

丘逢甲拟去"柔佛国"① 时,曾撰《将之南洋,留别亲友》诗八首,其四云:

> 破荒文字走风雷,草昧思从海外开。挟策九夷嬉凤去,携竿三岛钓鳌来。
>
> 天回博望乘槎路,人陋相如谕蜀才。无限抱孙椎结辈,待教绝徼筑朝台。

"人陋相如谕蜀才"者,显然是自比司马相如也。称"谕蜀才",乃因相如曾写过《喻巴蜀檄》和《难蜀父老》诸文②。"天回",传说唐明皇避难逃蜀,行至成都以北时,得到光复长安的消息,于是回驾,故而此地有此称。"志云:府北三十里有天回山。扬雄《蜀记》以杜宇自天而降,号曰天隳。及玄宗幸蜀,返跸之后,土人呼曰天回。今谓之天回镇也。"③ 丘逢甲认为自己与司马相如一般具备撰《喻巴蜀檄》那样的才能,还另含有深意:地方必须接受中央政府的领导。

丘逢甲《得柳汀答诗,知方卧病,次前韵》诗三首,则全与巴蜀有关:

> 海天漠漠云不行,淫霖十日难为情。何堪风雨怀人夕,更听猿啼三峡声。(《小朱明洞天连夕猿啼甚苦》)
>
> 坐拥文君思柳汀,梦中螃蟹来旗亭。不知别我向何处,大海茫茫风阁萍。(《昨梦柳汀衣冠来别》)
>
> 东方未明奈乐何?广庭珊树交枝柯。玉清嬿婉太白病,行雨洞中方醉歌。

---

① 今马来西亚柔佛州。
② 乾隆《四川通志》卷四五《艺文·杂著》"汉司马相如谕巴蜀檄"条、"难蜀父老"条。文渊阁《四库全书》本。
③ (明)曹学佺:《蜀中广记》卷三《名胜记第三·川西道·成都府三》。

"更听猿啼三峡声"者,典出《巴东三峡歌》二首也:"巴东三峡巫峡长,猿鸣三声泪沾裳。""巴东三峡猿鸣悲,猿鸣三声泪沾衣。"① "从拥文君思柳汀"之"文君",亦指卓文君。"太白",则谓李太白。

海东遗民的诗中,自然少了苏轼。《铁汉楼怀古》曰:"瘴云飞不到城头,庵圮楼荒客独梁。并世已无真铁汉,群山犹绕古梅州。封章故国回天恨,梦寐中原割地愁。欲倚危栏酹杯酒,程江呜咽正东流。"自注:

> 铁汉楼,在今梅县城北门。宋时建以表刘元城才节者。元城贬梅州,不以险阻动心,苏轼以为铁汉也。

刘元城,刘安世(1048—1125)之号。安世字器之,又号读易老人。北宋后期大臣,以直谏名,时人称为"殿上虎"。后贬梅州。著有《尽言集》。《宋史》有传②。《广东通志》称之为"广东古八贤"之一。元城在梅州时,隔山即为被贬至循州(龙川)的苏辙;苏轼因辙而闻元城,有"元城乃真铁汉也"之叹:"昔苏长公称先生为真铁汉,至今名为确言。"③

元城尝至梅州,东坡亦被迁岭南。仙根《寄怀瑞凤纶分转(诰)》诗二首之一:

> 荣戟重临凤水湄,三年谁与共忧时。魏暮帝问传家笏,苏轼天留《过岭》诗。

> 富国祇今先煮海,才人从古例分司。湖山到处题名在,耿耿心应有石知。

苏轼过大庾岭时,曾撰《过岭》诗二首,其一曰:"暂着南冠不到头,却随北鴈与归休。平生不作兔三窟,今古何殊貉一丘。当日无人送临贺,至今有庙祀潮州。剑关西望七千里,乘兴真为玉局游。"其二则为"七年来往我何堪,又试曹溪一勺甘。梦里似曾迁海外,醉中不觉到江南。波生濯足鸣空涧,雾绕征衣滴翠岚。谁遣山鸡忽惊起,半嵓花雨落毵毵"。"至今有庙祀潮州",指韩愈:"次公韩退之谪潮州,潮人为之立庙,先生尝为作记也。"④

也许自己是被迫离开宝岛吧,丘逢甲内心深处并不愿如苏轼这般颠沛流

---

① (宋)郭茂倩编次:《乐府诗集》卷八六《新歌谣辞·歌辞》,中华书局1979年版。
② (元)脱脱等撰:《宋史》卷三四五《刘安世》,中华书局1985年版。
③ 石星:《刻元城先生〈尽言集〉序》,载《元城先生尽言集》,《四部丛刊续编》史部。
④ (南宋)王十朋:《东坡诗集注》卷一。

离，而盼望隐居田园。其《题带经而锄图》诗云：

> 生不愿作读书万卷髯东坡，富贵竟付春梦婆；黄州锄麦不得饱，儋州借笠空行歌。
>
> 亦不愿作白木长镵杜陵叟，饥驱茧足荒山走；戴笠吟诗太瘦生，许身稷契终何有？
>
> 图中者谁笠盖头，岸然道貌清且修？带经而锄偶然耳，宁必便与古人古事争千秋？
>
> 笠圆象天锄治地，手中之书道人事。大布单衣不掩骭，独立苍茫岂无意？
>
> 萧萧落木寒岩冬，眼看雷雨回春容。躬耕南阳诵梁父，莫道当今无卧龙。

"春梦婆"者，语出苏轼《被酒独行徧至子云威徽先觉四黎之舍》三首之三："符老风情奈老何，朱颜减尽鬓丝多。投梭每困东邻女，换扇唯逢春梦婆。"① 是诗作于元符二年（1099），东坡正在海南岛儋耳贬所，所述乃身处黎家之情形。"黄州锄麦不得饱"，乃苏轼元丰四年（1081）冬《书雪》所言事："今年黄州，大雪盈尺。吾方种麦东坡，得此固我所喜。但舍外无薪米者，亦为之耿耿不寐。悲夫！""儋州借笠空行歌"，亦东坡的遭遇："东坡一日访黎子云，途中值雨，乃于农家借箬笠木屐，戴履而归。妇人小儿相随争笑，邑犬争吠。东坡谓曰：'笑所怪也，吠所怪也。'"② 吉甫谓东坡空读万卷书，最后落得宝贵如梦，还不如退耕乡间也。"躬耕南阳诵梁父，莫道当今无卧龙"，则颇有几分自许的味道。

其《题絜斋丈鸳湖舟》诗十首之四，表达的亦是同样的意思：

> 尊前金缕按清歌，春日宜人诗意多。更比王夫人福好，湖山偕隐傲东坡。

我们知道，东坡居士自入仕以来，多遇坎坷，几被放逐于偏远之地，过的并不是隐居生活。不过，苏轼于元丰三年（1080）被贬黄州时，曾与同为四川眉山人、亦喜谈佛法的隐士陈慥相往来。今尚存东坡至陈慥的《一夜贴》，又名"致季常尺牍"。慥，字季常，号方山子，别号龙丘居士。季常豪

---

① （南宋）王十朋：《东坡诗集注》卷八。
② （明）顾允成：《小辨斋偶存》卷七《题坡翁儋耳小像》，文渊阁《四库全书》本。

侠好酒，狂放傲世，因怀才不遇，遂"毁衣冠，弃车马，遁迹山林"，居龙丘（今三店街）。① 其妻柳月娥好妒，苏轼亦以诗嘲笑曰："龙丘居士也可怜，谈空说有夜不眠。忽闻河东狮子吼，拄杖落手心茫然。"此外，陈公密尝出示其祖陈隐居之书，东坡见而为跋，是为《跋陈隐居书》。陈隐居、陈公密，亦为隐士也。盖苏轼仅与隐士往来而已，仙根则以为，絜斋丈鸳湖舟隐图所描绘的，才是乃真正的隐居生活，故足以傲东坡也。

从上面也可以看出，仓海君比较关注苏轼在岭南的诗作，特别是与粤地有关者。《灵光寺晚眺》诗四首之三："尽洗苏王伪体篇，空山飞瀑泻寒烟。山灵自展凌云手，妙写余霞散绮天。"自注："山志：东坡、阳明诗皆伪作。"灵光寺，位于今梅州市梅县区雁洋镇阴那村阴那山五指峰西麓半山。据说始建于唐懿宗咸通年间，原名圣寿寺。乃广东四大名刹之一。此"山志"，当指明李士淳编撰的《阴那山志》②。仓海君依之，判定传说为苏轼和王阳明所作的灵光寺诗乃伪托。

海东遗民亦尝涉猎杨升庵诗。《西园雅集作》诗四首之二：

平地楼台气更奇，半闲遗址草迷离。待将银汉金茎笔，重赋升庵八咏诗。

自注曰："萧氏之先曰铁峰修撰，有园在城西曰半闲，杨升庵为赋八咏者也。今已废。银汉金茎，八咏中语。"按，升庵，杨慎（1488—1559）之号。此所谓杨氏"八咏诗"，当谓《太史萧宗乐半闲园八咏》。宗乐，名兴成。此八咏诗之六，乃咏莲池："太乙遥分种，红云仙岛香。爽气金茎上，恩波银汉傍。田田新咏好，留刻戏鱼堂。"③ 诗中果有"银汉""金茎"语。

显然，吉甫对巴蜀重要文人的作品都如数家珍也。

三 交往巴蜀友人，牵挂川中时局

丘逢甲旅居粤中时，结识了一些来自巴蜀的人士，经常与他们唱酬。

其中，吉甫与之往来最频繁的为夏季平，约有 20 首诗述及交往情况。

---

① 《黄冈县志》《古迹》。
② （明）李士淳编撰，钟东点校：《阴那山志》，"岭南名寺志系列"之一，中华书局 2006 年影印版。
③ 文渊阁《四库全书》本补配文津阁《四库全书》本。

《与季平、柳汀饮东山酒楼》诗四首曰：

> 岩翠潮光共一楼，江山今日顿风流。诸天洗出云雷气，供养群仙坐上头。
>
> 六百年中电掣回，东山又见状元来。平生心醉文丞相，莫问他人借酒杯。（谓季平）
>
> 花气蒙蒙酒半醺，掀髯休笑故将军。谈兵杜牧狂言甚，只向尊前念紫云。（戏柳汀）
>
> 浣花天气雨初晴，也当鳌头宴锦城。一片千秋七星石，水帘亭畔看题名。

自注："季平少长于蜀，故有锦城之语。""锦城"，即上言之"锦官城"。其实，"浣花"也与成都有关。古时，每年农历四月十九日，成都民众例于浣花溪畔宴游，是谓"浣花日"或"浣花天"，亦省称"浣花"。陆游《老学庵笔记》卷八："四月十九日，成都谓之浣花，遨头宴于杜子美草堂沧浪亭。倾城皆出，锦绣夹道。自开岁宴游，至是而止，故最盛于他时。予客蜀数年，屡赴此集，未尝不晴。蜀人云：'虽戴白之老，未尝见浣花日雨也。'"[1] 苏轼《次韵刘景文周次元寒食同游西湖》："蓝尾忽惊新火后，遨头要及浣花前。"自注："成都太守自正月十日出游至四月十九日浣花乃止。"[2] "遨头"，成都民众称农历正月至四月间出游浣花溪的太守也。吉甫盖以与夏季平和柳汀之游，自拟于季平熟悉的成都浣花日吧。诗中的"鳌头"，即"遨头"。

此诗第二首谓"状元"者，因夏季平曾中状元也。《赠夏季平（同和）殿撰》诗二首之一："周南留滞得归迟，三策天人圣主知。四海喜闻新政日，六街争看状元时。小臣下土纵横涕，世事长安反覆棋。回首觚棱俱远梦，天涯相对怅秋期。"自注："夏季平名同和，一字用卿。贵州省人。清状元。"夏氏虽在成都度过少年时光，却是在贵州成人的，所以称其为"贵州省人"。诗中的"柳汀"，姓庄。《祝文信国公生日日，得伯瑶风雨中见怀诗答寄，叠前韵》诗二首之一："七忠祠前陈羽舞，闪闪云旗降风雨。荒山夜出英灵语，如闻此会足千古。谁其尸者狮山人，万里来话琼林春。会者齐吴楚闽粤，来祝带血啼鹃身。此会惜君未得遇，五日江风阻诗句（来函雨阻迟到）。西台莫唱朱鸟吟，东山尚蟠冷龙气。""狮山人"下自

---

[1] （宋）陆游：《老学庵笔记》，李剑雄、刘德权点校，中华书局1979年版，第108页。
[2] （宋）苏轼：《东坡诗集注》，《四部丛刊》景宋本。

注:"季平自号狮山山人。""来祝带血啼鹃身"下,自注:"马隽卿,秀才,生于齐。庄柳汀,孝廉,长于吴。马荦飞,孝廉,学于楚。予台人,台故隶闽。余子皆粤人也。"显然,吉甫自视为闽人也。"带血啼鹃身",亦用前述古蜀王杜宇化身杜鹃之典。《柳汀赠诗述及台事,叠韵答之》诗自注:"庄柳汀,名学忠。江苏人,孝廉。"

为何吉甫与夏季平情谊深切?或因他们皆客居异乡吧。《西园雅集作》诗四首之自注:"同集多潮人,惟季平黔人、柳汀吴人,予则台人也。"同病相怜,固亦人之常情吧。

仓海君也有朋友在成都为官。《寄怀刘幼丹先生成都》诗四首之一云:

  一麾出守向巴巫,谏草焚余绾郡符。中泽泛舟苏集雁,空山飞檄缚鸣狐。

  五行灾异消江壅,八阵孤虚考石图。落日秋城添别思,裤襦歌又起成都。

"巴巫"之"巫",原指巫山,或称巫峡;山/峡皆因上古唐尧时尧之御医巫咸而得名。秦于此置巫县,隋改巫山县。县在巫山之西,因以为名。县属夔州府。"郡符",本谓郡太守的符玺,此处代指郡太守之职。韩愈《祭马仆射文》:"于泉于虔,始执郡符。遂殿交州,抗节番禺。"白居易《东南行一百韵》:"翻身落霄汉,失脚到泥涂。博望移门籍,浔阳佐郡符。"自注曰:"予自太子赞善大夫,出为江州司马。"这一联是说,刘幼丹任夔州太守。《三国志·蜀志·诸葛亮传》:"(诸葛亮)推演兵法,作八阵图。"《晋书·桓温传》:"初,诸葛亮造八阵图于鱼腹平沙之下,累石为八行,行相去二丈。温见之,谓'此常山蛇势也'。文武皆莫能识之。"杜甫有《八阵图》诗:"功盖三分国,名成八阵图。江流石不转,遗恨失吞吴。"八阵图遗址,一说即在夔州府(治所奉节)西南永安宫前之平沙上,共八八六十四堆石头①。"八阵孤虚考石图",正指夔州之八阵图也。"裤襦歌",典出五代贯休之诗《追忆冯少常》:"盛德方清贵,旋闻逐逝波。令人翻不会,积善合如何,且道登朝晚,分忧及物多。至今新定郡,犹咏袴襦歌。"②《秋夜怀嵩少因寄洛中旧知》三首之三:"殷雷车雨滴阶声,寂寞焚香独闭扃。锦绣文章无路达,袴襦歌咏隔墙听。松声冷浸茶轩碧,苔点狂吞衲线青。唯有孤高江太守,不忘病客在

---

① 参考:《水经注·江水》、《太平寰宇记》、《荆州图副》、刘禹锡《嘉话录》。
② (五代)释贯休:《禅月集》卷一七。

禅灵。"① 一般指民众称颂地方官吏善政。"裤襦歌又起成都"云云，谓刘幼丹又转任于成都也。

按，刘幼丹，名心源。湖北嘉鱼人②。曾任赣州兵备。孙雄《道咸同光四朝诗史》甲集卷六有《忆刘幼丹兵备》诗："豸节新移到赣州，家山近接贡江流。"③ 又尝署江西臬司、广西臬司、湖北民政长、湖南巡按使等职。其任夔州太守时，颇有政声。《申报》尝载其赈灾事迹："穷民见有饿莩，即剖而食之。有五六百人转徙至夔州城外，刘幼丹太守令就校场坝及白马寺两处栖息。开仓平粜，分米一升作十筒，人各一筒，收钱二文。复示谕府属各米店，不准高抬市价。"④ 与文士时有往来，张鸣珂《寒松阁谈艺璅録》卷四："遂属垕滋椎拓数本，嘉鱼刘幼丹廉访心源、钱塘吴絅斋学使士鉴争索之，一时爲之纸贵。"⑤

此组诗的其他三首，所述皆刘氏在成都时的行迹，其中多涉及蜀地故实，如"天涯西望忆文翁"，谓文翁化蜀也；"凿山谁遣受秦金"，谓蜀王凿开蜀道也。第四首"邛竹通夷愁远道，岭梅破腊迫新年"点明创作时间在腊月；"云龙韩孟何时会？极目春风剑外天"，则誉刘幼丹为韩愈，自拟孟郊也；加之首联有"曾辱昌黎《荐士》篇"之语，韩愈有推荐孟郊于郑余庆之《荐士》诗，似乎丘逢甲也曾有所请托吧。

清光绪三十四年（戊申，1908），仓海先生四十二岁时，有《镇海楼送王豹君方伯（人文）之蜀，次壁间彭刚直韵》诗。按，王豹君，名人文，字方伯，又字豹隐；云南人，时为粤布政使；因迁四川布政使，广东学绅在广州城北粤秀山上的"镇海楼"，为之设宴饯行。丘逢甲作二十四叠韵。此二十四首组诗，有单行本。人谓"以置身公职，所作虽忧伤而怨愤不露，感怀古今、瞻虑中外，有兴复宗邦、拯济民族之意"⑥。如其一曰：

秦汉河山胜国楼，苍茫云物望中收。提封五管无交趾，入梦三刀有益州。

吾辈且为文字饮，此行休负武乡侯。眼看到海牂牁水，凭仗清尊写别愁。

---

① （五代）释贯休：《禅月集》卷二二。
②《青鹤》第四卷第十八期，1936年8月1日出版，第9页。
③（清）孙雄：《道咸同光四朝诗史》甲集卷六，清宣统二年（1910）刻本。
④ 1897年4月6日《申报》第8608号，第1页。
⑤（清）张鸣珂：《寒松阁谈艺璅録》卷四，清宣统上海聚珍倣宋印书局本。
⑥ 丘琮编：《仓海先生丘公逢甲年谱》。

"提封"云云句下,自注:"唐岭南节度使兼辖五府,交州经略其一也。"武乡侯,即三国蜀汉丞相诸葛亮(181—234)也。仓海是期望王豹君以卧龙为楷模也。按,宣统三年(辛亥,1911)四月,清政府宣布铁路收归国有,四川保路运动兴起①。时任护督将军的王豹君奏请缓收,遭到朝廷严禁斥责②,保路人士也受到严酷镇压。应该说,方伯还是没有辜负丘逢甲的期待的。

要言之,虽然四川与台湾,以及仓海君长期居住的粤东相距万水千山,仓海君也并未到过那里,但丘逢甲对巴蜀大地却非常熟悉,谈起有关掌故、历史人物和风土人情等,头头是道,如数家珍。而且,这种对于天府之国的认识和了解,不仅充分反映出海东遗民自身的深厚修养和开阔胸襟,更透露出其经世理国之宏大抱负和最终目的。最关键是,怀抱着"地陷东南浮大岛,天留豪杰救中原"③信念的丘逢甲,其巴蜀观实际上折射出了其大陆观:视大陆为根、为源、为家,故深入了解大陆文化、与大陆进行多层次的交流,实属自然;海峡两岸血脉相连、融为一体,需要通力协作,共同抗击外敌入侵。丘逢甲的这种巴蜀观,其实也代表了当时绝大多数台湾同胞对于大陆的认识和感受。

(原文刊载《韩山师范学院学报》2017 年第 4 期;
作者单位:四川大学文新学院)

---

① 吴康零主编:《四川通史》卷六《清》,四川人民出版社 2010 年版;张莉红、张学君:《成都通史》卷六《清时期》,四川人民出版社 2011 年版。
② 周善培:《辛亥四川事变之我》《王豹君侍郎六十寿叙》。载沈云龙主编《近代中国史料丛刊·续编》第二十六辑第一册,文海出版社 1976 年版。
③ 丘逢甲:《岭云海日楼诗钞》卷七,《将之南洋,留别亲友》诗八首之三。

丘逢甲潮州金山玻璃厅联考析

曾楚楠

凭栏望韩夫子祠，如此江山
独让古贤留姓氏；
把酒吊马将军墓，奈何天地，
竟将持残局付英雄。

——据黄仲琴、饶宗颐《潮州金山志·艺文·附联》①

这是丘仓海先生留存于潮州郡城的、为数不多的对联之一，影响深远。但其标题、文字及撰写背景等方面，颇有可议之处，缕述如下：

一

该联曾为不少书刊所征录，而联语文字，颇有差异，如："如此江山""独让古贤""竟将残局"三句，各书记载不同：

邱汝滨先生《瞩云楼诗存·蕉窗随笔》②作"端让前贤""竟持残局"；

徐义六先生《潮州名胜联话》③作"底事江山""独使一人""偏付残局与英雄"；

《丘逢甲集》④作"已让前贤""竟持残局"。

---

① 黄仲琴初辑、饶宗颐补辑《潮州金山志》成书于1936年，未刊。2006年10月由潮州市政协、潮州市地方志办公室将其与《韩山志》《西湖山志》合为《潮州三山志》刊行。
② 丘汝滨：《瞩云楼诗存》（六种），潮州诗社编印1998年版。
③ 徐义云：《潮州名胜联话》，载《潮州文献汇编·潮汕大事记合订本》，香港潮州图书公司1984年版。
④ 广东丘逢甲研究会编：《丘逢甲集》，岳麓书社2001年版。

至于该联标题,《潮州金山志》为"金山玻璃厅联";《瞩云楼诗存》谓"题书楼联";

《潮州名胜联话》云:"(金山巅)荒凉一片,巍然独存者,只宋摧锋寨正将兼知军州事马公墓,曩闻丘逢甲曾题联云……"显然视该联为"吊马公墓联";《丘逢甲集》则径作"潮州金山书院酒楼联"。

欲探究各家所载该联标题、联语互异之原因,还须由金山书院藏书楼的沿革说起。

《潮州金山志·学校》载:"清光绪三年(1877)间,潮州总兵官方耀拨款饬潮绅郭廷集就金山周濂溪祠旧址改建金山书院。"

"清光绪三年(1887)间,两广总督张之洞巡潮,饬建藏书楼于金山。"

"清光绪十八年(1892)间,金山藏书楼落成,裒集古籍储之。"

"清光绪二十年(1894)间,巡道曾纪渠拨款三千元由知府方功道(按,应为'惠')购书万余卷,庋藏书楼中。"

据《丘逢甲集》附录丘晨波,黄志平编撰之《丘逢甲年谱简编》:"一八九七年(光绪二十三年丁酉)三十四岁。春,应潮州知府李士彬之聘,主讲韩山书院。以介绍西方文明,提倡兼习西洋科学,被顽固派目为异端,年终,愤而辞职。"是知丘逢甲旅居潮州近一年,其时金山书院藏书楼落成已五载。而居潮期间,李、丘之间过从颇密,时有联袂览胜唱和之举。如参谒韩文公祠时,李有"吾道非耶,六经以外无文章,韩山屹立……"之联语,丘亦有"文字古何灵,试看半夜风雷,公能驱鳄出沧海……"之联句。同理,登金山藏书楼时面对浩瀚图书,李知府禁不住要题下"吁嗟乎!此楼长贮此书,便是升平日月;归去来,太守自惭太老,会见多士风云"的书楼联①(按,其时李已萌辞官归里之意),丘逢甲自然亦会撰写出感时抚事、寄慨良深的联语以留存书楼。

清代末年,潮州建筑业得地利之便,风气之先,已开始采用水泥(俗称"红毛灰")、玻璃等进口原材料,如1885年,天主教法籍神父购地于渔沧巷旁重建之天主教堂,即为全混凝土结构、具欧洲风格之建筑,其拱形窗户全用彩色玻璃装饰。其后郡城之富家大户争相仿效,民间因此而有"起大厝,镶玻璃"之童谣,且称有此形式之厅堂为"玻璃厅"。金山书院书楼系官方主持修建且资力雄厚之公益性建筑,采用先进的、有良好采光效果的装修形式,自在情理之中。故称"金山玻璃厅"者,乃"金山藏书楼"之俗称,应无疑

---

① 据《瞩云楼诗存》(六种)之《蕉窗随笔》。

义。准此，称"藏书楼玻璃厅联"为"吊马发墓联"或"金山书院酒楼联"均欠妥当，因该联起句为"凭栏望韩夫子祠"，而马发墓只是一抔土丘，无栏可凭；金山书院则从无酒楼之建置。故联名当以"金山书院藏书楼玻璃厅联"为是。

不幸的是，李知府有"此楼长贮此书，便是升平日月"之美好祝愿，而现实中之"日月"却不"升平"。光绪《海阳县志·前事略二》谓："光绪二十六年（1900）正月二十五日晚戌刻，金山机器局又火（原注：局贮火药十数甕，时有潜入盗药者误引火，火发之毙）。轰然一声，烈焰涨天，震动二百余里（原注：北至大埔三河，东南至澄海，地皆震动），附近民屋倾倒数十间，压毙居民一十七人。"横祸突至，近在咫尺的藏书楼，又怎能幸免于难？于是，书楼及珍贵之书籍，李、丘之联刻等皆在"涨天烈焰"中灰飞烟灭！

由于实物荡然无存，故丘逢甲脍炙人口之"金山藏书楼联"，只能借耆老们的记忆而流传，而记忆难免因人而异，这应该就是此后出版的书刊记载该联时，造成联语文字、标题互异的原因。

丘逢甲是近代中国诗坛之大家，被梁启超誉为"诗界革命之巨子"。他腹笥宏博，才思敏捷，洵所谓下笔千言，倚马可待者。《丘逢甲集》附录《丘逢甲年谱简编》谓："一八七七年（光绪三年丁丑）十四岁，虚报十六岁，自彰化赴台南参加台湾府童子试……受闽抚兼学台丁日昌注意，命对［丁氏出上联'甲年逢甲子'（按，丘氏生于1864甲子年），丘氏应对'丁岁遇丁公'］，并命加作《全台利弊论》，丁极为赏识，擢丘为院试全台第一名。特奖'东宁才子'印，以资鼓励。"又，该集上编《青少年时期的诗作》（二）辑有"诗钟"125题共215联，皆无一字苟且，可见丘氏自幼即深谙对联之道，以此论之，"金山藏书楼联"各种版本虽文字互异，但语意并无抵牾之处，唯《潮州金山志》引录下联中，前有"马将军墓"，后有"竟将残局"，"将"字重见。以理度之，当属误记误抄，应以"竟持残局"为是。

二

《丘逢甲集》附录丘菽园《挥麈拾遗》谓："仙根自乙未（光绪二十一年，1895）内渡，寄籍潮州，嘉应之间。自以前守台中，义军散溃，志辙郁郁不舒，更号'仲阏'，谓人事多所阻阏，未能萌甲（按，指植物初生之芽）而出也。"这种抑郁愤慨之情结，几乎伴随着他的后半生而难以释解。据《年谱简编》，丘逢甲于乙未年"八月初抵泉州，再经厦门、汕头、潮州而抵镇平，在东山村赁屋居住"。抵潮期间，适逢己丑科同年进士、同为嘉应州人的温仲和（慕柳）主掌金山书院①，因至金山小聚，遂有《金山吊宋安抚使摧锋寨正将马发墓》一律，中有句曰："并代汗青丞相节，全家葬碧使君坟。艰难残局英雄泪，零落遗碑吊客文。"对宋末潮州抗元英雄马发虽全家殉节而无法扭转残局的遭遇，寄予莫大的愤慨和同情！望年春，应潮州知府李士彬之聘，主讲韩山书院，当他陪同李知府再游金山并登上藏书楼时，那种"大厦将倾支不易"②的感慨又在心中涌动。面对唐宋潮州州治故址，自然会抚今怀古，浮想联翩：

  凭栏远眺，与金山隔江对峙的韩文公祠，虽历尽沧桑，却依旧是潮人心目中之圣洁殿堂，而眼前的灵山秀水，竟亦改姓曰韩！
  在移步至马将军墓前，临风把酒，吊唁英灵。追缅往事，禁不住要叩问天地；为何竟将无法收拾的残局，强加给这位壮怀激烈的英雄？

一位是唐代因谏迎佛骨而遭远贬的潮州刺史，治潮不到八个月；一位是临危受命的宋末潮州知州，婴城固守，抗击元兵逾万。他们都有浩然独存的正气，炳耀千秋的勋业，而前者功成名就，且"赢得江山皆姓韩"；后者却回天乏力，阖门殉节，抱恨终生！其缘由安在？此无它，时势使然也。古云："英雄造时势，时势造英雄。"③ 实际上，能造时势之英雄原不世出，而受时势所左右之英雄却史不绝书。马发在南宋小朝廷流亡海陬之际，孤军据城奋战，犹能面对悍将索多之虎狼之师，使其"二十余日不能下"。而丘逢甲在光绪二十一年清廷与日本签订"马关条约"、割让台、澎给日本之后，先后上疏四次，血书五次，申明"万民誓不服倭"，之态度，复担负起"总办全台义勇事宜"之重任，与台湾士民抗击入台日军，激战二十余昼夜。可惜的是，在宋廷、清廷奄奄一息、行将覆亡的时刻，他们虽浴血抗战，却都无力扭转时局，扶住将倾的大厦。因此，当仓海先生在金山书楼上凭栏四顾时，难免会无比歆羡能因势利导，谱写出潮州历史新篇章的韩文公，而对自己有类似遭

---

  ① 《丘逢甲集·岭云海日楼诗钞》卷一有《潮州喜晤温慕柳同年别后却寄》四首，开篇有"故人今洞主，雄镇古瀛洲"句。
  ② 上揭书卷三《韩山书院新栽小松》四首之三："大厦将倾支不易，栋梁材好惜迟生。"
  ③ 《丘逢甲集》附录丘菽园《挥麈拾遗》中追述当年抗日保台诸事："余（菽园）曾举以诘君（逢甲），君或然或否，惟屡翘首仰天，连发叹声而已……顾或又曰……宜乎豪杰自期之士，皇然引慝，椎心泣血，而不知所告诉矣。嗟乎！成败得失，何常之有？英雄造时势，时势亦造英雄尔。"

遇的马将军惺惺相惜，进而无比愤激地喊出"奈何天地，竟持残局付英雄"的心声！

正因为作者和着血泪地撰写，故"金山书院藏书楼玻璃厅联"理所当然地成为丘氏留存潮州诸多联语中最脍炙人口的一联，从而广泛地流传于众口之中。

[附记]

据《丘逢甲年谱简编》：光绪二十二年（1896）"夏，经潮州、汕头、香港赴广州，结识粤抚许振祎（仙屏）"。丘有《长句赠许仙屏中丞并乞书"心太平草庐"额时将归潮州》一诗。鉴于其时台湾已为日本所踞，许氏因为丘氏请旨归籍海阳，冬，奉旨准其所请。故修成于光绪二十四年之《海阳县·选举表·进士》中录入"丘逢甲"之名，注语为"台湾人，附籍海阳"。仅附识于此。

（作者单位：潮州文史馆）

后　　记

　　这本集子是我们从2016年主办的"丘逢甲与中国近代文化学术研讨会"所提交会议论文中挑选编辑而成。期间由于经费问题，一直迁延至今，这是我们要向所有与会代表表示歉意的！

　　韩山书院创建于南宋，2015年重光，书院学术活动的重点是岭东人文研究。山长管乔中先生是一位家国情怀强烈的学者，还是个企业家。2016年正好是我们的老山长丘逢甲入籍潮州并出任韩山书院掌教120周年。为纪念这位中国近代著名诗人、教育家、抗日保台志士，在管乔中先生的大力推动下，书院决定开展系列活动来纪念和缅怀我们的老山长。学术层面的研讨会，我们邀请到了中山大学台湾研究所、广东丘逢甲研究会和我们一起主办。重光后的书院山长管乔中先生与夫人王建瑜女士又慷慨解囊，邀请到潮籍著名雕塑家庄征先生为书院设计了一尊丘逢甲雕像。尤其让人感动的是，八十岁的著名音乐家、指挥家刘森先生为学术研讨会开幕式特别策划指导了别具一格的"诗乐颂——致敬丘逢甲"，使纪念活动达到了高潮。

　　2016年11月19日，"丘逢甲与中国近代文化学术研讨会"在韩山书院如期举行。来自大陆和港台的近60名专家学者，以及丘逢甲先生的后人和社会贤达参加了此次活动。韩山书院荣誉山长陈伟南先生，广东丘逢甲研究会原会长李鸿生先生，优秀校友、捐建人王建瑜女士等为丘逢甲雕像揭幕。雕像由两块大小不一的花岗岩石组成，分别象征大陆和台湾。镶于巨石上端的青铜浮雕丘逢甲像，面向象征台湾的花岗石方向，目光锐利，形神兼备，坚毅的嘴唇，表现了他的正直与刚毅。石头上镌刻丘逢甲的著名诗篇《春愁》，用以表现丘逢甲对清王朝出卖台湾的强烈愤慨和无奈。巨石后面还刻有丘逢甲《韩山书院新栽小松》诗四首，表达了他的教育思想和对青年学子的殷切期望，更突出了丘逢甲与韩山书院的结缘关系。整座雕像通高350厘米，长300厘米，宽120厘米，简洁而深刻地表现了丘逢甲的思想感情和性格特征。

　　在为期两天的学术研讨会中，来自大陆和港台的50多位专家学者按照文学、史学、教育等研究方向展开了学术交流。广东近代文学学会会长、华南师范大学文学院教授谢飘云，中国社会科学出版社编审、历史与考古出版中心副主任宋燕鹏，韩山师范学院文学与新闻传播学院教授、韩山书院研修部主任孔令彬分别就"潮人·潮事·潮俗·潮情：丘逢甲诗歌的潮汕记忆""在田野中发现丘逢甲""丘逢甲诗文的重要发现"等议题作大会主题发言。其中，孔令彬教授发表的《丘逢甲佚诗佚文辑存》，被中山大学中文系原主任吴锦润教授称为"近二十年来丘逢甲诗文的最重要发现"。本次会议共收到各类文章四十余篇、创作类作品数十首，限于篇幅，不能一一刊载，谨致谢忱！

时任韩山师范学院院长林伦伦，学院党委副书记林光英，韩山书院山长管乔中，韩师文学院院长赵松元等出席了纪念活动。书院执行山长李伟雄先生负责本次活动的策划调度，书院秘书陈振烨、陈丹琪，还有韩山师范学院文学院的同人，以及书院第二届国学班的同学们，都为活动的成功举办付出了辛勤汗水。

此次研讨会的成功举办，表达了我们对丘逢甲先生的崇敬和缅怀之情，我们也衷心希望逢甲先生强烈的家国情怀能够一直激励着后学，为岭东乃至全国的文化教育事业做出自己更大的贡献。

是为之记。

孔令彬
2018 年 1 月 10 日于韩山书院